Más allá
del
materialismo
espiritual

Más allá del materialismo espiritual

Chögyam Trungpa

Traducción: Luis O. Gómez Rodríguez

ESTACIONES

Título original en inglés:
Cutting Through Spiritual Materialism
Shambhala Publications Inc., Boston

Pichincha 969, (C1219ACI)
Buenos Aires, Argentina.
e-mail: info@troquel.com.ar

Primera edición: junio de 1998
Primera reimpresión: julio de 2004

Traducción: Luis O. Gómez Rodríguez

Diseño de tapa: Manuel Ressia

ISBN 950-16-0358-X

Queda hecho el depósito que establece la ley 11.723

Printed in Argentina
Impreso en Argentina

Prólogo del traductor

Se ha tratado de ofrecer una versión española fiel al original en el sentido más estricto. Pero, en más de un lugar hemos tenido que sacrificar este principio, pues el original es la transcripción casi intacta de una serie de conferencias públicas que se presentaron sin preparación escrita previa. Así, abundan las ambigüedades y los circunloquios naturales a la lengua hablada –complicados, desde luego, por el hecho de que la lengua materna del Tulku Chögyam Trungpa no es el inglés–. Además, el auditorio y los tiempos que sirvieron de fondo a estas conferencias representan un contexto cultural desconocido en parte en el mundo hispánico (y que, dicho sea de paso, no existe ya en los EE.UU.), el mundo de la década de "los sesenta". Esto hace que el original inglés a veces tenga cierta informalidad y soltura que la lengua española escrita no tolera. También reflejan y presuponen estas conferencias el vocaculario y la problemática de esos años de efervescencia.

Cuando lo hemos creido necesario, pues, hemos parafraseado el original con frases explicativas e ilaciones menos tácitas y ambiguas. En todo caso hemos tratado de conservar el ritmo serpentino y la sencillez léxica del estilo del Rinpoche. Por último, hemos provisto al texto de un mínimo de notas explicativas que esperamos les resulten útiles a los lectores no iniciados.

Finalmente, también quiero expresar aquí mi agradecimiento a mi amigo Francisco Varela, catedrático de la Facultad de Ciencias de la Universidad de Chile, por haber sacrificado tan generosamente muchas horas, que pudieron haber sido de descanso, para leer el manuscrito de esta traducción y aportar valiosísimas sugerencias.

Juzgué que muchas de sus indicaciones eran acertadas y contribuirían a mejorar la traducción, a hacerla más natural y consistente. En la medida en que mi trabajo se enriqueció con sus esfuerzos, el profesor Varela merece un reconocimiento especial. En la medida en que por ignorancia o descuido de mi parte, o por obstinación mía en no aceptar las recomendaciones de mi amigo, queden errores, omisiones o infelicidades del idioma, la responsabilidad es, desde luego, toda mía.

A Chökyi-lodrö, el Marpa,

Padre del linaje Kagyü

Introducción

La serie de charlas que publicamos aquí se ofreció en Boulder, Colorado, EE.UU. en el otoño de 1971 y la primavera de 1972. A la sazón acabábamos de fundar Karma Dzong, nuestro primer centro de meditación en Boulder[1]. Aunque la mayor parte de mis discípulos eran sinceros en su aspiración a seguir el sendero espiritual, traían consigo demasiadas confusiones, ideas falsas y esperanzas. Por ello, me pareció necesario presentarles un panorama del sendero y algunas advertencias sobre los peligros que se encuentran a lo largo del camino.

Luego nos ha parecido oportuno publicar estas charlas, pues podrían resultar de provecho para aquellos que se han interesado en las disciplinas espirituales. Recorrer el sendero espiritual correctamente resulta ser un proceso sutil; no se puede emprender el camino con un salto ingenuo. Hay en el sendero numerosos desvíos que sólo conducen a una versión deforme y egocéntrica de la espiritualidad; nos convencemos de que estamos creciendo espiritualmente cuando en realidad sólo fortalecemos nuestro egocentrismo por vía de las técnicas espirituales. A esta distorsión fundamental la podemos llamar *materialismo espiritual.*

Estas charlas consideran en primer lugar las diversas maneras que tenemos de enredarnos en el materialismo espiritual, las diversas formas de autoengaño en que puede caer el aspirante. Después de esta excursión por los desvíos [de la vía espiritual], consideramos los grandes rasgos del verdadero sendero espiritual.

Nuestro enfoque aquí será el budista clásico, no en sentido formal, pero sí en el sentido de que representa el corazón de la manera budista de abordar la espiritualidad.

Aunque la vía budista no es teísta, no excluye necesariamente a las disciplinas teístas. Las diferencias entre las vías son más bien cuestión de énfasis y método. Los problemas básicos del materialismo espiritual son comunes a todas las disciplinas espirituales. El método budista parte de nuestra confusión y sufrimiento para llevarnos a desenmarañar sus orígenes. El método teísta parte de la grandeza de Dios y se dirige a crear conciencia de ella, para que llegue uno así a experimentar la presencia de Dios. Pero, como el mayor obstáculo para establecer una relación con Dios son nuestras propias confusiones y actitudes negativas, el método teísta también tiene que enfrentarlas. La soberbia, por ejemplo, constituye un problema tan grave para las disciplinas teístas como para el busdismo.

Según la tradición budista, el sendero espiritual es el proceso por el cual *cortamos* [nos abrimos paso, literalmente] un camino a través[2] de nuestra confusión y descubrimos el estado mental despierto[3]. Cuando este despertar innato del pensamiento se ve invadido por el ego y por la correspondiente paranoia, se torna en un instinto latente. De manera que no se trata de desarrollar la condición de despierto sino de quemar las confusiones que la oscurecen. En el proceso de quemar hasta consumir estas confusiones es que se descubre la iluminación o el despertar. Si el proceso tuviera lugar de otra manera, la condición de despierto sería un producto, dependería del principio de causa y efecto, y sería, por tanto, susceptible de desaparecer. Todo cuanto es creado ha de perecer tarde o temprano. Si la iluminación fuera creada, siempre cabría la posibilidad de que el ego se impusiera nuevamente y nos llevara de vuelta al estado original de confusión. La iluminación es permanente porque no la hemos producido; solamente la hemos descubierto. En la tradición budista se utiliza a menudo la analogía del Sol que asoma por detrás de las nubes para explicar el descubrimiento de la iluminación. En la práctica de la meditación despejamos la confusión del ego a fin de entrever el estado del despertar. La ausencia de paranoia nos abre los ojos a una visión extraordinaria de la vida. Se descubre una nueva manera de ser.

El núcleo de la confusión estriba en que el hombre cree tener un yo que le parece algo continuo y sólido. Cada vez que surge un pensamiento o una emoción u ocurre algún acontecimiento, se tiene la sensación de que alguien toma conciencia de lo que sucede. Siento que yo leo estas palabras. Pero este sentido del yo en realidad es un hecho transitorio y discontinuo, que, dada nuestra confusión, nos parece sólido y continuo. Como tomamos nuestra visión confusa como una realidad, luchamos por mantener y acrecentar este yo sólido y continuo. Tratamos de alimentarlo con placeres y protegerlo del dolor. La experiencia amenaza constantemente con revelarnos nuestra transitoriedad; por tanto, luchamos incesantemente por encubrir toda posibilidad de descubrir nuestra condición verdadera. "Pero", preguntarán ustedes, "si nuestra condición verdadera es la del despertar, ¿por qué nos empeñamos en evitar todo conocimento de ella?" Porque vivimos muy absortos en nuestra visión confusa del mundo, nos parece real, el único mundo posible. Esta lucha por mantener el sentido de un yo sólido y continuo es obra del ego.

El ego, sin embargo, no siempre logra protegernos del dolor. La insatisfacción que acompaña siempre a las luchas del ego nos lleva a examinar nuestra conducta. Como siempre se abren brechas en nuestra conciencia del yo, es posible percatarse en cierta medida [de lo que en realidad sucede].

El budismo tibetano utiliza una metáfora muy interesante para describir las funciones del ego; se refiere a ellas como "los Tres Señores del Materialismo": "el Señor de la Forma", "el Señor de la Palabra", y "el Señor del Pensamiento". En nuestra consideración de los Tres Señores que ofrecemos a continuación, los términos "materialismo" y "neurótico" definen la actividad del ego.

El Señor de la Forma es la búsqueda neurótica de comodidad, seguridad y placer físicos. Nuestra sociedad altamente organizada y tecnológica refleja nuestra preocupación por manipular el ambiente físico a fin de protegernos de las irritaciones de los aspectos crudos, ásperos e impredescibles de la vida. El ascensor automático, la carne troceada, envuelta en celofán, el acondicionador de aire, el inodoro, el entierro privado, la jubilación asegurada, la iluminación fluorescente, el horario de nueve a cinco, la televisión son todos ejemplos de nuestro intento de crear un mundo manejable, seguro, predecible, placentero.

El Señor de la Forma no representa las condiciones de vida segura y de riqueza física en sí mismas. Se refiere más bien a las preocupaciones neuróticas que nos impulsan a crear esas condiciones, a tratar de controlar la naturaleza. Es la ambición que tiene el ego de afianzarse y entretenerse a sí mismo en su intento de evadir toda irritación. Así, nos aferramos a nuestros placeres y posesiones, tememos el cambio o forzamos el cambio, intentamos construir un nido o un jardín de recreo.

El Señor de la Palabra se refiere al uso del intelecto para relacionarnos con el mundo. Adoptamos una serie de categorías que nos sirven de asideros para manejar el mundo. El producto más complejo de esta tendencia son las ideologías, los sistemas de ideas con los cuales racionalizamos, justificamos y santificamos nuestras vidas. El nacionalismo, el comunismo, el budismo, todos nos proveen de una identidad, normas de conducta y explicaciones del cómo y porqué de lo que sucede.

Pero, otra vez como antes, el intelecto como tal no es el Señor de la Palabra. El Señor de la Palabra representa la tendencia del ego a interpretar todo lo que lo amenaza o irrita, de tal manera que el ataque parezca neutralizado o transformado en algo "positivo" desde el punto de vista del ego. El Señor de la Palabra se refiere al uso de los conceptos como filtros para protegernos de la percepción directa de lo que es. Tomamos los conceptos con demasiada seriedad, los usamos como instrumentos para consolidar nuestro mundo y nuestro yo. Si existe un mundo de cosas nombrables, entonces "yo" existo como una de esas cosas nombrables. No queremos dar lugar a ninguna duda amenazadora, incertidumbre o confusión.

El Señor del Pensamiento se refiere al esfuerzo que hace la conciencia por mantenerse consciente de sí misma. El Señor del Pensamiento reina cuando hacemos uso de las disciplinas espirituales o psicológicas como un medio de mantener nuestra autoconciencia, de aferrarnos a nuestro sentido del yo. Las drogas, el yoga, la oración, la meditación, los trances, las varias clases de psicoterapia, todas pueden utilizarse de esta manera.

El ego puede apropiarse ilícitamente de cualquier cosa para uso propio, incluso de la espiritualidad. Por ejemplo, si uno se entera de alguna técnica contemplativa que sea beneficiosa como práctica espiritual, entonces el ego comienza por considerarla meramente como un objeto fascinante, y luego como un objeto de estudio. Finalmente sólo podrá imitarla, porque el ego es como si fuera algo sólido que no puede absorber nada. Así, el ego trata de estudiar y remedar las prácticas de la meditación y de la vida contemplativa. Cuando conseguimos aprender todos los trucos y las respuestas del juego espiritual, buscamos producir automáticamente una mímica de la espiritualidad; porque el compromiso verdadero, la verdadera espiritualidad, nos exigiría la eliminación del ego y, en realidad, lo último que quisiéramos hacer es renunciar al ego. Pero es imposible apropiarse de la experiencia si tan sólo se la recrea con mímica; lo único que se logra es identificar una zona del ego que parezca corresponder a esa experiencia. Así, el ego traduce cuanto recibe a sus propios términos, a su propio concepto de salud, a las cualidades que le son propias. También obtiene cierto sentido de triunfo, de gran hazaña, cierta excitación ante el hecho de haber recreado dentro de sí mismo el patrón de la experiencia que imita; por fin ha producido un logro tangible, que le confirma su propia individualidad.

Una vez que reforzamos exitosamente nuestra autoconciencia mediante técnicas espirituales, creamos nuevos impedimentos al crecimiento espiritual genuino. Nuestros hábitos espirituales se endurecen, de manera que es difícil penetrar a través de ellos. Puede que incluso lleguemos al extremo de alcanzar el estado completamente demoníaco de la "egoidad" absoluta[4].

Aunque el Señor del Pensamiento es el más capaz de subvertir la espiritualidad, también los otros dos Señores pueden dominar las prácticas espirituales. El retirarse del mundo, ya sea en la naturaleza, en la vida eremítica, ya sea en la compañía de personas simples, calladas o de espiritualidad elevada, son por igual maneras de protegerse a sí mismo de la irritación y pueden ser manifestaciones del Señor de la Forma. O quizá la religión nos provee una racionalización para crear un nido seguro, un hogar simple pero "confortable", para encontrar un compañero afable y un empleo estable y fácil.

El Señor de la Palabra también se involucra en las prácticas espirituales. Al adoptar un sendero espiritual podemos sustituir nuestras creencias pasadas por una ideología nueva, pero aun así continuar haciendo uso de esta misma manera neurótica en que utilizábamos las anteriores. No importa cuán sublimes sean nuestras ideas, si las tomamos con demasiada solemnidad y las utilizamos para reforzar nuestro ego, el Señor de la Palabra seguirá el timón de nuestras vidas.

La mayor parte de nosotros, si examináramos nuestros actos con sinceridad, tendríamos que reconocer que estamos gobernados por uno o más de estos Tres Señores. Podríamos objetar, empero: "Bueno. Pero, ¿qué importa? Así es la condición humana. Desde luego, sabemos que nuestra tecnología no nos ampara de la guerra, el crimen, la enfermedad, las inseguridades económicas, el trabajo pesado, la vejez y la muerte. Sabemos que nuestras ideologías no nos amparan de la duda, la incertidumbre, la confusión y la desorientación. Sabemos que nuestras terapias no nos amparan de la desaparición ineludible de los estados elevados de conciencia que logramos por un momento pasajero, ni de la desilusión y la angustia de perderlos. ¿Pero qué podemos hacer? Los Tres Señores son demasiado poderosos y no se les puede derrocar. Además, no tenemos con qué o con quién reemplazarlos".

El Buda, quien también sintió la inquietud de estas dificultades, examinó el proceso que resulta del gobierno de los Tres Señores. Se preguntó por qué se somete el ser humano a ellos y si habría alguna manera de existir sin ellos. Descubrió que los Tres Señores nos seducen mediante un mito fundamental de su propia creación: que somos entidades sólidas. Pero en el fondo se trata tan sólo de un mito, una mentira, un timo descomunal, un grandísimo fraude, el cual es la raíz de todo nuestro sufrimiento. Para alcanzar este descubrimiento, el Buda tuvo que abrirse paso a través de las defensas complicadas que construyen los Tres Señores para evitar que la persona descubra el engaño primigenio que es la base de su poder. No podemos liberarnos del dominio de los Tres Señores si no nos abrimos paso a través de los muros de las complicadas defensas que ellos mismos han construido.

Las defensas de los Tres Señores están hechas de la misma sustancia que nuestro espíritu. La materia prima del espíritu se utiliza para reforzar el mito primigenio de la solidez del ego. Si queremos ver nosotros mismos cómo funciona este proceso de construcción, tenemos que examinar nuestra propia experiencia. "Pero", podríamos preguntar entonces, "¿cómo se ha de practicar este examen? ¿De qué métodos o instrumentos podemos valernos?" El método que descubrió el Buda fue la meditación. Descubrió que empeñarse en una lucha por obtener respuestas no surtía ningún efecto; solamente cuando cejaba en su empeño tenía momentos de penetración. Así fue descubriendo que dentro de él había un elemento de cordura, un despertar que se manifestaba cuando no había empeño. Así, el método de meditación que descubrió consiste en "dejar ser".

Hay muchos conceptos erróneos sobre la meditación. Algunos la consideran un estado mental hipnótico. Otros la conciben como algún tipo de entrenamiento, como una gimnasia mental. Pero la meditación no es ninguna de estas cosas, aunque entraña tratar con los estados neuróticos de la mente[5]. No es difícil, ni mucho menos imposible, aprender a tratar con el estado mental neurótico. Tiene una fuerza, una rapidez y una configuración determinadas. La práctica de la meditación consiste en dejar ser, en tratar de seguir la configuración, en acoplarse a la fuerza y al ritmo del estado mental. Así aprendemos a tratar con estos hechos; aprendemos qué tipo de relación hemos de tener con ellos, no en el sentido de conducirlos hasta el desenlace que le querríamos dar, sino de conocerlos tal como son, de saber acoplar nuestros esfuerzos a su configuración.

Se cuenta que cierta vez el Buda instruía a un músico,

maestro de *sitar*, que quería practicar la meditación. El músico le preguntó:

—¿Debo refrenar mis pensamientos o los dejo correr desenfrenados?

—Tú eres un gran músico –le respondió el Buda–. Dime, pues, ¿cómo se afina tu instrumento?

—Se aprietan las clavijas de manera que las cuerdas no queden ni muy tensas ni muy sueltas –contestó el músico.

—Lo mismo debes hacer –dijo el Buda– en tu meditación. No trates de imponerte violentamente al pensamiento, pero tampoco lo dejes vagar a la deriva.

En esta anécdota se resume la enseñanza de dejar que la mente siga un curso abierto, de sentir el flujo de energía de la mente sin intentar sojuzgarlo y sin dejarlo correr desenfrenado, de seguir el ritmo de la energía del pensamiento. En esto consiste toda la práctica de la meditación.

Necesitamos de esta práctica porque la configuración de nuestro pensar, la forma conceptualizada que le damos a nuestra vida en el mundo, o es demasiado manipuladora, una manera de imponerse al mundo, o es una carrera desenfrenada, sin rumbo. Por lo tanto, nuestra práctica de la meditación tiene que empezar en los estratos más exteriores del ego, es decir, en el pensamiento discursivo que fluye ininterrumpidamente por nuestras mentes, en nuestro chismorreo mental. En efecto, el pensamiento discursivo es la primera línea de defensa de los Señores. Los pensamientos discursivos son los peones en la estrategia de engaño de los Señores. Mientras más pensamientos producimos, mayor es nuestro quehacer mental y más nos convencemos de nuestra propia existencia. Por eso los Señores se pasan tratando de activar los pensamientos, tratando de que los pensamientos siempre se superpongan, sin intervalos entre uno y otro, de suerte que no se pueda ver más allá de ellos. En la práctica de la meditación verdadera, por el contrario, no se busca fomentar los pensamientos, pero tampoco se los quiere suprimir. Se los deja ocurrir espontáneamente y así manifiestan nuestra cordura original. Los pensamientos se convierten en expresión de la claridad y la precisión de la mente despierta.

Si logramos superar la estratagema de la producción constante de pensamientos superpuestos, los Señores excitan entonces a las emociones a fin de distraernos. El carácter excitante, vivo y dramático de las emociones cautiva nuestro interés, como si éstas fueran el filme más apasionante. Cuando se practica la meditación, por el contrario, no fomentamos las emociones, ni las reprimimos. Porque las percibimos claramente, porque las dejamos ser tal como son, ya no nos dejamos entretener y distraer por ellas. Así se convierten en la fuente de energía inagotable que engendra obras libres de ego.

Pero entonces, faltando los pensamientos y las emociones, los Señores se buscan un arma aún más poderosa: los conceptos. Cuando encontramos un concepto, una etiqueta propia para cada fenómeno, gozamos de la ilusión de vivir en un mundo sólido y definido, poblado de "cosas". Este mundo sólido sirve de garantía de nuestra propia solidez y continuidad. El mundo existe. Luego, yo, que percibo este mundo, existo. La meditación consiste en captar el carácter transparente de los conceptos, de suerte que la rotulación no constituya ya más una manera de solidificar el mundo y nuestra imagen de nosotros mismos. La rotulación se convierte en un simple actos de discriminación. Los Señores tienen aún otros armamentos en su arsenal de mecanismos de defensa, pero resulta innecesario extenderse más en el contexto presente.

Mediante el examen de sus propios pensamientos, emociones, conceptos y otras actividades mentales, el Buda descubrió que no hay por qué luchar para probarnos nuestra propia existencia, que no tenemos que vivir sometidos a los Tres Señores del Materialismo. No hay que luchar para verse libre, la ausencia de lucha es la liberación. Este estado sin ego es el estado de buda. El proceso en el cual nos valemos de la práctica de la meditación, para hacer que la materia prima del espíritu se convierta de una mera expresión de las ambiciones del ego en una expresión de nuestra cordura y nuestro despertar originales, es el verdadero sendero espiritual.

El materialismo espiritual

Nos hemos reunido aquí a fin de aprender algo sobre las vías espirituales. Creo que esta búsqueda es sincera, pero a su vez me cuestiono la legitimidad de la búsqueda como tal. El problema es que el ego puede apropiarse ilícitamente de todo para sus propios fines. Incluso [puede explotar] la espiritualidad. El ego trata constantemente de adquirir y aplicar las enseñanzas de la espiritualidad para su propio beneficio. Las enseñanzas se toman entonces como algo externo, externo a "mí", como una filosofía que tratamos de imitar. En realidad no queremos identificarnos o convertirnos en las enseñanzas. De manera que si nuestro maestro habla de renunciar al yo, tratamos únicamente de remedar la renunciación del ego. Obramos de acuerdo con todas las reglas, hacemos los gestos apropiados, pero en realidad no estamos dispuestos a sacrificar nada de nuestras vidas. Nos convertimos en actores hábiles; mientras nos negamos a entender el sentido verdadero de las enseñanzas, nos consolamos con la pretensión de que estamos siguiendo el sendero.

Tan pronto comenzamos a sentir alguna discrepancia o conflicto entre nuestras acciones y las enseñanzas, de inmediato interpretamos la situación de manera que la racionalización allane el conflicto. El intérprete es el ego en su papel de consejero espiritual. La situación es similar a la de un país en el que existe una separación entre iglesia y estado[1]. Si la política de ese país toma una dirección contraria a las enseñanzas de la iglesia, entonces la reacción natural del monarca es la de acudir a la cabeza de la iglesia, su consejero espiritual, y pedir su bendición. La cabeza de la iglesia ingenia entonces una justificación para la política del monarca y la bendice so pretexto de que el rey es el protector de la fe. En la mente del individuo sucede algo muy similar, que es igualmente efectivo, si no más, pues el ego es a la vez monarca y cabeza de la iglesia.

Tenemos que trascender este tipo de racionalización sobre el sendero espiritual y nuestras acciones si queremos alcanzar la verdadera espiritualidad. Sin embargo, no es fácil bregar con este tipo de racionalización, porque todo lo percibimos a través de la lente de la filosofía y la lógica de nuestro ego, las cuales hace que todo nos parezca ordenado, preciso y lógico. Intentamos hallar una respuesta razonada y justificada para todos nuestros conflictos y problemas. Para sentirnos más seguros nos esforzamos en acomodar dentro de nuestro esquema intelectual todo aspecto de nuestras vidas que pueda causarnos confusión, y nuestro esfuerzo es tan serio y solemne, tan honrado y sincero que nos resulta casi imposible llegar a sospechar de él. Siempre creemos en la "integridad" de nuestro consejero espiritual.

En realidad no importa qué utilicemos para esta autojustificación: la sabiduría de los textos sagrados, los cuadros esquemáticos, los diagramas, los cálculos matemáticos, las fórmulas esotéricas, la religión fundamentalista, la psicología profunda o cualquier otro mecanismo. Siempre comenzamos a evaluar a fin de decidir si queremos hacer esto o lo otro, ya hemos asociado nuestra práctica o nuestro conocimiento a ciertas categorías que se contraponen unas a las otras. Esto es el materialismo espiritual, la espiritualidad falsa de nuestro consejero espiritual. Siempre que tenemos conceptos dualistas tales como: "Hago esto porque quiero alcanzar un estado de conciencia especial, un estado de ser particular", nos separamos automáticamente de la realidad de lo que somos.

Si nos preguntamos qué hay de malo en evaluar, en tomar partido, la respuesta es que cuando formulamos juicios secundarios tales como "debería evitar hacer esto", hemos alcanzado un nivel de complicación que nos aleja de la simplicidad básica que somos. La simplicidad de la meditación significa precisamente experimentar la naturaleza más simple de nuestro ego; podríamos decir la naturaleza o instinto simio de nuestro ego. Si añadimos cualquier otra cosa a nuestra psicología, nos convertimos en máscaras gruesas y pesadas, en una mera coraza.

Es importante comprender que el propósito principal de cualquier práctica espiritual es escapar de la burocracia del ego; esto significa salir del deseo constante que tiene el ego de alcanzar versiones más elevadas de conocimiento, religiosidad, virtud, buen juicio, comodidad o cualquier otro objetivo que se haya fijado el ego como meta de su búsqueda. Hay que salir, pues, del materialismo espiritual. Si no nos colocamos fuera de él, si nos dedicamos a practicarlo, entonces a la larga nos veremos esclavizados por una colección inmensa de vías espirituales. Creeremos que esta colección espiritual es valiosísima. Nos deleitaremos entonces con todo lo que hayamos estudiado. Puede que hayamos estudiado la filosofía occidental o la filosofía oriental, que hayamos practicado el yoga o que quizás hayamos estudiado bajo docenas de maestros espirituales. Habremos alcanzado o aprendido mucho y creemos entonces que hemos acumulado un gran tesoro de sabiduría. Sin embargo, después de pasar por todo esto todavía quedará algo a lo que habrá que renunciar. Éste es el gran misterio. ¿Cómo puede suceder esto? Parece imposible. Pero desgraciadamente así es. Nuestra vasta colección de sabiduría y experiencia es parte del espectáculo del ego, parte de la cualidad ostentativa del ego. Se lo exhibimos al mundo y al hacer esto nos aseguramos a nosotros mismos de que existimos. Seguros y protegidos en nuestro papel de personas espirituales.

Pero hemos creado solamente un almacén de antigüedades. Puede ser que nos especialicemos en antigüedades orientales, en antigüedades del medioevo cristiano o en antigüedades de alguna otra civilización o época, pero en todo caso seremos meros comerciantes. Antes de abastecer nuestra tienda con tantos tesoros, el lugar era precioso, las paredes encaladas, un piso sencillo y sólo una lámpara encendida en el techo; en el centro de la habitación había solamente una obra de arte y era bellísima. Todos los que venían a la tienda admiraban su belleza, incluso nosotros mismos.

Pero no estábamos satisfechos y pensábamos que porque aquel objeto embellecía la tienda de tal manera, si pudiéramos obtener aún más antigüedades la habitación sería aún más bella. Así comenzamos a coleccionar y el resultado final fue el caos.

Buscamos objetos preciosos por todo el mundo. Fuimos a la India, al Japón y a muchos otros países, y cada vez que encontrábamos una antigüedad nos parecía preciosísima y pensábamos que se vería muy bella en nuestra tienda porque nos ocupábamos de un solo objeto a la vez; pero cuando la traíamos a nuestra tienda y la colocábamos ahí se convertía meramente en un objeto más en nuestra colección de baratijas. El objeto ya no irradiaba belleza como antes; estaba rodeado de tantos objetos bellos que ya no significaba lo mismo para nosotros. En vez de un salón lleno de antigüedades bellas habíamos creado una tienda de baratijas.

La adquisición correcta no significa coleccionar una gran cantidad de información o de belleza, sino que supone la apreciación plena de cada objeto espiritual. Esto es sumamente importante. Si apreciamos cabalmente un objeto hermoso, entonces nos identificamos completamente con él, nos olvidamos de nosotros mismos. Es como ver una película interesante o fascinante y olvidarnos de que somos meros espectadores. En tales momentos no existe el mundo, todo nuestro ser es la escena que estamos mirando. Es este tipo de identificación [el que buscamos], el compromiso total con una sola cosa. [Debemos preguntarnos, pues:] "¿Hemos probado realmente, hemos masticado, tragado y digerido plenamente el objeto de belleza que contemplamos, es decir, la enseñanza espiritual? ¿O, por el contrario, lo hemos adquirido meramente como parte de una vasta colección que nunca termina de crecer?"

Pongo tanto énfasis en este punto porque sé que todos nosotros nos hemos acercado a las enseñanzas y a la práctica de la meditación no por el dinero, sino por un interés genuino de aprender, un deseo de crecimiento espiritual. Pero si consideramos el conocimiento espiritual como una antigüedad, como una curiosidad, como una sabiduría arcana que debemos coleccionar, entonces hemos tomado el sendero equivocado.

En cuanto al linaje de los maestros espirituales se refiere, el conocimiento espiritual no se pasa de mano en mano como se pasa una antigüedad, sino que un maestro experimenta la verdad de las enseñanzas y se la comunica como una inspiración a su discípulo. Esa inspiración despierta al discípulo, como el maestro había despertado anteriormente. Entonces, el discípulo le entrega las enseñanzas de la misma manera a su propio discípulo, y así continúa el proceso. La enseñanza siempre es una enseñanza contemporánea. No hay tal cosa como una sabiduría antigua, una antigua leyenda. La enseñanza no se transmite como la información que pasa de boca en boca, como el abuelo transmite a sus nietos los cuentos folklóricos tradicionales. No es así; es una experiencia vivida.

Hay un dicho en las escrituras tibetanas que dice: "El conocimiento tiene que ser acrisolado, amartillado y moldeado como el oro puro; entonces se lo puede llevar como un adorno"[2]. Así, pues, cuando reciban ustedes las enseñanzas espirituales de otras personas, no las acepten sin un examen previo. Primero las deben acrisolar, amartillar, amoldar, hasta que el oro brillante y majestuoso aparezca. Entonces pueden crear un adorno con la forma que se les antoje y llevarlo al cuello. Por eso es que el *Dharma*[3] es pertinente y aplicable en cualquier tiempo, para cualquier persona. Tiene una cualidad vivencial. No basta com imitar al maestro o al guru[4], pues no se trata de convertirnos en una mera réplica del guru. Las enseñanzas son una experiencia individual personal aun para el que las enseña hoy día.

Quizás haya muchos entre mis lectores que estén familiarizados con las leyendas de Naropa, Tilopa, Marpa, Milarepa, Gampopa y los otros maestros del linaje Kagyüpa[5]. Para todos estos maestros la enseñanza fue la experiencia vivida. Es una experiencia vivida aun para los maestros que consideramos hoy los herederos titulares de este linaje. Cambian solamente las circunstancias particulares de la situación vital de cada uno. La enseñanza tiene las mismas cualidades que el pan fresco recién sacado del horno. Cada panadero aplica a su harina, a su masa y a su horno propio los principios generales de la receta para hacer pan y luego tiene que probar él mismo la frescura del pan. Lo tiene que partir él mismo cuando aún está fresco y probarlo cuando aún está caliente. De la misma manera cada maestro tiene que aceptar la enseñanza, convertirla en su propia enseñanza y practicarla. Es un proceso viviente. No hay el engaño del colector de conocimientos. Tenemos que trabajar con nuestra propia experiencia individual. Si nos confundimos no podemos acudir a nuestra colección de conocimientos para tratar de encontrar alguna confirmación o consuelo que nos diga: "El maestro y toda la enseñanza están de mi parte". El sendero espiritual no va en esa dirección. Es un sendero solitario e individual.

P: ¿Cree usted que el materialismo espiritual es un problema específicamente norteamericano?

R: Siempre que las enseñanzas llegan a un país desde el extranjero se intensifica el problema del materialismo espiritual. Al presente, sin lugar a dudas, Norteamérica ofrece un terreno fértil en espera de la semilla de la enseñanza. Porque es tan fértil, ávida de espiritualidad, le es posible a Norteamérica servir de estímulo a muchos charlatanes. Estos charlatanes no escogerían serlo si no tuvieran este estímulo. Porque de otra manera sería más natural para ellos convertirse en asaltantes de bancos o meros bandidos, puesto que lo que buscan es hacerse de dinero y de fama. Porque Norteamérica busca tan desesperadamente la espiritualidad, la religión se convierte en una manera fácil de hacer dinero y adquirir fama. Por eso vemos tantos charlatanes en el papel de discípulos espirituales o *chelas*, como se les dice en la India, al igual que en el papel de maestros espirituales o gurus. Creo que en el momento presente Norteamérica es un terreno muy interesante.

P: ¿Ha adoptado a algún maestro espiritual como su guru? Me refiero a un maestro espiritual contemporáneo.

R: No. En este momento no tengo ninguno. Dejé a todos mis gurus en el Tíbet. Sólo físicamente, desde luego, porque sus enseñanzas permanecen conmigo y continúan.

P: Pero, ¿a quién sigue usted, aunque sea en un sentido más o menos figurado?

R: Las situaciones de mi vida son mi guru, son la presencia de mi guru.

P: ¿Después de que Shakyamuni Buda alcanzó el despertar, quedó alguna traza de ego en él que le permitiera vivir una vida humana normal para poder comunicar sus enseñanzas?

R: La enseñanza sencillamente tuvo lugar. Shakyamuni no deseaba enseñar o no enseñar. Estuvo siete semanas a la sombra de un árbol y luego caminando a orillas de un río. Entonces sucedió que se encontró con alguien que le dirigió la palabra y sucedió que el Buda le enseñó a ese alguien. En esto no hay alternativa. Uno está allí como una persona abierta a las situaciones. Entonces la situación se presenta y se da allí la enseñanza. A esto nos referimos cuando usamos la expresión "la actividad propia de un buda".

P: Es difícil no ser codicioso cuando se trata de la espiritualidad. ¿Es esta codicia algo que se pueda abandonar según se progresa en el sendero?

R: Hay que esperar a que el primer impulso hacia el sendero pierda fuerza. El primer impulso a seguir el sendero espiritual a menudo nos coloca en una situación espiritual específica. Pero si cultivamos ese impulso, gradualmente pierde su fuerza. Llega un momento en que se nos hace tedioso, monótono. Éste es un mensaje muy valioso. Pues, verá usted, en el sendero espiritual es esencial relacionarse con uno mismo, con nuestra propia experiencia en una forma real. Si no nos relacionamos con nosotros mismos entonces el sendero espiritual se vuelve peligroso, se convierte en un mero entretenimiento externo en vez de ser una experiencia personal orgánica.

P: ¿No es cierto que desde el momento que buscamos

escapar de la ignorancia por un sendero de creación propia podemos suponer con certeza que cuanto nos parezca bueno es meramente lo que el ego juzga beneficioso para sí mismo y, por lo tanto, de hecho es un obstáculo en el sendero? Cualquier cosa que nos parezca buena por definición tendrá que ser mala. Cualquier cosa que no altere el orden del ego nos destruirá. ¿Hay alguna manera de escapar de esto?

R: Si usted lleva a cabo algún acto que le parece bueno, por eso no se convierte automáticamente en algo malo; sencillamente porque nos referimos a una situación que está más allá del bien y del mal. No, no trabajamos para ningún bando, ni para el bien ni para el mal. Trabajamos para la totalidad que está más allá de esto o aquello. Yo diría que se trata más bien de acciones completas, no hay ningún acto parcial; pero todo lo que hacemos con la idea de que es bueno o malo se convierte en un acto parcial.

P: Si uno se siente confundido y trata de buscar una solución a esa confusión, parecería ser, por lo que ha dicho usted antes, que entonces el esfuerzo es algo destructivo; pero, si no hiciéramos esfuerzo alguno, ¿no nos estaríamos engañando igualmente?

R: Sí. Pero eso no quiere decir que uno tenga que vivir en los extremos del esfuerzo desmedido y la indiferencia. Hay que descubrir la vía media[6], un estado integral de ser como uno es. Podríamos describir esto con muchas palabras pero es algo que se conoce realmente sólo cuando se lleva a cabo. Si realmente comenzara usted a vivir en esta vía media, entonces la percibiría. Tiene que permitirse cierto grado de confianza en sí mismo, confianza en su propia inteligencia. En realidad somos unas criaturas formidables, tenemos la capacidad para lograr cosas estupendas. Sencillamente tenemos que dejarnos ser a nosotros mismos. La ayuda externa no nos sirve de nada. Si usted no se deja crecer a sí mismo, cae en el proceso autodestructivo de la confusión. Pero se trata de una autodestrucción y no de una destrucción por agentes externos. Por eso es tan devastadora, porque es destrucción de uno mismo.

P: ¿Y qué es la fe? ¿De qué sirve?

R: La fe puede ser una fe ciega, simplista, cándida o puede ser una confianza plena que no puede ser destruida. La fe ciega no tiene inspiración, es ingenua, no es creativa, aunque tampoco es destructiva. No es creativa porque la fe y uno mismo nunca se encuentran, no hay comunicación entre los dos, sino que meramente acepta ciegamente y de una manera muy ingenua la totalidad de la creencia.

En el caso de la fe como confianza hay una razón viva para tener confianza. No esperamos que una solución prefabricada se nos presentará misteriosamente. Trabajamos con la situación existente sin temor, sin ninguna duda respecto de nuestro compromiso. Este enfoque es extremadamente creativo y positivo. Si tenemos una confianza definitiva, estamos tan seguros de nosotros mismos que no tenemos porqué inspeccionarnos y probarnos a nosotros mismos. Esta confianza es absoluta, un entendimiento pleno de lo que está sucediendo ahora mismo. Por lo tanto, no hay vacilación producida por la duda acerca de si debemos seguir o no otros senderos, o si debemos o no tratar con cierta situación de una o de otra manera.

P: ¿Qué nos ha de servir de guía en el sendero?

R: De hecho, no parece haber ningún tipo de dirección específica. En realidad, si alguien nos guiara ya eso de por sí sería sospechoso, porque estaríamos dependiendo de algo externo. Ser plenamente lo que somos en nosotros mismos es nuestra guía. Pero no en el sentido de una vanguardia, porque no hay ningún guía que seguir. No hay que seguir el rastro de nadie, sino que uno más bien sigue su camino. Dicho de otra manera: el guía no va delante de nosotros sino que va con nosotros.

P: ¿Podría decir algo más sobre la manera en que la meditación pone en cortocircuito los mecanismos protectores del ego?

R: El mecanismo protector del ego incluye el hábito de inspeccionarnos a nosotros mismos, que es una forma de introspección innecesaria. La meditación no se basa en el acto de meditar sobre un objeto en particular mediante la inspección de uno mismo. La meditación es la identificación completa con las técnicas y objetos que estemos utilizando. Por lo tanto, no debería hacerse ningún esfuerzo por establecer la seguridad propia mediante la práctica de la meditación.

P: Personalmente me parece que vivo en un depósito de chatarra. ¿Qué tengo que hacer para que se convierta en un salón simple con un único objeto bello?

R: Para lograr evaluar plenamente la colección que tiene, deberá comenzar por un sólo objeto. Hay que encontrar un punto de partida, una fuente de inspiración. Quizá no tenga que examinar el resto de los artículos de su colección si estudia cuidadosamente una pieza. Esa pieza podría ser un rótulo que de alguna manera ha logrado obtener de una calle de Nueva York, puede ser algo tan insignificante como eso. Pero hay que comenzar por una sola cosa, hay que verla en toda su simplicidad, ver el carácter primitivo de esta baratija o de esta preciada antigüedad. Si logramos comenzar por una sola cosa, esto equivaldrá a tener un solo objeto en una sala vacía. Lo importante es encontrar ese punto de apoyo. Como tenemos tantos objetos en nuestra colección, parte del problema es que no sabemos por dónde empezar. Hay que dejar que nuestros propios instintos nos digan cuál ha de ser el primer objeto a considerar.

P: ¿Por qué cree usted que la gente protege su ego tanto? ¿Por qué es tan difícil abandonar el ego?

R: El ser humano le teme al vacío del espacio, a la ausencia de compañía, a la ausencia de una sombra. Podría ser aterrador el no tener nadie o nada con lo que poder establecer una relación. La mera idea de esto puede ser sumamente atemorizante, aunque la experiencia misma no lo sea. Se trata, en general, de un temor al espacio, un temor a no poder anclarnos a una tierra firme, a perder nuestra identidad en tanto objeto fijo, sólido y definido. Esta posibilidad amenaza continuamente.

La entrega

Al llegar a este punto, quizás ustedes hayan concluido que deberíamos abandonar todos los juegos del materialismo espiritual, es decir, tratar de dejar de protegernos o mejorarnos. Quizás hayan advertido que nuestra lucha es inútil y quieran darse por vencidos, abandonar completamente todo esfuerzo por protegerse a sí mismos. Pero, ¿cuántos de nosotros haríamos realmente tal cosa? No es tan simple ni tan fácil como parece. ¿Hasta qué punto podríamos realmente entregarnos y abrirnos? ¿En qué momento volveríamos a asumir una actitud defensiva?

En la charla de hoy consideraremos el problema de la entrega, particularmente en términos de la relación que existe entre nuestros esfuerzos por tratar con los estados mentales que hemos llamado neuróticos, y nuestros esfuerzos bajo un maestro espiritual o guru. "Entregarse al guru" significa abrir nuestro espíritu a las situaciones cotidianas, tanto como abrirse a un maestro en particular. Sin embargo, si nuestro estilo de vida y nuestra inspiración se encaminan a desplegar la conciencia, también encontraremos seguramente a un maestro espiritual, a un guru personal. Por eso, en nuestras próximas charlas subrayaremos la importancia de relacionarse con el maestro espiritual.

Una de las dificultades que hay en la entrega total al guru son nuestras preconcepciones respecto de él y nuestras expectativas respecto de lo que ha de suceder en nuestra relación con él. Nos encontramos preocupados por ciertas ideas sobre lo que nos gustaría experimentar junto al maestro: "Me gustaría ver esto. Ésta sería la mejor manera de verlo. Me gustaría experimentar esta situación porque concuerda claramente con mis esperanzas y mis ilusiones".

De manera que tratamos de encasillarlo todo; tratamos de hacer que las situaciones concuerden con nuestras esperanzas. No somos capaces de entregar ni una parte de éstas a la totalidad que buscamos. Si buscamos un guru o maestro queremos que sea un santurrón pacífico, callado, sencillo y sabio. Cuando descubrimos que no concuerda con nuestras expectativas nos sentimos defraudados, comenzamos a dudar.

Para establecer una relación de maestro a discípulo que sea verdadera es necesario que abandonemos todas nuestras preconcepciones respecto de ese tipo de relación y respecto de la condición de entregarse o abrirse a algo. La entrega significa el abrirse a sí mismo completamente, tratando de ir más allá de toda ilusión y esperanza.

La entrega también significa el reconocimiento de las cualidades crudas, ásperas, torpes y escandalosas de nuestro propio ego, aunque nos odiemos a nosotros mismos; pues, al mismo tiempo, nuestro odio hacia nosotros mismos es cierto tipo de entretenimiento; a pesar del hecho de que no nos guste lo que somos y de que nos resulte dolorosa la autocrítica, no podemos renunciar a ella totalmente. Si comenzáramos a abandonar nuestra auocrítica, sentiríamos que estamos perdiendo un entretenimiento, o quizá tanto como si alguien nos quisiera privar de nuestro empleo. No tendríamos ninguna otra ocupación si lo entregáramos todo, no tendríamos a qué aferrarnos. La autoevaluación y la autocrítica son, pues, básicamente, tendencias neuróticas que se derivan del hecho de no tener suficiente confianza en nosotros mismos, "confianza" en el sentido de percibir lo que somos, conocer lo que somos sabiendo que podemos arriesgarnos a vivir abiertamente. Es decir, saber que sí podemos darnos el lujo de entregar las cualidades neuróticas, crudas y toscas del yo y salir fuera de la ilusión, fuera de nuestras ideas preconcebidas.

Tenemos que entregar nuestras esperanzas y expectativas, además de nuestros temores, y marchar resueltamente hacia la desilusión, acoplar nuestro esfuerzos a ella, penetrar en ella y hacer de ella un modo de vida, lo que es muy difícil de lograr. La desilusión es buen indicio de inteligencia básica. No se puede comparar con nada, es tan nítida, precisa, obvia y directa. Si logramos vivir abiertamente, entonces, de pronto comenzamos a ver que nuestras expectativas nada tienen que ver con la realidad de las situaciones que vivimos. Esto produce automáticamente un sentimiento de desilusión, pero la desilusión es el mejor vehículo que tenemos para seguir el sendero del Dharma, pues no confirma la existencia del ego ni la de sus sueños.

Sin embargo, si estamos inmersos en el materialismo espiritual, si vemos la espiritualidad como parte de una acumulación de conocimiento y virtud, si la espiritualidad se convierte en un medio de fortalecer nuestro ego, todo el proceso de entrega se pervierte completamente. Si consideramos la espiritualidad como una manera de darnos comodidad, cada vez que experimentemos algo desagradable, algún contratiempo en el sendero, trataremos de racionalizar: "Desde luego que tiene que tratarse de alguna acción sabia del maestro. Yo sé que es así. Estoy seguro de que el guru no hace nada que pueda hacernos daño. Guruji[1] es un ser perfecto y todo lo que hace guruji es por mi propio bien, porque está de mi parte. Por eso es que puedo darme el lujo de vivir abiertamente, puedo entregarme sin correr ningún peligro, yo sé que estoy siguiendo el sendero correcto." Pero hay algo que no está del todo bien en una actitud como ésta. Es por lo menos simplista e ingenua. Nos hemos dejado cautivar por el aspecto imponente, inspirador, majestuoso y pintoresco del "guruji". No nos atrevemos a contemplar ninguna situación distinta. Fomentamos la convicción de que todo lo que experimentamos es parte de nuestro crecimiento espiritual: "Lo he logrado", nos decimos, "Lo he experimentado. Todo esto lo he logrado por mi propio esfuerzo. Lo sé todo, en cierto modo, porque he leído muchos libros que confirman mis creencias, la exactitud de mi conocimiento, mis ideas. Todo concuerda".

Pero podríamos aferrarnos a nosotros mismos aún de otra manera: no entregarnos verdaderamente porque nos creemos demasiado refinados, sofisticados y dignos. Pensamos entonces: "De seguro no vamos a entregarnos a una vida en el escenario callejero, ordinario y asqueroso de la realidad". Cuando pensamos de esta manera, pretendemos que cada paso que tomamos en el sendero se apoye sobre un pétalo de loto y formulamos una lógica que interpreta todo lo que sucede de acuerdo con esta imagen. Si caemos, amortiguamos el aterrizaje para no sufrir una sacudida. La entrega total no consiste en crear amortiguadores para nuestras caídas, significa precisamente caer sobre un suelo duro y ordinario, sobre una campiña pedregosa y agreste. Cuando nos abrimos al mundo aterrizamos en lo que está allí.

Tradicionalmente, la entrega se simboliza con prácticas tales como la postración[2], que consiste en el acto de tirarse al suelo en un gesto de entrega. Pero, a la vez, se supone que psicológicamente hemos de abrirnos y entregarnos completamente mediante nuestra identificación con lo más bajo, reconociendo de esta manera nuestras cualidades más duras y ásperas. Una vez nos hayamos identificado con lo más bajo de todo lo bajo, no temeremos perder nada. De esta manera nos preparamos para ser un recipiente vacío, dispuesto a recibir las enseñanzas.

En la tradición budista existe una fórmula básica de entrega que dice: "Tomo refugio en el Buda, tomo refugio en el Dharma, tomo refugio en el Sangha"[3]. Cuando tomo refugio en el Buda, lo hago como ejemplo de toda entrega. Éste es el ejemplo para todo acto de reconocimiento integrante de nuestro ser también como paradigma de nuestro acto de aceptación de esta negatividad. Cuando tomo refugio en el Dharma, el Dharma significa la ley de existencia, la vida tal cual es. Este acto indica, pues, que estoy dispuesto a abrir los ojos a las circunstancias de la vida tal cual se me presentan. Que no estoy dispuesto a percibirlas como realidades espirituales o místicas, sino que quiero ver las situaciones de la vida tal como son. Tomo refugio en el Sangha. "Sangha" significa "la comunidad de personas que siguen el sendero espiritual", mis "compañeros" en el sendero. Esto es, estoy dispuesto a compartir mis experiencias de completo entorno vital con mis compañeros peregrinos, los que me acompañan en la búsqueda, los que caminan el sendero conmigo; pero no quiero decir que me propongo apoyarme en ellos en busca de ayuda. Solamente quiero caminar junto a ellos. Hay una tendencia muy peligrosa a buscar la ayuda de los demás mientras recorremos el sendero. Cuando un grupo de personas se apoyan unas sobre otras, si una se cae, todas caen. Simplemente caminamos el uno con el otro. Uno junto al otro, hombro con hombro, laborando juntos, caminando juntos. Este modo de tomar refugio, esta concepción de su significado es muy profunda.

La forma equivocada de tomar refugio es la de buscar abrigo o protección; la de adorar las montañas, el dios del Sol, el dios de la Luna o cualquier otro dios porque parecen ser más poderosos que nosotros. Este tipo de toma de refugio es similar a la del niño que dice: "Si me pegas, se lo digo a mi mamá", con lo cual concibe a su madre como una poderosa figura arquetípica. Si lo atacan recurre automáticamente a su madre, esa personalidad poderosa, invencible, omnisciente y omnipotente. El niño cree que su madre lo puede proteger, que de hecho es ella la única persona que lo puede salvar. Tomar refugio en la madre o en el principio paterno es en realidad contraproducente, porque el que toma refugio no tiene ninguna fortaleza real, ninguna inspiración. Se pasa constantemente calibrando poderes a ver cuál es el mayor y cuál es el menor. Si somos pequeños, siempre hay alguno más grande que nos puede aplastar. Buscamos refugio porque no queremos arriesgarnos a ser pequeños, sin protección. Siempre tenemos alguna disculpa a mano: "Yo soy insignificante, pero reconozco tu grandeza. Me gustaría adorarte y unirme a tu grandeza. Por favor, ¿no podrías protegerme?"

Pero la entrega total no es cuestión de ser humilde o estúpido, ni de querer ser elevado o profundo. No tiene nada que ver con niveles o evaluaciones. Al contrario, nos entregamos porque queremos comunicarnos con el mundo "tal cual él es". No tenemos que clasificarnos como aprendices o ignorantes. Sabemos dónde estamos; por lo tanto, hacemos el acto de entrega, de abrirnos al mundo, que significa una comunicación, un vínculo directo con el objeto al cual nos entregamos. No nos avergonzamos de nuestra rica colección de cualidades ásperas, crudas, bellas y puras. Todo se lo ofrecemos al objeto de nuestra entrega. El acto básico de entrega no supone, pues, la adoración de un poder externo, antes bien, significa trabajar con cierta inspiración, de manera que uno pueda convertirse en un recipiente abierto dentro del cual puede verterse el conocimiento.

Así, el estar abierto y el entregarse son preparaciones necesarias para poder trabajar con un amigo espiritual[4]. Reconocemos nuestra riqueza fundamental antes que lamentar la pobreza imaginaria de nuestro ser. Sabemos que merecemos recibir las enseñanzas, que somos merecedores del tesoro de oportunidades de aprendizaje que se nos presentan en el sendero.

El guru

Siempre que emprendemos el sendero de la espiritualidad nos enfrentamos al problema de nuestra relación con el maestro, el lama, el guru, o comoquiera que llamemos a la persona de la cual esperamos recibir nuestra orientación espiritual. Estos términos, especialmente el de "guru", han adquirido en occidente significados y asociaciones que nos llevan a conclusiones erróneas y aumentan a menudo la confusión que existe alrededor del problema de lo que significa estudiar bajo un maestro espiritual. Con esto no queremos decir que los orientales saben mejor que los occidentales cómo se establece una relación adecuada con el guru. El problema es universal. Todas las personas se acercan a la espiritualidad con ciertas ideas prefijadas en sus mentes sobre lo que han de obtener o sobre cómo se tienen que relacionar con la persona de la cual esperan recibir la espiritualidad. La idea misma de que tienen que obtener algo de manos del guru –ya sea la felicidad, la paz espiritual, la sabiduría o cualquier otra cosa– es una de las ideas preconcebidas más problemáticas. Por eso me parece que conviene examinar ahora la manera en que algunos de los discípulos más distinguidos han bregado con este problema de cómo relacionarse con la espiritualidad y con un maestro espiritual. Puede que estos ejemplos resulten pertinentes a la propia búsqueda de ustedes mismos.

Uno de los maestros tibetanos más famosos, quien fue uno de los principales gurus del linaje kagyü al cual pertenezco, fue Marpa, estudiante del maestro indio Naropa, y guru de Milarepa, el más famoso de sus hijos espirituales. Marpa es un ejemplo de esas personas que desde su juventud progresan en la vida solamente por sus propios esfuerzos. Nació en una familia de labriegos, pero, siendo aún joven, ambicionaba algo mejor y escogió la carrera de monje erudito como sendero de elevación. Podemos imaginarnos la clase de esfuerzo y determinación enormes que tendría que desarrollar el hijo de de un labriego para alcanzar la posición de clérigo en la tradición religiosa local. Había muy pocos caminos abiertos para que una persona de su clase social alcanzara algún tipo de posición distiguida en el Tíbet del siglo X. Las opciones parecían ser las de mercader, bandido o, la más asequible de todas, clérigo. Unirse al clero local en aquellos tiempos equivalía a convertirse en médico, abogado y profesor universitario, todo al mismo tiempo.

Marpa comenzó por estudiar tibetano, sánscrito y otros idiomas, inclusive el vernáculo de la India. Después de tres años de tales estudios, alcanzó la pericia necesaria para hacerse de algún dinero como erudito instructor. Con este dinero financió sus estudios religiosos y pudo convertirse, en su propio estilo, muy particular, en un clérigo budista. Esta posición social lo hacía acreedor a cierto grado de prominencia local, pero Marpa tenía ambiciones mayores; así que, aunque ya para entonces era hombre casado y de familia, continuó ahorrando sus ingresos hasta que pudo acumular una gran cantidad de oro. Entonces Marpa anunció a su familia su intención de viajar a la India para recoger las enseñanzas.

En aquellos tiempos, la India era el centro mundial para los estudios budistas. En la India se encontraban la Universidad de Nalanda y los sabios eruditos más grandes del mundo budista. Marpa planeaba estudiar allí, recoger textos hasta entonces deconocidos en el Tíbet, traerlos de vuelta a su casa y traducirlos con el único propósito de establecerse como erudito traductor de escala mayor. El viaje a la India en aquellos tiempos, y hasta hace muy poco, era largo y peligroso. Los padres y la familia de Marpa trataron de disuadirlo, pero él estaba decidido. Así emprendió camino acompañado de un amigo y colega. Después de un difícil viaje de varios meses cruzaron el Himalaya y se internaron en la India donde prosiguieron hasta Bengala. Una vez allí, cada uno tomó su camino. Ambos eran eruditos habilitados y competentes en sus respectivos campos de especialización en el estudio de la religión y la filología, y por tanto habían decidido buscar por separado sus propios maestros según los intereses de cada uno. Antes de separarse acordaron reunirse para el viaje de regreso.

Al pasar de viaje por Nepal camino de la India, Marpa había oído mencionar al maestro Naropa, un hombre de fama enorme. Naropa había sido el rector de la Universidad de Nalanda, quizás el centro más grande para los estudios budistas que haya conocido el mundo. En el apogeo de su insigne carrera Naropa sintió que solamente había comprendido la letra de las enseñanzas y no su sentido real. Renunció por lo tanto a su puesto y se marchó en pos de un guru. Durante doce años aceptó las pruebas y los trabajos más duros a manos de un maestro Tiropa hasta que alcanzó finalmente la iluminación. Para la época en que Marpa oyó hablar de él ya se le consideraba uno de los santos más grandes que había producido el budismo. Naturalmente, Marpa se decidió a ir en pos de él.

A la larga Marpa encontró a Naropa en una choza en la selva de Bengala viviendo en medio de la pobreza. Marpa había esperado encontrar en un ambiente muy distinto a un maestro tan distinguido, es decir, esperaba encontrarlo a la cabeza de una estructura institucional religiosa de cierta complejidad. Por lo tanto, Marpa se sintió en cierta medida defraudado; no obstante, como la experiencia de encontrarse ante las costumbres y el ambiente exóticos de un país extraño lo habían confundido, estaba dispuesto a ser acomodaticio. Pues pensaba que quizá se trataba del estilo de vida de todos los maestros indios. Además, su admiración por la fama de Naropa sobrepasaba su desilusión. Así, pues, le entregó a Naropa la mayor parte del oro que traía consigo y le pidió que le concediera las enseñanzas. Le explicó que era hombre casado, clérigo, erudito y labriego, venido del Tíbet, y que no estaba dispuesto a cambiar este estado de cosas que había logrado con tanto trabajo, sino que sólo quería recoger enseñanzas y textos para llevarlos de nuevo al Tíbet y traducirlos allí, a fin de ganar fama y dinero. Naropa accedió a la petición de Marpa sin reservas. Le concedió las enseñanzas y todo marchó sobre ruedas.

Después de algún tiempo, Marpa decidió que ya había recogido suficientes enseñanzas para satisfacer sus propósitos y se preparó para el viaje de regreso. Fue a una posada en la ciudad donde había convenido encontrarse con su compañero de viaje y ambos se sentaron a comparar el resultado de sus esfuerzos. Cuando su amigo vio lo que Marpa había conseguido se echó a reir y dijo:

—Lo que tienes aquí es inservible, no vale nada. Todas esas enseñanzas se conocen ya en el Tíbet. De seguro habrás encontrado algo más interesante y raro. Yo por mi parte he descubierto enseñanzas fantásticas que he recibido de labios de los más distinguidos maestros.

Marpa desde luego se sintió extremadamente frustrado y molesto. Haber viajado desde tan lejos y con tantas dificultades y gastos para esto. Así que decidió regresar donde Naropa e intentar una vez más conseguir lo que quería. Cuando llegó a la choza de Naropa, le pidió a éste enseñanzas más raras, exóticas y avanzadas. Quedó sorprendido de lo que Naropa le dijo:

—Lo siento, pero tales enseñanzas no te las puedo dar yo. Tendrás que ir a recibirlas de labios de otro maestro, un hombre llamado Kukúripa. El viaje será azaroso y difícil, especialmente porque Kukúripa vive en una isla en medio de un lago de aguas emponzoñadas. Es a él a quien tienes que consultar si quieres estas enseñanzas.

Ya Marpa había comenzado a desesperarse; por lo tanto, decidió arriesgarse y hacer el viaje. Además, Kukúripa parecía poseer enseñanzas que ni aun el gran Naropa conocía. También el hecho de que viviera en medio de un lago emponzoñado parecía indicar que se trataba de un maestro extraordinario, de un gran místico.

Así pues, Marpa hizo el viaje y logró cruzar el lago hacia la isla. Allí comenzó a buscar a Kukúripa. Finalmente encontró a un anciano hindú en un paraje inmundo, rodeado de cientos de perras rabiosas. La situación era insólita, por no decir otra cosa, pero Marpa intentó, no obstante, comunicarse con Kukúripa. Pero lo único que consiguió de él fue un balbuceo atropellado; Kukúripa parecía no poder decir nada más que disparates.

La situación comenzaba a ponerse intolerable. No

solamente resultaban ininteligibles las palabras de Kukúripa. Marpa también tenía que mantenerse en guardia ante las perras, pues si trataba de apaciguar a una, siempre había otra ladrándole amenazadoramente. Finalmente, ya casi vencido, dejó de tomar apuntes de sus consultas con Kukúripa y abandonó toda esperanza de recibir alguna enseñanza secreta. Entonces Kukúripa de pronto comenzó a hablarle en oraciones completamente inteligibles y coherentes, y las perras dejaron de acosarlo, y Marpa recibió la enseñanza.

Después de terminar sus estudios con Kukúripa, Marpa volvió a ver a su guru original, Naropa. Éste le dijo entonces:

—Ahora tienes que regresar al Tíbet a enseñar. No basta con recibir las enseñanzas de una manera teórica. Tienes que pasar primero por ciertas experiencias vitales. Entonces podrás regresar aquí para continuar tus estudios.

Una vez más Marpa se encontró con su compañero de búsqueda y juntos comenzaron el largo viaje de regreso al Tíbet. El amigo de Marpa también había estudiado mucho y ambos llevaban consigo montones de manuscritos. Según marchaban en su viaje departían sobre lo que habían aprendido. Pronto Marpa comenzó a inquietarse ante las preguntas de su amigo, pues éste parecía ponerse cada vez más inquisitivo, en un intento de descubrir si Marpa había recibido algunas enseñanzas secretas. Las conversaciones parecían dirigirse de más en más hacia este tema, hasta que el compañero de Marpa decidió que éste sí había obtenido enseñanzas más valiosas que las que él había conseguido con sus propios maestros. Entonces comenzó a sentir una envidia irresistible. Sucedió asi que mientras cruzaban cierto río en una barca, el colega de Marpa comenzó a quejarse de que no estaba cómodo porque el equipaje se apiñaba alrededor de él. Con este pretexto se cambió de sitio como si buscara un lugar mas cómodo y, al hacer esto, se las arregló para empujar todos los manuscritos de Marpa y tirarlos al río. Marpa intentó recuperarlos desesperadamente, pero todo fue en vano. Todos los textos y apuntes que tantos sacrificios le habían costado desaparecieron en un instante.

Asi fue como Marpa regresó al Tíbet sintiendo que lo

había perdido todo. Tenía muchas anécdotas que contar sobre sus viajes y estudios, pero no tenía nada concreto que confirmara sus conocimientos y experiencias.

Asi y todo, dedicó varios años a los estudios y la enseñanza, hasta que un buen día, para sorpresa propia, comenzó a darse cuenta de que todos aquellos manuscritos y apuntes que había perdido le habrían sido de poca utilidad. Mientras había estado en la India había tomado apuntes solamente de aquellas partes de las enseñanzas que no entendía, no había apuntado nada sobre aquellos aspectos de las enseñanzas que ya se habían convertido en parte suya. Pero fue solamente entonces, tantos años más tarde, que vino a descubrir que estas enseñanzas se habían convertido en parte integrante de su persona.

Con este descubrimiento, Marpa abandonó su interés en sacar algun tipo de provecho mundano de las enseñanzas. Ya no le interesaba hacer dinero o alcanzar prestigio. Se sentía inspirado, en cambio, para alcanzar la iluminación. Así fue como ahorró nuevamente una gran cantidad de oro en polvo para cubrir sus gastos y presentar una ofrenda digna de Naropa. Con esto emprendió una vez más el viaje hacia la India. Esta vez iba añorando ver a su guru y deseoso de recibir las enseñanzas por el valor intrínseco de ellas.

Sin embargo, este encuentro con Naropa fue algo distinto de los anteriores. Naropa parecía ahora excesivamente frío e impersonal, casi hostil. Sus primeras palabras para Marpa fueron:

—Me alegra verte de nuevo. ¿Cuánto oro has traído para pagar por las enseñanzas?

Marpa había traído grandes cantidades de oro, pero quería guardar parte para sus gastos personales y para el viaje de regreso, de manera que abrió sus bolsas y le dio a Naropa solamente parte de lo que traía. Naropa miró la ofrenda del discípulo y le dijo:

—No, esto no es suficiente. Necesito más oro. Dame todo lo que traes.

Marpa le dio un poco más, pero Naropa aun le exigía todo. Intercambíaron palabras similares varias veces hasta que finalmente Naropa se echó a reír y le dijo:

—¿Crees que puedes comprar mis enseñanzas con un engaño?

Con esto Marpa cedió y le dio a Naropa todo el oro que traía. Pero para su espanto, Naropa levantó las bolsas y comenzó a arrojar el polvo de oro a los vientos.

De pronto Marpa se sintió extremadamente confuso y paranoico. No podía comprender lo que estaba sucediendo. Había trabajado duramente por ese oro con el cual esperaba conseguir las enseñanzas que tanto deseaba. Naropa había sugerido que el necesitaba el oro, que le enseñaría a Marpa a cambio de este. Sin embargo, lo estaba desperdiciando de esta manera. Entonces Naropa le dijo:

—¿Para qué quiero yo el oro? El universo entero es oro para mí.

Éste fue un gran momento para Marpa, pues con estas palabras se abrió al maestro y se hizo capaz de recibir las enseñanzas. Permaneció junto a Naropa por largo tiempo después de esto y su entrenamiento fue sumamente severo. Pero esta vez no se limitó a escuchar las enseñanzas como había hecho antes, tuvo que entregar todo cuanto tenía, no solamente el oro que poseía, sino todo lo que llevaba escondido en su pensamiento. Fue un proceso largo y continuo de apertura y entrega.

También en la vida de Milarepa tenemos un ejemplo de la relación entre discipulo y maestro, aunque en este caso las circunstancias son algo diferentes. También Milarepa era un campesino, aunque no tan educado ni con tanto mundo como Marpa cuando conoció a Naropa. Además, Milarepa era un hombre que había cometido varíos crimenes, incluso un asesinato. Era una persona terriblemente infeliz que añoraba la iluminación y estaba dispuesto a pagar cualquier precio que le pidiera su maestro. Por eso Marpa le pidió a Milarepa que pagara a un nivel muy físico, pues le hizo construir una serie de edificios uno detrás de otro. Cada vez que Milarepa terminaba uno de estos, Marpa le exigia que lo derribara y devolviera todas las piedras a su lugar de origen, con el pretexto de que no quería estropear el paisaje. Cada vez que Marpa le pedía a Milarepa que desmantelara los edificios que había construido le daba alguna excusa absurda, como decir que había estado borracho cuando le había pedido que lo hiciera, o que nunca había dado tales instrucciones. Cada vez Milarepa, con sus ansias insaciables de aprender, obedecia al maestro y derribaba la casa para comenzar a construir otra.

Finalmente, Marpa diseño una torre de nueve pisos. Milarepa sufrió terribles penas cargando las piedras y construyendo este edificio. Pero cuando hubo terminado y volvió donde Marpa a pedirle las enseñanzas, Marpa le dijo:

—¿Pretendes ser merecedor de mis enseñanzas así no más, solo porque has construido una torre para mí? No, me temo que todavía tendrás que conseguirme un obsequio de valor como cuota de iniciación.

Para entonces, a Milarepa no le quedaba posesión alguna, pues lo poco que tenía lo había gastado, aparte de que había invertido todo su tiempo y esfuerzo en construir edificios para Marpa. Pero la esposa de Marpa, Damema, se compadeció de él y le dijo:

—Estas torres que has construido son un maravilloso gesto de devoción y fe. De seguro que a mi marido no le importará que yo te de unos sacos de cebada y unos rollos de tela para que los uses de cuota.

De esta manera, Milarepa se presentó al circulo de iniciación donde Marpa comenzaba a ofrecer las enseñanzas y colocó estos objetos como cuota junto a los obsequios que habían traído los otros discípulos. Pero Marpa reconoció de inmediato los regalos que había traído Milarepa y le gritó furibundo:

—Todo esto me pertenece a mí. Hipócrita, ¿crees que me puedes engañar? –Y literalmente sacó a Milarepa a patadas del círculo de iniciación.

Llegado a esto, Milarepa abandonó toda esperanza de conseguir que Marpa le transmitiera las enseñanzas.

Desesperado, decidió suicidarse y, cuando ya estaba a punto de hacerlo, Marpa se acercó y le dijo que sólo entonces se había hecho acreedor a las enseñanzas.

Como vemos en estas historias, la transmisión de las enseñanzas exige que el discípulo entregue algo a cambio de ellas, es necesario algún tipo de entrega psicológica, un obsequio de algún tipo. Por eso tuvimos que considerar previamente la entrega, la apertura de uno mismo, la entrega de toda expectativa, antes de que pudiéramos hablar de la relación entre el maestro y el discípulo. Es imprescindible entregarse, abrirse, presentarle al guru todo lo que uno tiene, en vez de tratar de presentarse a sí mismo como un discípulo digno de consideración. No importa cuánto esté dispuesto uno a pagar, no importa cuán correctamente se conduzca, cuán inteligente sea, cuánta facilidad de palabra tenga para expresarse adecuadamente ante el maestro. No es como cuando discutimos con un vendedor al comprar un automóvil. Cuando uno solicita un trabajo, el que se lo den o no depende de sus credenciales, de su manera de vestir, de cuán bien haya lustrado sus zapatos, de su facilidad de expresión o de sus buenas maneras. Si compramos un automóvil se trata entonces de cuánto dinero tenemos o de si contamos con un buen crédito. Pero cuando se trata de la espiritualidad se requiere mucho más. No se trata de solicitar un trabajo ni de vestirse bien para impresionar a un posible patrón. Tales engaños no se aplican a la entrevista con un guru pues este puede ver la verdad. Le divierte vernos vestidos especialmente para la entrevista. En este caso no hace falta tratar de congraciarnos con el maestro; de hecho, sería inútil. Tenemos que hacer un compromiso real de mantenernos abiertos al maestro, tenemos que estar dispuestos a entregar todas nuestras ideas preconcebidas. Milarepa esperaba que Marpa fuera un gran sabio y santo, que se ataviara, como todo un yogi, con rosarios, que se dedicara a recitar mantras y a meditar; en cambio, encontró que Marpa se dedicaba al cultivo de su finca, supervisando a los labriegos y labrando la tierra.

Me temo que en occidente hemos abusado de la palabra “guru”, en realidad sería mejor hablar de un “amigo espiritual”. Porque las enseñanzas recalcan el encuentro mutuo de dos espiritus. Se trata de una comunicación recíproca antes que una relación entre amo y siervo, antes que una relación entre un ser viviente altamente evolucionado y uno miserable y confundido. Cuando se establece una relación con el guru como la que existe entre amo y siervo, el ser más adelantado aparece ante los ojos del otro como si no estuviera sentado sobre su asiento; le parece estar levitando, mirando desde lo alto. La voz del maestro nos parece penetrante y sonora; cada sonido que emite, incluso su tos, o cualquier movimiento que hace nos parece un gesto de sabiduría. Pero todo esto es un ensueño. Un guru debe ser un amigo espiritual que nos comunique y nos ofrezca sus propias cualidades como Marpa hizo con Milarepa y Naropa con Marpa. Marpa presentó sus cualidades de ser un yogi labriego. Dio la casualidad de que tenía siete hijos y una esposa, de que cuidaba de su finca, de que labraba los campos, y de que se mantenía a sí mismo y a su familia. Pero estas actividades eran meramente un aspecto de su vida ordinaria. Cuidaba de sus estudiantes como cuidaba de su cosecha y de su familia. Era tan minucioso en prestarle atención a cada detalle de su vida que podía ser un maestro competente a la vez que era un buen padre y un agricultor capaz. No había materialismo ni fisico ni espiritual en el estilo de vida de Marpa. No exageraba la importancia de la espiritualidad ni desatendía a su familia o su relación física con la tierra. Si no estamos sumidos en el materialismo, sea espiritual o físico, entonces no exageramos ninguno de los dos extremos.

Tampoco nos ayuda mucho querer escoger a alguien como nuestro guru sólo porque es famoso, alguien célebre por haber publicado montones de libros o por haber convertido a miles o millones de personas. Por el contrario, el principio guía es determinar si uno puede o no comunicarse realmente con esa persona, directa y cabalmente. Tenemos que preguntarnos también hasta qué punto nos engañamos a nosotros mismos. Si estamos verdaderamente abiertos al amigo espiritual, deberíamos poder trabajar al unísono con él. Cabe preguntarse, pues, en esas ocasiones, si uno puede comunicarse con él cabal y adecuadamente, si este amigo espiritual de veras nos conoce o, lo que es más, si de veras puede desenmascararnos para comunicarse directamente con nosotros. Éstos, y no la fama o la sabiduría, son los principios guía cuando se busca un maestro espiritual. Hay una historia interesante sobre un grupo de personas que decidió a estudiar bajo cierto maestro tibetano después de haber estudiado bajo otros maestros.

Habían decidido concentrarse ahora en tratar de aprender solamente de este maestro en particular. Ansiosos por convertirse en sus discípulos, pidieron audiencia con él. Pero este gran maestro rehusó aceptarlos como discípulos si no podían satisfacer una condición. Les dijo:

—Os aceptaré solamente bajo esta condición: que estéis dispuestos a renunciar a todos vuestros antiguos maestros.

Entonces ellos le rogaron que no les exigiera esto. Le dijeron cuanta devoción sentían por él, cuán grande era su reputación y cuánto les gustaría estudiar con él. Pero él se negaba a aceptarlos si no cumplían con aquella condición. Finalmente todos, con excepción de uno, accedieron a renunciar a sus antiguos maestros, de quienes, desde luego, habían aprendido mucho. El guru pareció quedar satisfecho cuando hubieron hecho esto, y les dijo que volvieran al proximo día. Cuando volvieron les dijo:

—Percibo claramente vuestra hipocresía. La próxima vez que vayáis a ver un maestro, renunciaréis con la misma facilidad a mí y a mis enseñanzas. No os quiero aquí. ¡Largo de aquí!

Dicho esto, los echó a todos, excepto a aquel que todavía valoraba lo que había aprendido antes. Esta persona a quien aceptó el guru no estaba dispuesta a jugar el juego de la mentira, no estaba dispuesta a tratar de complacer a un guru pretendiendo ser lo que no era. Si ustedes quieren ser amigos de un maestro espiritual tienen que hacerlo con candidez, abiertamente, para que la comunicación tenga lugar entre iguales. No pueden tratar de ganarse las simpatías del maestro.

Para que un guru nos acepte como amigo tenemos que abrirnos a él completamente. Para podernos abrir tendremos que someternos probablemente a ciertas pruebas, a manos del amigo espiritual o en situaciones vitales generales. Todas estas pruebas resultan, desde luego, en algun tipo de desilusión. Llegará el momento en el cual dudaremos de los sentimientos del amigo espiritual pensando que no siente nada hacia nosotros.

Este pensamiento es parte del proceso de aprender a enfrentar nuestra propia hipocresía. La hipocresía, la pretensión, los dobleces del ego presentan una gran resistencia, pues el ego está cubierto por una coraza gruesa. Nos gusta llevar armaduras, una encima de la otra. Nuestra hipocresía es tan densa y tiene tantas capas, que tan pronto nos quitamos una capa de coraza encontramos otra debajo. Constantemente abrigamos la esperanza de que nunca nos veamos obligados a quitárnoslas completamente. Esperamos poder hacernos presentables quitándonos sólo algunas de las capas de blindaje. Entonces nos presentamos con nuestra nueva armadura con un gesto zalamero. Pero nuestro amigo espiritual no lleva armadura alguna, siempre va desnudo. Cuando comparamos nuestra apariencia con la desnudez del maestro espiritual, es como si estuviéramos recubiertos de hormigón. Nuestra armadura es tan gruesa que nuestro amigo no puede sentir la textura de la piel o la forma del cuerpo que hay debajo. Ni siquiera puede ver nuestro rostro.

Hay muchas historias de encuentros entre maestros y discípulos del pasado en las cuales se nos relata cómo el discípulo tuvo que hacer largos viajes y sobrellevar grandes penas hasta que su fascinación e impulsos iniciales comenzaron a debilitarse. Y éste es precisamente el propósito de este tipo de prueba. El impulso inicial que nos lleva a querer encontrar algo es de por sí un obstáculo. Cuando este impulso comienza a debilitarse, entonces nuestra desnudez fundamental comienza a manifestarse, con lo cual se inicia el verdadero encuentro de los dos espíritus.

Se ha dicho que el primer encuentro con el amigo espiritual es como una excursión al supermercado. Estamos emocionados y soñamos con toda la variedad de cosas que vamos a comprar, es decir, con la riqueza del amigo espiritual y las cualidades pintorescas de su personalidad. La segunda etapa de nuestra relacion con él es como una citación judicial, como si fueramos criminales. No podemos satisfacer las exigencias del amigo espiritual y comenzamos a sentirnos cohibidos porque sabemos que él sabe tanto de nosotros como nosotros mismos, lo cual resulta sumamente desconcertante. La tercera etapa, cuando nos acercamos al amigo espiritual, es como ver una vaca pastando felizmente por el prado.

Quedamos satisfechos con admirar su mansedumbre o el paisaje y seguimos nuestro camino. Finalmente, en la cuarta etapa de nuestra relación con el amigo espiritual, nuestra experiencia es semejante a la de pasar junto a una piedra en el camino: ni siquiera la notamos, pasamos y seguimos por nuestro camino.

Al principio existe algo asi como un noviazgo con el guru, una aventura amorosa. Estamos tratando de ver cuán capaces somos de conquistar a esta persona. Hay cierta tendencia a querer estar junto al maestro espiritual, porque en realidad estamos deseosos de aprender y sentimos una admiración profunda por él, pero al mismo tiempo es aterrador y desconcertante o no coincide la situación con nuestras expectativas o nos cohibe el temor de no poder ser completa y cabalmente sinceros. Se establece una relación ambivalente de amor y odio y un proceso en el cual se dan, casi al mismo tiempo, la entrega y la huida. Dicho de otra manera, comenzamos a jugar nuestros juegos: el juego de querer ser abierto, de querer una aventura amorosa con el guru, y a la vez querer huir de él. Si nos acercamos demasiado al amigo espiritual, entonces nos sentimos abrumados por él.

Como dice un antiguo proverbio tibetano: “El guru es como el fuego: si te le acercas mucho, te quemas; si te alejas, no recibes su calor”. Así es la relación de noviazgo que establece el discípulo. Tiende a acercarse demasiado al maestro, pero al hacerlo se quema. Entonces quiere huir de él lo más lejos posible, y pierde su calor.

A la larga, la relación comienza a establecerse y enraizarse. El discípulo comienza a darse cuenta de que esta ambigüedad de querer estar cerca del guru y a la vez querer huir de él es simplemente uno de los muchos juegos del ego. No tiene nada que ver con la situación real, es una mera alucinación. El guru o maestro espiritual siempre esta ahí ardiendo como un fuego encendido. Podemos jugar con él o no, sólo de nosotros depende.

Entonces, la relación del discípulo con el amigo espiritual comienza a hacerse creativa. Aceptamos la condición de ser abrumados por el guru, la condicion de sentirnos distantes de él. Si el guru decide desempeñar el papel del agua helada, lo aceptamos; si decide desempeñar el papel del fuego ardiente, lo aceptamos. Nada nos inquieta, nada nos desconcierta, y logramos reconciliarnos con el maestro y su manera de ser.

En la siguiente etapa, es decir, después de aprender a aceptar todo lo que el maestro es, comenzamos a perder nuestra inspiración porque hemos renunciado completamente, nos sentimos reducidos a una mota de polvo, somos insignificantes. Comenzamos a sentir que el único mundo que existe es el del amigo espiritual, el del guru. Es como si estuviéramos viendo una película fascinante. La película es tan interesante que nos convertimos en parte de ella: no hay un cine, ni hay butacas, ni hay espectadores, ni hay amigos sentados junto a nosotros. La película es lo único que existe. Ésta es la etapa que llamamos "período de la luna de miel", en el cual todo nos parece ser parte de ese ser central que es el guru. Entonces somos una persona insignificante e inútil que recibe todo su sustento del ser central, grandioso y fascinante. Siempre que nos sentimos débiles, cansados o aburridos vamos y nos sentamos en la sala de cine para que nos entretengan, nos inspiren y rejuvenezcan. En esta etapa domina el fenómeno llamado "culto a la personalidad". El guru se convierte en la unica persona que existe en el universo, la única persona que rebosa de vida. El sentido último de nuestra vida depende de él. Si morimos, morimos para él; si vivimos, sobrevivimos para él. En cualquier otro sentido somos insignificantes.

Esta relación amorosa con el amigo espiritual no puede durar para siempre. Tarde o temprano, la intensidad del amor tiene que menguar y tenemos que enfrentarnos a nuestra propia situación vital y a nuestra propia naturaleza psicológica. Es como el final de la luna de miel para una pareja de recién casados. Ya no se sienten solamente conscientes el uno del otro como amantes y foco central de sus atenciones mutuas, sino que comienzan a percibir el estilo de vida del otro. Así comenzamos a percibir qué es lo que hace de esta persona un maestro, más allá de los límites de su personalidad e individualidad. Así es como aparece en el panorama por primera vez el principio de la universalidad del guru. Todos los problemas que enfrentamos en la vida se convierten en parte de nuestro matrimonio. Siempre que hay dificultades escuchamos las palabras del guru aunque él no esté allí. Éste es el momento en el cual comenzamos a ganar nuestra propia independencia del guru como amante, porque toda situación se convierte en una expresión de las enseñanzas. Al comienzo nos habíamos rendido a los pies del amigo espiritual. Luego aprendimos a comunicarnos con él y jugamos algunos juegos con él. Pero ahora hemos llegado a la etapa de la sinceridad completa. Como resultado de este estar abierto completamente al guru, comenzamos a ver las cualidades del guru en toda situación vital y vemos que todas las situaciones en la vida nos ofrecen la misma oportunidad de abrirnos que nos brinda el guru. Así es como todo se convierte en nuestro guru.

Milarepa tuvo una visión muy clara de su guru Marpa mientras meditaba en un retiro muy estricto en el Valle de las Joyas de Roca Roja. Debilitado por el hambre y azotado por las inclemencias del tiempo, se había desmayado mientras recogía leña fuera de su cueva. Cuando recobró el conocimiento miró hacia el oriente y vio nubes blancas en la dirección de la morada de Marpa. Con añoranza cantó entonces un cántico de súplica, diciendole a Marpa cuánto ansiaba volver a verlo. Entonces Marpa se apareció ante el en una visión, montado en un león blanco como la nieve. Le dijo algo así como: "¿Qué te pasa? ¿Estás padeciendo algún tipo de trastorno neurótico? Tú entiendes ya el Dharma. Continúa, pues, tu meditación". Milarepa se consoló y regresó a su cueva a meditar. El hecho de que Milarepa dependiera tanto de Marpa en esta ocasión, indica que todavía no se había librado completamente de la noción del guru como un amigo personal e individual.

Sin embargo, cuando Milarepa regresó a su cueva la encontró llena de unos demonios con los ojos tan grandes como cacerolas y los cuerpos del tamaño del dedo pulgar. Intentó toda clase de trucos y artimañas para hacerlos salir de allí, para que dejaran de burlarse de él y de atormentarlo, pero los demonios sencillamente se negaban a irse. Y Milarepa finalmente dejó de tratar de jugar juegos. Reconoció su propia hipocresía y se abrió a la situación. Desde este momento vemos un cambio radical en el estilo de los poemas de Milarepa, porque había aprendido a identificarse con la cualidad universal del guru y no meramente a relacionarse con Marpa como una persona individual.

El amigo espiritual se convierte en parte de uno mismo, ademas de ser una persona individual y externa a uno. Como tal, el guru, tanto interno como externo, desempeña un papel sumamente importante en el proceso de penetrar y descubrir nuestras hipocresías. El guru puede ser una persona que actua como un espejo reflejando nuestro rostro o puede ser nuestra propia inteligencia fundamental que toma la forma de un amigo espiritual. Cuando el guru interno comienza a funcionar, entonces no podemos escapar al imperativo de abrirnos a las situaciones. La inteligencia fundamental nos persigue a todas partes; no hay manera de escapar a nuestra propia sombra. Podriamos decir: "El Hermano Mayor nos vigila"[2], aunque no es una entidad externa la que nos vigila y persigue. Nos perseguimos a nosotros mismos, nuestra propia sombra nos vigila.

Podemos ver esto de dos maneras distintas. Podemos ver al guru como un espectro que nos persigue y se burla de nosotros por nuestra hipocresía. Podría decirse entonces que existe cierta cualidad demónica en el acto de descubrir lo que somos. Pero también hay siempre cierta cualidad creativa en el amigo espiritual, que se convierte en parte nuestra. Porque la inteligencia innata esta presente continuamente en todas las situaciones de la vida. Es tan sagaz y penetrante que en cierta etapa, aunque queremos suprimirla, no podemos. A veces lleva una expresión severa, otras veces una sonrisa inspiradora. Se ha dicho en la tradición tántrica que uno nunca ve el rostro del guru, sino meramente las expresiones que se dan en él. Ya se le vea sonreir, ya se le vea con una expresión burlona o se le vea fruncir el ceño, siempre está presente en toda situación vital. La inteligencia fundamental, ya se la llame *tathagatagarbha*,[3] naturaleza búdica, o de cualquier otra manera, siempre esta presente en cada experiencia que la vida nos depara. No hay manera de huir de ella. También se ha dicho en las enseñanzas: "Mejor sería no comenzar la tarea. Pero si se comienza es mejor llevarla a cabo"[4]. Por eso sería mucho mejor que no se iniciasen ustedes en la vía espiritual si no estan convencidos de que tienen que hacerlo. Pero una vez que se inicien en el sendero, habrán tomado una decisión irrevocable y no hay manera de escapar.

P: Llevo algún tiempo dando traspiés de un centro espiritual a otro y siento que una personalidad espiritual como la de Marpa en realidad crearía grandes problemas para las personas adictas a este tipo de búsqueda, pues aquí tenemos un hombre que no parece hacer nada de lo que la mayor parte de las personas consideran necesario para alcanzar la meta. No es un asceta, no es abnegado, atiende a sus asuntos cotidianos como la mayoría de nosotros, es un ser humano normal y, sin embargo, parece que fue un maestro de capacidades enormes. ¿Ha sido Marpa el único de los grandes maestros que ha usado al máximo las posibilidades de la vida de un ser humano normal, sin tener que pasar por las penas y los trabajos del ascetismo y la disciplina de purificacion?

R: Desde luego, Marpa es un ejemplo de ciertas posibilidades que se abren ante todos nosotros; sin embargo, Marpa también se sometió a una disciplina y un entrenamiento severos mientras estuvo en la India. Preparó su camino con el estudio arduo bajo los maestros indios. Pero creo que conviene entender primeramente el verdadero significado de las palabras "disciplina" y "ascetismo". La idea básica detrás del ascetismo, es decir, la vida llevada de acuerdo con el Dharma, es la de ser cuerdos en un sentido fundamental. Si nos parece que llevar una vida ordinaria es lo cuerdo y saludable, ése es nuestro Dharma. Al mismo tiempo, nos parecería que llevar la vida ascética de un yogi tal como se describe en los textos es la expresión máxima de la locura. Todo depende del individuo. Se trata de descubrir qué estilo de vida es saludable o cuerdo para uno. Es decir, cuál es la manera de vivir, el enfoque de la vida que es realmente sólido, saludable y estable. El Buda, por ejemplo, no era un fanático religioso que tratara de actuar de acuerdo con cierto ideal abstracto. Trataba a cada persona con sencillez, candidez y sabiduría. Su sabiduría brotaba de un sentido común trascendental. Sus enseñanzas eran sensatas, abiertas.

El problema parece ser que la gente se preocupa demasiado de un posible conflicto entre lo religioso y lo profano. Se le hace muy difícil reconciliar la llamada conciencia superior con los asuntos prácticos de la vida cotidiana. Pero las categorías de superior e inferior, de religioso y profano, no parecen ser pertinentes a la búsqueda de un enfoque cuerdo y sensato de la vida.

Marpa era meramente una persona ordinaria dedicada a vivir cada detalle de su vida. Nunca trataba de ser alguien especial. Cuando perdía la paciencia, la perdía, y golpeaba a quien tenía que golpear. Y eso era todo. Nunca trataba de pretender o desempeñar un papel. Los fanáticos religiosos, por otro lado, siempre estan tratando de mantenerse fieles a un modelo de cómo se supone que han de comportarse. Tratan de convertir a los demás frenética y enérgicamente, como si ellos fueran completamente puros o buenos. Pero me parece que tratar de probar que uno es bueno indica algun tipo de temor subyacente. Marpa, al contrario, no tenía nada que probar. Era sencillamente una persona cuerda, un ciudadano sólido y ordinario y, a la vez, una persona iluminada. De hecho, es el padre del linaje Kagyü. Todas las enseñanzas que estudiamos y practicamos aqui nacen con él.

P: Hay una expresión zen que dice: "Al principio, las montañas eran montañas y los ríos eran ríos. Entonces las montañas dejaron de ser montañas y los ríos dejaron de ser ríos. Pero, al final, las montañas volvieron a ser montañas, y los ríos volvieron a ser ríos". Ahora, ¿no estamos todos nosotros aquí en la etapa en la cual las montañas ya no son montañas y los ríos ya no son ríos? Usted, por el contrario, parece querer subrayar el caracter ordinario de las cosas. ¿No tenemos que pasar por "lo no ordinario" antes de poder ser verdaderamente ordinarios?

R: Marpa se alteró mucho con la muerte de su hijo y uno de sus discípulos le dijo: "Tu solías decirnos que todo es una ilusión. ¿No se aplica esto a la muerte de tu hijo? ¿No es esto también ilusión?"

Pero Marpa respondió: "Cierto, pero la muerte de mi hijo es una super-ilusión".

Cuando experimentamos por primera vez el carácter ordinario, real, de las cosas, descubrimos algo extraordinariamente ordinario. Tanto es así que podríamos decir que las montañas ya no son montañas y los ríos ya no son ríos porque nos parecen tan ordinarios, tan precisos, tan de acuerdo con lo que son. Esta cualidad extraordinaria nace de la experiencia del descubrimiento.

Pero, a la larga, esta cualidad, esta precisión, se convierte en un hecho cotidiano, algo con lo cual vivimos día a día, algo verdaderamente ordinario, y estamos de vuelta donde empezamos. Las montañas vuelven a ser montañas y los ríos vuelven a ser ríos. Entonces podemos descansar.

P: ¿Cómo podemos quitarnos la armadura? ¿Cómo podemos abrirnos al maestro y a la circunstancia?

R: La pregunta no debería ser cómo hacerlo. En realidad no hay un rito, una ceremonia o una fórmula para abrirse. El primer obstáculo es la pregunta misma, "¿Cómo?". Si no nos hiciéramos este tipo de pregunta, no tendríamos que vigilarnos, meramente haríamos lo que hubiera que hacer. Por ejemplo, cuando sentimos deseos de vomitar no tenemos que preguntarnos cómo hemos de hacerlo. Simplemente vomitamos; no hay tiempo para reflexionar sobre esto, sólo sucede. Si estamos muy tensos, entonces vamos a sufrir más. No podremos vomitar espontánea y naturalmente; trataremos de tragarnos el vómito; trataremos de luchar en contra de nuestra enfermedad. Tenemos que aprender a soltarnos cuando estamos enfermos.

P: Cuando las situaciones de la vida comienzan a convertirse en nuestro guru, ¿de veras importa qué forma tomen estas situaciones, importa verdaderamente en qué situación nos encontramos?

R: En realidad no tenemos alternativa. Lo que sucede es una expresión del guru. La situación puede ser dolorosa o inspiradora. Pero tanto el placer como el dolor son uno en el estado de apertura, que es el ver la situación como nuestro guru.

La iniciación

La mayor parte de las personas que han venido a estudiar conmigo lo han hecho porque han oído hablar de mi persona, de mi reputación como maestro de meditación, como lama tibetano. Pero, ¿cuántas personas habrían venido, si se hubieran encontrado conmigo en un restaurante? Serían muy pocas las personas que se sentirían inspiradas a estudiar el budismo y la meditación como resultado de un encuentro tan casual. Antes al contrario, las personas parecen sentirse inspiradas por el hecho de que soy un maestro de meditación del Tíbet exótico, la decimoprimera reencarnación del Tulku Trungpa.

Así es como la gente viene en busca de la iniciación, a recibir de mí la iniciación en las enseñanzas budistas, y en el Sangha, es decir, en la comunidad de los que practican la meditación en el sendero. ¿Pero qué significa en realidad esta iniciación? Existe una tradición larga y magnífica de la transmisión de la sabiduria, del linaje espiritual budista, de generación en generación de practicantes de la meditación. Y esta transmisión esta vinculada a una iniciación. Pero, ¿qué es, al fin y al cabo, esta iniciación?

Parecería que conviene mantener cierto cinismo al respecto. A la gente le gusta recibir la iniciación, le gusta unirse al club, recibir un título, obtener la sabiduría. Personalmente, no quiero explotar las debilidades de nadie, es decir, su deseo de adquirir algo extraordinario. Alguna gente compraría una pintura de Picasso meramente por el nombre del artista. Pagarían miles de dólares, sin considerar, por un instante, si de veras están comprando algo que vale como obra de arte. Es decir, compran los créditos, el nombre detrás de la obra. Aceptan la reputación o los rumores como garantía del valor artístico. No hay ninguna inteligencia clara cuando actúan de esta manera.

También hay quien se une a un club o se inicia en alguna sociedad movido por cierta hambre espiritual o porque siente que no vale para nada por sí solo. El grupo le parece bien abastecido y rico, y busca en él su sustento. Pero, una vez que le dan de comer y lo ceban como él quería, ¿entonces qué? ¿Quién engaña a quién? No será que el maestro o guru se engaña a sí mismo mientras alimenta su propio ego con pensamientos tales como "¡Qué vasta congregación de discípulos iniciados tengo yo!" Pero también engaña a sus discípulos, llevándoles a creer que se han hecho más sabios, más espirituales simplemente porque se han comprometido con esta organización y se rotulan a sí mismos monjes, yogis o cualquiera que sea el título que han recibido. Hay tantos títulos distintos que se pueden asumir. Pero, ¿derivamos algún beneficio real de estos nombres y credenciales? ¿En verdad derivamos algo de ellos? Una ceremonia de media hora no nos lleva a la próxima etapa en el camino del despertar; tenemos que enfrentarnos a este hecho. Personalmente tengo una devoción y una fe tremendas en el linaje budista y en el poder de sus enseñanzas, pero no se trata de una fe ingenua.

Tenemos que acercarnos a la espiritualidad con una inteligencia sólida. Si vamos a escuchar a un maestro, no podemos dejarnos llevar por su reputación o carisma, sino que debemos experimentar profundamente cada palabra de sus sermones, cada aspecto de la técnica de meditación que enseña. Necesitamos una relación clara e inteligente con la enseñanza y con el maestro que la enseña. Esta inteligencia no tiene nada que ver con el emocionalismo ni con la visión romántica del guru. No tiene nada que ver con la aceptación crédula de las credenciales impresionantes, no se trata de unirnos a un club para enriquecernos de alguna manera, aunque ésta no sea material.

No se trata de encontrar a un guru sabio, del cual podemos comprar o robar la sabiduría. La iniciación verdadera supone una relación honrada y franca con nuestro amigo espiritual y con nosotros mismos; así pues, tenemos que esforzarnos para desenmascararnos a nosotros mismos y a nuestros autoengaños. Tenemos que entregarnos y descubrir la cualidad cruda y áspera de nuestro ego.

El término sánscrito para la iniciación es *abhisheka*, que significa rociar, verter o ungir. Y si vertemos algo, necesitamos un envase, en el cual podamos echar lo que vertemos. Si realmente nos comprometemos y nos abrimos al amigo espiritual, correcta y cabalmente, nos convertimos en un envase en el cual se puede verter la comunicacion; entonces, el maestro también se abre y ocurre la iniciación verdadera. Esto es lo que significa abhisheka, o el "encuentro entre dos espíritus", el del maestro y el del discípulo.

Abrirnos de esta manera no implica que estemos tratando de congraciarnos, tratando de complacer o impresionar al amigo espiritual. La situación es similar a la de un médico que al darse cuenta de que algo anda mal con el paciente se lo lleva de la casa, por la fuerza si es necesario, y lleva a cabo la operación quirúrgica, aunque falte la anestesia. Puede ser que les parezca a ustedes que este tratamiento es algo violento y doloroso. Pero entonces comenzarán a darse cuenta de cuánto cuesta la comunicación real, es decir, el ponernos en contacto con la vida misma.

Los donativos de dinero a las causas espirituales, las contribuciones de nuestro propio trabajo, el compromiso con un guru en particular, nada de esto significa necesariamente que hemos hecho un compromiso real para abrirnos nosotros mismos. Lo más probable es que este tipo de compromiso sea meramente una manera de probarnos a nosotros mismos que nos hemos unido al partido de la "verdad". El guru parece ser una persona sabia, parece que sabe lo que hace y nos gustaría estar de su parte, del lado que parece seguro, el lado del bien, para así asegurarnos nuestro propio bienestar y éxito. Pero, una vez que nos hemos apegado a su partido, el partido de la cordura, de la estabilidad, de la sabiduría, entonces, para sorpresa nuestra, descubrimos que no hemos logrado asegurarnos a nosotros mismos porque hemos comprometido sólo la fachada, la máscara, la coraza externa. No nos hemos comprometido nosotros mismos enteramente.

Entonces, nos hacen abrirnos desde la retaguardia. Para horror nuestro descubrimos que no hay ningún lugar hacia el cual huir. Nos descubren en el acto de escondernos detrás de una fachada, nos desenmascaran desde todos lados. Nos han despojado del relleno y de la coraza que llevábamos puestos. Ya no hay lugar donde escondernos. ¡No es esto espantoso! Todo queda revelado, todas nuestras pretensiones vanas, nuestro egoísmo. En este momento comenzamos a darnos cuenta de que nuestro esfuerzo torpe por llevar una máscara ha sido en vano desde el comienzo.

No obstante eso, tratamos de racionalizar esta situación dolorosa tratando de encontrar alguna manera de protegernos, algún modo de explicar nuestro apuro a satisfacción del ego. Lo examinamos de esta o de aquella manera y nuestro pensamiento se ve sumamente ocupado. El ego es muy profesional, abrumadoramente eficiente en este tipo de quehacer. Cuando creemos ir progresando en nuestros intentos de vaciarnos a nosotros mismos, descubrimos que en realidad estamos dando marcha atrás tratando de hallar seguridad para nosotros mismos, tratando de llenarnos. Y esta situación confusa continúa y se intensifica hasta que descubrimos finalmente que estamos completamente perdidos, que hemos perdido nuestro fundamento, que no hay punto de partida, ni punto medio, ni meta, porque nuestro pensamiento se ve abrumado por sus propios mecanismos de defensa de suerte que parece que sólo cabe darnos por vencidos y dejar que las cosas sean como sean. Nuestras ideas astutas y soluciones inteligentes no nos sirven de nada porque hemos sido abrumados por el exceso de ideas. No sabemos qué ideas escoger, qué ideas nos han de proveer el mejor medio de cultivarnos a nosotros mismos. Nuestro pensamiento se siente atestado de sugerencias extraordinarias, inteligentes, lógicas, científicas e ingeniosas, pero, de alguna manera, resultan ser demasiadas y no sabemos qué sugerencia adoptar.

Así, finalmente, puede que logremos renunciar realmente a todas estas complicaciones y que simplemente nos entreguemos a las situaciones. Éste es el momento en el cual el abhisheka, la aspersión o el verter, tiene lugar verdaderamente porque estamos abiertos y hemos abandonado realmente todo intento de hacer algo, todo ajetreo y sobreabundancia. Por fin nos hemos visto obligados a detenernos realmente y esto es un suceso que ocurre sólo rara vez.

Tenemos muchos mecanismos de defensa distintos, creados con los conocimientos que hemos adquirido, con las lecturas que hemos hecho, las experiencias que hemos tenido, los sueños que hemos forjado pero, finalmente comenzamos a poner en tela de juicio el significado de la espiritualidad. ¿Se trata solamente de un intento de ser religioso, piadoso o bueno? ¿O es que se trata de intentar conocer más que los otros, aprender más sobre el significado de la vida? ¿Qué significa verdaderamente la espiritualidad? Las teorías familiares de la religión y la doctrina que adquirimos con nuestra familia siempre están a nuestro alcance, pero parece ser que no proveen las respuestas que buscamos. De alguna manera no resultan efectivas o aplicables, de suerte que nos alejamos de las doctrinas y los dogmas de la religión en la que nos criamos.

Puede ser que decidamos que la espiritualidad es algo muy excitante y pintoresco, que se trata de explorarnos a nosotros mismos por medio de la tradición de alguna religión o secta exótica y diferente. Adoptamos entonces otro tipo de espiritualidad, nos comportamos de otra manera e intentamos cambiar nuestro tono de voz, nuestros hábitos de alimentación, nuestro comportamiento en general. Pero después de algún tiempo, este esfuerzo consciente de ser espiritual comienza a parecernos torpe, a la vez que nos parece evidente y demasiado familiar. Queremos que estas pautas de conducta se hagan hábitos, una segunda naturaleza propia; pero de alguna manera no se convierten en parte integrante nuestra. Aunque nos gustaría que estas pautas del comportamiento "iluminado" se convirtieran en una parte natural de nuestra constitución, la neurosis todavía está presente en nuestra mente y comenzamos a preguntarnos: "Si me he estado comportando de acuerdo con las escrituras sagradas de tal o cual tradición, ¿cómo es posible que suceda ésto? Esto ha de deberse a mi propia confusión, desde luego. Pero, ¿qué puedo hacer entonces?" La confusión continúa todavía, a pesar de nuestra adhesión fiel a las escrituras. La neurosis y la insatisfacción continúan. Nada parece funcionar como esperábamos. No hemos logrado establecer verdadero contacto con las enseñanzas.

Al llegar a este punto es cuando en realidad necesitamos el encuentro de dos espíritus. Sin el abhisheka, nuestros intentos de lograr la espiritualidad resultarían solamente en una colección espiritual inmensa, en vez de resultar en una entrega verdadera. Hemos estado recogiendo distintas pautas de comportamiento, maneras de hablar, de vestir o de pensar que sean diferentes, todo un sistema de comportamiento diferente. Pero todo esto es simplemente una colección de objetos que tratamos de imponernos a nosotros mismos.

El abhisheka, la iniciación, nace de la entrega. Nos abrimos a la situación tal cual es y entonces establecemos una comunicación verdadera con el maestro. De todos modos, el guru está siempre alli, abierto a nosotros. Si nos abrimos nosotros mismos, si estamos dispuestos a abandonar nuestras colecciones, entonces la iniciación tiene lugar. No es necesaria ninguna ceremonia "sagrada". De hecho, si consideramos la iniciación como algo "sagrado", es probable que hayamos sido reducidos por los poderes que los budistas llaman con la expresión "las hijas de Mara.[1]" Mara representa las tendencias neuróticas del pensamiento, el estado de desequilibrio. Mara es quien nos envía a sus hijas para seducirnos. Cuando las hijas de Mara toman parte en la iniciación en la cual han de encontrarse los dos espíritus, nos dicen al oido: "¿Te sientes sereno? Es porque estás recibiendo la enseñanza espiritual. Porque esto que te sucede es algo espiritual, sagrado". Sus voces son muy dulces y traen un mensaje seductor y bello. Nos seducen para hacernos creer que esta comunicación que tiene lugar en la ceremonia, es decir, "el encuentro de los dos espíritus" es "la gran cosa". Entonces comienzan a surgir en nosotros nuevas formas de pensamientos de *samsāra*[2]. Es muy similar a la idea cristiana de comerse la manzana: es la tentación. Si consideramos al abhisheka como algo sagrado, su precisión y nitidez comienzan a desaparecer inmediatamente, porque hemos empezado a evaluar. Oimos las voces de las hijas de Mara felicitándonos por haber logrado hacer algo tan sagrado. Bailan alrededor de nosotros y tocan su música, pretendiendo honrarnos en esta ocasión tan solemne.

El encuentro de los dos espíritus, en realidad, tiene lugar como un acontecimiento muy natural. Tanto el preceptor como el discípulo se encuentran en un estado de apertura en el cual ambos son conscientes del hecho de que esta apertura es la cosa más insignificante del mundo. Es verdaderamente insignificante, verdaderamente ordinaria, absolutamente nada. Cuando logramos vernos a nosotros mismos y al mundo de esta manera, entonces la transmisión se logra directamente.En la tradición tibetana esta manera de ver las cosas se llama "el espíritu ordinario", *tha mal gyi shes pa*[3]. Es la cosa más insignificante que existe, el abrirse completamente, la ausencia de todo tipo de apropiación o de evaluación. Podríamos decir que esta insignificancia es sumamente significante, que esta cualidad ordinaria es en verdad extraordinaria pero esto significaría caer otra vez bajo la seducción de las hijas de Mara. Tarde o temprano tenemos que abandonar todo intento de ser algo especial.

P: Parece ser que no puedo dejar de tratar de asegurarme a mí mismo. ¿Qué debo hacer?

R: Usted quiere asegurarse tanto que la idea de tratar de no asegurarse se ha convertido en su juego, es su gran chiste, es una nueva manera de afirmarse a sí mismo.

Está tan interesado en observarse a sí mismo observándose y en observarse a sí mismo observando que se observa. Y asi sigue complicándose cada vez más. Es un fenómeno muy común.

Usted necesita en realidad dejar de preocuparse, dejar

a un lado completamente toda preocupación o interés. Las complicaciones que se estructuran como un detector de mentiras, y también como un detector de ese detector, tienen que ser eliminadas. Usted trata de asegurarse a sí mismo y después de lograr esa seguridad, de la misma manera trata de asegurar la seguridad. Este tipo de fortificación quiere extenderse y convertirse en un imperio infinito. Puede que usted sea sólo señor de un pequeño castillo, pero aún así quiere extender su esfera de influencia sobre toda la Tierra. Si de veras quiere asegurarse a sí mismo por completo, en realidad literalmente no hay límite a los trabajos que tendrá que hacer. Por lo tanto, es necesario abandonar toda idea de seguridad, advertir la ironía de nuestros intentos por asegurarnos a nosotros mismos, la ironía de esos mecanismos de autoprotección. Para conseguirlo hay que abandonar al observador del observador del observador, es decir, al primer observador, a la intención misma de protegerse a sí mismo.

P: No se qué ejemplo presentar, pero supongamos que nosotros fuéramos hindúes; en ese caso usted no se dirigiría a nosotros de esta manera. Quiero decir que porque somos norteamericanos y estamos acostumbrados a hacer cosas en un sentido físico y práctico es que usted se dirige a nosotros de esta manera. Si fuéramos de una cultura que no se dedicara tanto a la actividad, si sólo nos pasáramos sentados sin hacer nada, no se dirigiría a nosotros de esta manera.

R: Ésta es una observación muy interesante porque el estilo en el cual se presentan las enseñanzas depende de la manera como se perfila el materialismo del auditorio particular al cual se les presentan. Norteamérica ha logrado un nivel de materialismo físico muy complejo. Sin embargo, la capacidad de verse comprometidos en este tipo de materialismo no se limita a los norteamericanos, es universal, se la ve en el mundo entero. Si la India alcanzara el nivel de crecimiento económico que Norteamérica ha alcanzado, en el cual la gente ha logrado lo que quería y se ha desilusionado del materialismo físico, entonces en la India también se escucharía una charla como ésta. Pero en el momento presente no creo que haya un auditorio para este tipo de conferencia en ningún otro lugar que no sea en el mundo occidental porque la gente en otras partes del mundo no se ha cansado todavía del ritmo del materialismo físico. Todavía tienen que ahorrar sus centavos con miras a tener algún día sus propios automóviles.

El autoengaño

El autoengaño es un problema constante en nuestro progreso a lo largo del sendero espiritual. El ego se las pasa tratando de lograr la espiritualidad. Es algo así como querer presenciar nuestro propio entierro. Por ejemplo, al principio puede que nos acerquemos a un amigo espiritual con la esperanza de conseguir que nos dé algo maravilloso. Esta manera de acercarse a él se llama "andar buscando un guru". Tradicionalmente se la compara a la caza del almizclero. El cazador se pone al acecho, mata al animal y le quita el almizcle. Podríamos acercarnos al guru y a la espiritualidad de esta manera; pero sería un caso de autoengaño, no tendría nada que ver con abrirnos o entregarnos verdaderamente. También podemos llegar a suponer falsamente que la iniciación es un transplante, es decir, transplantar el poder espiritual de las enseñanzas desde el corazón del guru al nuestro. Esta mentalidad supone que las enseñanzas son algo extraño a nosotros. Se parece a la idea de transplantar un corazón u otro órgano, por ejemplo, una cabeza. Un elemento extraño se transplanta a nosotros desde algún lugar externo de nuestro cuerpo. Incluso puede ser que nos dediquemos a valorar los posibles transplantes. Quizá no tengamos la cabeza adecuada, quizá tengamos que echarla a la basura: merecemos una cabeza mejor, una cabeza nueva, más inteligente, con muchos más sesos. Estamos tan interesados en los beneficios que vamos a obtener de esta posible operación que nos hemos olvidado del médico que la va a llevar a cabo. ¿Hemos hecho una pausa para establecer una relación clara con el médico? ¿Es una persona competente? Y la cabeza que hemos escogido, ¿en verdad es la apropiada para nosotros? ¿No tendrá algo que decir el médico respecto de nuestra selección de cabezas? Quizá nuestro cuerpo termine por rechazar esta cabeza nueva. Estamos tan interesados en lo que creemos que vamos a obtener que hacemos caso omiso de lo que verdaderamente está sucediendo, de nuestra relación real con el médico, de nuestra enfermedad, de lo que verdaderamente es esta cabeza nueva.

Este acercamiento a la iniciación es muy romántico, pero no es válido. Necesitamos a alguien que esté interesado personalmente en nosotros tal como somos, una persona dispuesta a desempeñar el papel de un espejo.

Siempre que nos vemos involucrados en algún tipo de autoengaño es necesario que alguien revele y descubra este proceso. Toda actitud de aferramiento tiene que ser desenmascarada.

La iniciación verdadera tiene lugar en términos del "encuentro entre dos espiritus". Se trata de ser lo que uno verdaderamente es, de relacionarse con el amigo espiritual tal como él o ella es. Ésta es la única situación en la cual puede ocurrir la iniciación. La idea de someternos a una operación y cambiarnos fundamentalmente es una idea completamente ilusoria. En realidad, nadie puede cambiar la personalidad de usted, nadie puede transformarlo por completo de arriba hacia abajo y de dentro hacia afuera. La materia existente, lo que somos ya, tiene que utilizarse. Tenemos que aceptarnos a nosotros mismos tal cual somos, en vez de tal como nos gustaría ser, lo cual significa que tenemos que abandonar todo autoengaño, todo ilusionismo. Toda nuestra constitución y las características de nuestra personalidad tienen que ser reconocidas, aceptadas; sólo entonces puede ser que logremos algún tipo de inspiración.

Si en este punto expresamos nuestro deseo de cooperar con nuestro médico y nos hacemos hospitalizar, entonces el médico por su parte nos conseguirá una habitación y todo cuanto sea necesario. Así, por cada parte se crea la situación de la comunicación abierta, en la cual estriba el sentido fundamental del encuentro entre dos espíritus. Esta es la verdadera manera de unir las bendiciones o *adhishthana* –o sea, la esencia espiritual del guru– con nuestra propia esencia espiritual. El maestro externo, el guru, se abre a sí mismo, y como nosotros también estamos abiertos porque estamos despiertos, entonces hay un encuentro entre dos elementos que en realidad son idénticos. Este es el verdadero sentido del abhisheka, de la iniciación. No se trata de unirse a un club o formar parte de una grey, una oveja que lleva las iniciales de su amo marcadas en el trasero con un hierro candente.

Así, podemos ahora considerar lo que sucede después del abhisheka. Al experimentar el encuentro entre los dos espíritus, se ha establecido la comunicación real con el amigo espiritual. No solamente nos hemos abierto, sino que también hemos tenido un destello de intuición, un instante en el cual hemos comprendido parte de las enseñanzas. El maestro creó la situación y nosotros experimentamos el destello y ahora todo parece que va viento en popa. Estamos muy excitados, todo nos parece bello. Incluso puede que durante varios días nos sintamos embriagados y excitados, nos parece que hemos alcanzado ya el nivel de un buda. No hay ningún interés mundano que nos moleste, todo parece marchar a las mil maravillas. En todo momento logramos una meditación perfecta instantaneamente; es una experiencia continua de nuestro instante de apertura al guru. Es una experiencia muy común. Al alcanzar este punto muchos pueden llegar a creer que ya no necesitan trabajar más con su amigo espiritual, y quizás algunos se alejen del maestro. He oido muchas historias de que esto ha sucedido en Oriente: algunos estudiantes conocieron a su maestro y recibieron una experiencia de iluminación instantánea, pero entonces se marcharon. Trataron de conservar la experiencia, pero, según pasaba el tiempo se iba convirtiendo cada vez más en un recuerdo, en palabras e ideas que se repetían una y otra vez.

Es muy posible que la primera reacción de una persona después de esta experiencia sea la de escribir algo en su diario con una explicación verbal de todo lo que sucedió. Intentaría anclarse a sí mismo a la experiencia con la palabra escrita o la memoria, o hablando de su experiencia con otras personas, o conversando con las personas que estaban presentes cuando la tuvo.

Pero puede ser que alguien haya ido a Oriente, haya

tenido esta experiencia y entonces haya vuelto a Occidente. Y sus amigos lo encuentran cambiado radicalmente, puede que parezca más callado, más calmado, más sabio, puede que muchas personas le pidan ayuda o consejos para sus problemas personales. Puede ser que le pidan su opinión. Puede ser que lo consulten sobre sus experiencias espirituales. Al principio su ayuda a los demás sería genuina, podría relacionar los problemas de estas personas con su propia experiencia en Oriente y podría relatar a esas personas historias bellísimas y genuinas de lo que le aconteció en Oriente. Sería una experiencia muy inspiradora para él.

En algún punto de esta situación algo comienza a marchar mal. La memoria del destello repentino de la intuición que la persona experimentó pierde su intensidad. No dura porque todavía lo concibe como algo externo a él mismo.

Todavía cree que tuvo una experiencia repentina del estado mental del despertar y que ésta pertenece a la categoría de lo sagrado, a la categoría de la experiencia espiritual. Valoraba mucho esa experiencia y, por lo tanto, se la comunicó al mundo ordinario y familiar de su propia tierra, a sus amigos y a sus enemigos, a sus padres y a sus parientes, a toda la gente y a todas las fuentes de apego que creía haber trascendido y superado. Pero la experiencia ahora ya no permanece con él, solamente tiene una memoria, un recuerdo; sin embargo, como ha proclamado su experiencia y su conocimiento a otras personas, claramente no puede dar marcha atrás y decir que todo lo que dijo antes era falso, no podría hacer eso, sería demasiado humillante, además, todavía tiene fe en la experiencia, fe de que algo realmente le sucedió, algo profundo. Pero, lamentablemente, la experiencia ya no permanece con él a cada momento, porque la valoró y la utilizó.

En términos generales, eso es lo que sucede. Una vez que nos hemos abierto y hemos percibido el destello de la intuición, en el segundo instante nos damos cuenta de que estamos abiertos, y repentinamente reaparece la idea de la valoración: "Ah, fantástico. Tengo que aferrarme a esto, tengo que capturarlo y retenerlo, pues es una experiencia muy rara y valiosa". Así es como tratamos de aferrarnos a la experiencia. De ahí surgen todos nuestros problemas, del hecho de que consideramos la experiencia de la apertura como algo valioso. Tan pronto como tratamos de apresar esa experiencia, comienza toda una serie de reacciones en cadena.

Si consideramos algo valioso y extraordinario, entonces se convierte en algo separado de nosotros. Por ejemplo, no consideramos nuestros ojos, nuestro cuerpo, nuestras manos y nuestra cabeza como algo valioso, porque sabemos que son parte de nosotros. Claro está que, si perdiéramos alguna de estas partes, nuestra reacción natural sería sentir que hemos perdido algo muy valioso: "He perdido mi cabeza. He perdido un brazo. Me es imposible reemplazarlo". Entonces nos damos cuenta de que es algo valioso. Cuando se nos quita algo tenemos la oportunidad de darnos cuenta de su valor. Pero cuando lo tenemos con nosotros todo el tiempo, cuando es parte integrante de nuestra constitución, entonces no lo podemos valorar separadamente; simplemente está presente. La valoración surge de nuestro temor a vernos separados de algo, y este temor es precisamente lo que nos mantiene separados de las cosas. Consideramos que cualquier inspiración repentina es extraordinariamente importante porque tenemos miedo de perderla, pero ese mismo instante es el instante en el cual surge el autoengaño. Dicho de otra manera, en ese instante hemos perdido la fe en la experiencia de la apertura y en su relación con nosotros.

En cierto modo perdimos la unidad de la apertura, la unidad de lo que somos. Abrirse se convierte en algo separado, y entonces comenzamos a practicar los juegos de antes. Es obvio que no podemos decir que hemos perdido la capacidad de mantenernos abiertos. No podemos decir: "Sí, yo la tuve, pero la perdí", porque eso destruiría nuestra posición como personas expertas en materias espirituales. Así sucede que el autoengaño tiene el papel del narrador que repite los cuentos. Preferimos contar cuentos a experimentar la apertura realmente. Porque los cuentos son pintorescos y amenos. "Cuando yo estaba con el guru sucedió ésto y aquello. Me dijo ésto y aquello. Y me hizo abrirme a él así o asá, etc., etc." Así es como el autoengaño en esta situación en particular significa tratar de recrear una experiencia pasada repetidamente en vez de vivir la experiencia realmente en el momento presente.

Para poder tener la experiencia ahora tendríamos que abandonar toda valoración de lo maravilloso que fue aquel destello; porque es esta memoria la que nos mantiene distantes de la experiencia misma. Si tuviéramos la experiencia continuamente, nos parecería bastante ordinaria y es esa cualidad ordinaria la que no podemos aceptar. "Ah, si sólo pudiera tener una vez más la maravillosa experiencia de abrirme." Así nos mantenemos ocupados sin tener la experiencia, meramente recordándola. Éste es el juego del autoengaño.

El autoengaño necesita la idea de la valoración y una buena memoria. Según recordamos algo, sentimos nostalgia y nos deleitamos con nuestros recuerdos, pero no tenemos conciencia de dónde estamos en el momento presente. Recordamos "los buenos tiempos", "los viejos tiempos". No le damos oportunidad a nuestra depresión a manifestarse. No queremos aceptar siquiera una sospecha de que hemos perdido el contacto con algo. Siempre que surge la posibilidad de la depresión, siempre que está a punto de manifestarse una sensación de pérdida, la naturaleza defensiva del ego nos trae, inmediatamente, al pensamiento recuerdos de experiencias pasadas, palabras que hemos oído en el pasado, para así consolarnos. Así es como el ego siempre está a la busca de una inspiración que no tenga sus raíces en el presente, continuamente está mirando hacia atrás. Ésta es la función más compleja del autoengaño. Uno mantiene la depresión completamente reprimida; piensa: "Puesto que yo he recibido las grandes bendiciones y he tenido la suerte de tener estas experiencias espirituales maravillosas, ¿cómo podría ser que ahora estuviera deprimido? Imposible. No puede haber depresión alguna".

Tenemos la historia del gran maestro tibetano Marpa. Cuando éste se encontró por primera vez con Naropa, Naropa construyó un altar, y le dijo a su discípulo que el altar encarnaba la sabiduría de cierto Héruka[1]. Claramente, tanto el santuario como Naropa contenían una energía y un poder espirituales tremendos. Naropa le preguntó a Marpa frente a cuál de los dos creía que tenía que postrarse para lograr una iluminación repentina. Marpa, que era un hombre de letras, consideraba que el guru vive en la carne, en el cuerpo de un hombre ordinario, mientras que su creación, el altar, representa el cuerpo purísimo de la sabiduría que no tiene nada que ver con las imperfecciones humanas. Así, Marpa se fue a postrar ante el santuario. Entonces Naropa le dijo: "Me temo que la inspiración que recibas así no dure a la larga. Has escogido equivocadamente. Este santuario es creación mía. Sin mí el santuario no estaría aquí. La oposición entre un cuerpo humano y el cuerpo de la sabiduría perfecta no viene al caso. El espectáculo magnífico del *mándala*[2] no es otra cosa que mi propia creación".

Esta historia ilustra el principio que expusimos antes de la función del autoengaño de los ensueños, las esperanzas y los quereres. Mientras continuamos considerándonos a nosotros mismos o cualquier parte de nuestra experiencia como "un sueño hecho realidad" estamos sumidos en el autoengaño. El autoengaño parece depender siempre del mundo del ensueño; porque nos gustaría ver lo que nunca hemos visto, en vez de querer ver lo que estamos viendo ahora. No aceptamos el hecho de que todo lo que está aquí ahora es lo que es, ni estamos dispuestos a continuar en la situación presente tal como se nos da. Así el autoengaño siempre se manifiesta en términos de un intento de crear o recrear un mundo de ensueños, la nostalgia de la experiencia de los sueños. Lo contrario del autoengaño es simplemente acoplar nuestros esfuerzos a las realidades de la vida.

Si buscamos cualquier tipo de beatitud o goce en la realización de nuestros sueños e imaginaciones, entonces tendremos que aceptar por igual el fracaso y la depresión. Lo que se quiere decir es esto: el temor a la separación, la esperanza de alcanzar la unión no son simples manifestaciones o actividades del ego o del autoengaño, como si el ego de alguna manera fuera algo real que lleva a cabo ciertas acciones. El ego *es* las acciones o hechos mentales. El ego *es* el temor a perder el estado de apertura, el temor a perder el estado sin ego, esto es lo que quiere decir el autoengaño. En este caso es el ego que llora porque ha perdido su propia ausencia, su propio estado sin ego, sus sueños de logros. El temor y la esperanza, la pérdida y la ganancia, éstas son las actividades constantes del ensueño del ego, la estructura del autoengaño que se mantiene y perpetúa a sí misma.

Así, la experiencia real que está más allá del mundo de los ensueños es la belleza, el color y la excitación de la experiencia real del *ahora* de nuestro diario vivir. Si nos enfrentamos a las cosas tal cual son, entregamos toda esperanza de convertirnos en algo mejor. No habrá ningún tipo de fenómeno mágico, porque no podemos obligarnos a nosotros mismos a salir de la depresión. La depresión, la ignorancia, las emociones, no importa cuál sea la experiencia, son todas reales y contienen una verdad tremenda. Si verdaderamente queremos aprender y percibir la experiencia de la verdad, tenemos que permanecer donde estamos ahora. Todo esto no es otra cosa que ser como un grano de arena.

P: ¿Podría decir algo más sobre los mecanismos de esta fuerza de la desesperación? Puedo entender fácilmente cómo se da la desesperación, pero ¿cómo es posible la felicidad?

R: Al comienzo es posible obligarnos a nosotros mismos a tener la experiencia beatífica. Se trata de cierto tipo de autohipnosis en el sentido de que nos negamos a ver el trasfondo de lo que somos. Enfocamos nuestra mirada solamente en la experiencia inmediata de beatitud. Pasamos por alto todo su fondo, el lugar donde estamos realmente, por decirlo así, e inducimos en nosotros mismos una experiencia de goce tremendo. El problema es que este tipo de experiencia se basa solamente en mirarnos a nosotros mismos. Es además un enfoque francamente dualista: nos gustaría experimentar algo y con un esfuerzo muy grande lo logramos. Sin embargo, una vez que regresamos de este estado de embriaguez, una vez que nos damos cuenta de que todavía estamos aquí, como una roca pesada que permanece en el medio de las olas del mar, entonces nos sentimos deprimidos. Nos gustaría volver a emborracharnos, intoxicarnos, hundirnos en el universo entero; pero por alguna razón no puede suceder esto de nuevo. Todavía estamos aquí, lo cual es siempre lo primero que nos corta las alas en medio del aire. Luego comienzan todos los otros juegos del autoengaño del tratar de alimentarnos más, porque estamos tratando de protegernos a nosotros mismos a toda costa. Éste es el principio del "observador" que hemos mencionado antes.

P: Usted ha mencionado a las personas que experimentan algo y luego quieren poseerlo intelectualmente rotulándolo con frases como "ésto es fantástico". Podría usted decirnos cómo una persona puede librarse de esta reacción, que es casi automática? Me parece que mientras más se trata de detener la valoración más se ve uno comprometido con ella.

R: Me parece que una vez que se da cuenta uno de que está haciendo esto y de que no esta obteniendo nada de ello, uno logra encontrar la manera de salir del atolladero. Uno comienza a percibir que todo esto es parte de un grandioso juego que en realidad no es de provecho alguno para nosotros; porque uno esta construyendo continuamente en vez de hacer algo por comprender. No hay ninguna magia o truco en esto. Lo único que hay que hacer es desenmascararse dolorosamente.

Quizás haya que construir hasta que uno se dé cuenta de la vanidad de estos intentos de alcanzar la espiritualidad. El pensamiento entero quizas se vea atosigado con su propia lucha. De hecho, es posible que usted no logre saber si marcha hacia adelante o hacia atrás, hasta el punto en que se encuentre completamente agotado, entonces puede que aprenda una lección muy útil, la de entregarlo todo, la de no hacer nada. Puede que incluso tenga la experiencia de no añorar nada. Entonces le quedan sólo dos caminos, desenmascararse sencillamente o seguir construyendo y construyendo, pujando y pujando hasta que llegue a un crescendo que culmina cuando uno lo abandona todo.

P: ¿Qué sucede cuando uno dice "Ah, por fin lo logré"? ¿Eso no lo echa a perder todo?

R: No necesariamente. Pero, ¿qué pasa luego? ¿Quiere

usted repetir su experiencia una y otra vez, en lugar de comenzar a acoplar sus esfuerzos con la situación presente de lo que es? Uno puede experimentar un goce tremendo en ese primer destello de apertura, lo cual es sumamente bello, pero lo que viene luego es lo más importante: ya sea que uno se esfuerce en aferrarse a esa experiencia y recrearla o que uno deje que las cosas sean como son, para que así la experiencia sea meramente una experiencia, sin ningún intento de recrear el primer destello.

P: Somos ambiciosos. Nos pasamos construyendo y mientras más pensamos, peor nos parece todo. De este modo, tratamos de perdernos en todo tipo de escape. ¿Qué significa esto? ¿Cómo puede uno superar esta realidad de que mientras más se piensa sobre la iluminación y mientras más se trata de reconocerla, peor se ponen las cosas y más conceptualizaciones se acumulan? ¿Qué se puede hacer?

R: La respuesta es obvia. Se abandona toda búsqueda, se abandona todo intento de descubrir algo. Todo intento de probarnos a nosotros mismos.

P: Pero a veces es posible que uno tenga un deseo fuerte de huir y eso no sería lo mismo que dejar de esforzarse y abandonarlo todo.

R: Cuando tratamos de huir, descubrimos que no solamente nos estan persiguiendo desde atrás sino que también hay cazadores al frente. Finalmente no hallaremos ningún lugar hacia donde huir. Quedaremos completamente atrapados. Entonces, lo único que podremos hacer es entregarnos.

P: ¿Qué quiere decir eso?

R: Esto hay que experimentarlo. Pero podemos decir que se trata de no tratar de ir a ninguna parte, tanto en términos de huida como en términos de búsqueda; porque ambas son la misma cosa.

P: ¿Es el acordarse de sí mismo u observarse a sí mismo algo irreconciliable con el entregarse y existir en el presente?

R: De hecho, ese constante acordarse de sí mismo es

una práctica muy peligrosa. Puede constituir un gesto inteligente de vivir el momento presente, pero también puede entrañar un velarnos a nosotros mismos y nuestros actos como el gato hambriento acecha al ratón. Lo que quiero decir es que si se forma un concepto de relación del tipo "yo experimento esto" o "yo hago esto", entonces ese "yo" y ese "esto" se convierten en personalidades igualmente fuertes. De cierta manera surgirá un conflicto entre el "yo" y el "esto". Es algo así como decir que el "yo" es la madre y el "esto" es el padre; cuando se encuentran dos polos opuestos como éstos es inevitable que a la larga se engendre algo más. Lo que se quiere es evitar que esté allí el "yo". Dicho de otra manera: el "yo" no esta allí, por lo tanto, el "esto" tampoco está allí.

No se trata de repetirnos a nosotros mismos estas verdades, sino de vivirlas como una experiencia real. Tenemos que eliminar al observador que vigila los dos extremos. Una vez que se elimina al observador, entonces toda la estructura del ego se desploma. La dicotomía continúa existiendo solamente mientras haya un observador que mantenga unidas todas las partes del cuadro. Hay que eliminar al observador y la burocracia compleja que él ha creado para asegurarse de que nada se le escape a sus "cuarteles centrales". Una vez que se elimina al observador queda una gran cantidad de espacio; porque él y su burocracia ocupan mucho espacio. Si eliminamos el filtro del "yo" y el "otro", entonces la configuración del espacio se hace nítida y precisa, y nuestra percepción de ella se hace inteligente. El espacio entraña la capacidad de ser infinitamente preciso, por lo cual se nos hace posible trabajar sin dificultad ninguna en las situaciones que surgen en él. En realidad, no hace falta para nada el "vigía" u "observador".

P: ¿Quiere usted decirnos, entonces, que el observador existe solamente porque queremos vivir a un nivel que parece más elevado, pero si abandonáramos este deseo, estaríamos en el aquí presente?

R: Sí, eso es cierto. Una vez que desaparece el observador, el concepto de niveles más altos o más bajos ya no tiene vigencia, así ya no hay tendencia alguna a la lucha, a tratar de alcanzar lo más alto. Permanecemos en el mismo lugar donde estamos.

P: ¿Se puede eliminar al observador por la fuerza? ¿No sería eso también un juego de evaluación?

R: No hay por qué considerar al observador como un villano. Una vez que se comienza a comprender que el propósito de la meditación no es alcanzar algo más elevado sino estar presente aquí, entonces el observador no tiene la capacidad para continuar sus funciones por sí solo y desaparece automáticamente. La cualidad básica del observador es la de tratar de ser extremadamente eficaz y activo. Pero la conciencia total[3] es algo que ya existe dentro de nosotros. De manera que todo intento ambicioso, todo esfuerzo por ser realmente consciente, y aunque lo consideramos "eficaz", es siempre contraproducente. Cuando el observador se da cuenta de que no tiene propósito alguno, desaparece por sí solo.

P: ¿Puede existir conciencia sin observador?

R: Sí, porque el observador es solamente un estado paranoico. Se puede tener un estado mental de apertura completa, de visión panorámica, sin tener que discriminar entre los dos extremos del yo y el otro.

P: ¿Pero contiene esa conciencia algún tipo de sensación de beatitud?

R: No, no lo creo, porque la beatitud es una experiencia muy individual. Yo me siento separado y soy yo quien experimenta la beatitud. Cuando desaparece el observador no hay evaluación de la experiencia como agradable o dolorosa. Cuando se tiene conciencia panorámica sin la valoración del observador, entonces no hay cabida para la beatitud, puesto que no hay nadie que la experimente.

La vía difícil

Puesto que nadie nos va a salvar, ya que nadie va a iluminarnos mágicamente, la vía que venimos explicando se conoce como la vía difícil. Este sendero no se conforma con nuestras expectativas de que la práctica de las enseñanzas budistas ha de ser una actividad mansa, pacífica, agradable y compasiva: es la vía difícil, un simple encuentro entre dos espíritus: si abrimos nuestro espíritu, si estamos dispuestos a encontrarnos con el maestro, entonces él abre su espíritu también. No es cuestión de magia. La condicion de la apertura es una creación conjunta.

En general, cuando hablamos de liberación o de libertad o de entendimiento espiritual creemos que para alcanzar estas cosas no tenemos que hacer nada, que otra persona se encargará de nosotros, alguien que nos diga: "Todo está bien, no te preocupes, no llores, todo te saldrá bien. Yo te cuidaré". Tendemos a creer que todo lo que tenemos que hacer es comprometernos con la organización, pagar nuestra cuota de iniciación, firmar el registro de miembros y entonces seguir las instrucciones que se nos dan. Declaramos: "Estoy firmemente convencido de que esta organización es legítima y eficaz, que responde a todas mis preguntas. Pueden programarme como quieran. Si quieren ponerme en situaciones difíciles, háganlo. Decídanlo todo ustedes". Esta actitud nos provee el alivio de no tener que hacer nada, excepto obedecer órdenes. Todo se lo dejamos a la otra persona, para que ella nos instruya y nos libre de nuestros defectos. Pero, para sorpresa nuestra, las cosas nunca funcionan de esta manera. La idea de que no tenemos que hacer nada por nuestra cuenta es un caso extremo de ilusionismo.

Se requiere un esfuerzo tremendo para abrirse paso entre las dificultades del sendero y de veras enfrentarse a las situaciones de la vida justa y cabalmente. Así, el sentido y el propósito fundamentales de la vía difícil parecen consistir en el esfuerzo individual que tiene que hacer el discípulo para reconocerse a sí mismo, para poder pasar por el proceso de desenmascaramiento. Uno tiene que estar dispuesto a pararse sobre sus propios pies, lo cual es sumamente difícil.

Con esto no queremos decir que lo más importante en la vía difícil es convertirse en un héroe. El ideal del heroísmo se basa sobre el supuesto de que somos fundamentalmente imperfectos, impuros, que no merecemos nada, que no estamos preparados para el entendimiento espiritual. La idea es que tenemos que reformarnos, ser distintos de lo que somos. Por ejemplo, si fuéramos norteamericanos de clase media, tendríamos que abandonar nuestro trabajo o los estudios universitarios, o mudarnos de nuestro hogar en los suburbios, o dejarnos crecer el cabello, o quizás usar algún tipo de droga. Si fuéramos *hippies* creeríamos, por el contrario, que tendríamos que dejar de usar las drogas, recortarnos el cabello, quitarnos los "tejanos" raídos. En todo caso, creemos que nos vamos a convertir en algo especial, heroico, que le estamos dando la espalda a la tentación. Nos hacemos vegetarianos, o nos hacemos esto o lo otro. Hay tantas cosas a las cuales podemos convertirnos. Y siempre nos parece que nuestro sendero es espiritual porque, literalmente, va en contra de la corriente, de lo que solíamos ser; pero éste es meramente el camino del heroísmo falso. El único que llega a ser héroe por este camino es el ego.

Podemos llevar este tipo de heroísmo falso a los más grandes extremos, sometiéndonos a las condiciones más austeras. Si la enseñanza que queremos practicar recomienda ponernos de cabeza veinticuatro horas al día, eso hacemos. Nos purificamos, llevamos a cabo prácticas ascéticas y nos sentimos extremadamente limpios, reformados, virtuosos. Quizá mientras hacemos esto no nos parezca que haya algo malo en ello.

Quizá intentemos imitar ciertos senderos espirituales

exóticos, tales como el sendero del indio americano o el sendero hindú o el sendero del budismo zen del Japón. Quizá desechemos la chaqueta, el cuello blanco y la corbata, o el cinturón, los pantalones y los zapatos en un intento de seguir el ejemplo de esa gente. Quizá decidamos hacer un viaje a la India septentrional para unirnos a una comunidad tibetana, quizá nos vistamos como tibetanos y adoptemos sus costumbres, y esto nos parecerá ser la vía difícil porque siempre habrá distintos obstáculos y tentaciones que nos distraigan de nuestro propósito.

Sentados un día en un *áshram* hindú después de no haber comido chocolate por seis o siete meses soñaremos con el chocolate u otra golosina similar. O quizá nos hagan falta las Navidades o el Año Nuevo. Pero, con todo, creeremos que hemos hallado el camino de la disciplina. Hemos luchado contra las dificultades de este sendero y nos hemos hecho maestros bastante hábiles de cierto tipo de disciplina. Esperamos ahora que la magia y la sabiduría de nuestro entrenamiento y práctica nos conduzcan al estado mental correcto. A veces nos parece que hemos logrado por fin la meta. Quizá logramos permanecer completamente arrobados y absortos en algún estado místico por seis o siete meses. Pero luego nuestro éxtasis desaparece. Y esto sucede una y otra vez. ¿Cómo podremos enfrentarnos a este tipo de situación? Quizá podamos permanecer en ese estado de arrobamiento o beatitud por un largo tiempo, pero a la larga tenemos que regresar, descender o retornar a la condición normal.

No quiero decir que las tradiciones extranjeras o las disciplinas ascéticas no tengan nada que ver con el sendero espiritual. Más bien quiero decir que tenemos la idea falsa de que tiene que haber algún tipo de medicina o poción magica que nos ayude a alcanzar la condición mental correcta. Esto me parece una manera de enfrentarse al problema al revés. Esperamos, mediante una manipulación de la materia, del mundo físico, poder alcanzar la sabiduría o el entendimiento. Incluso habrá algunos de nosotros que esperarán que algún experto científico pueda hacer esto por nosotros, que nos ponga en un hospital, nos dé ciertas drogas y nos lleve a un estado de conciencia muy elevado. Pero, yo creo que, desafortunadamente, esto no es posible.

No podemos escapar a lo que somos, lo llevamos con nosotros todo el tiempo.

Así volvemos a nuestro tema anterior de que se necesita algún tipo de ofrenda o sacrificio real si queremos abrirnos completamente. Esta ofrenda puede tomar cualquier forma. Pero para que tenga algún sentido tiene que implicar la entrega de toda esperanza de alcanzar algo a cambio de nuestro don. No importa cuántos títulos tengamos, ni cuántas ropas exóticas hayamos gastado por el uso, ni cuántas veces hayamos participado en doctrinas, votos o ceremonias sacramentales, tenemos que entregar nuestra ambición de conseguir algo a cambio de nuestro don. Ésta es la verdadera vía difícil.

Es posible que hayamos tenido una experiencia maravillosa en nuestro viaje por el Japón. Quizá hemos disfrutado de la cultura japonesa, de los bellísimos templos zen, de las magníficas obras de arte. Y no sólo encontramos estas experiencias hermosas, sino que también nos comunicaron un mensaje profundo. Esta cultura es la creación de todo un estilo de vida completamente distinto al del mundo occidental y estas creaciones nos comunicaron algo. Pero, ¿hasta qué punto logran sacudirnos los elementos exquisitos de la cultura y las imagenes, la belleza de las formas externas; hasta qué punto nos afectan realmente? Eso no lo sabemos. Solamente queremos deleitarnos con recuerdos hermosos. No queremos examinar nuestras experiencias muy detenidamente. Son un punto muy sensible.

O quizá ha sucedido que cierto guru nos ha iniciado mediante una ceremonia conmovedora y extremadamente significativa. Esa ceremonia fue real, directa, hermosa; pero, ¿cuánto de esa experiencia estamos dispuesto a poner en tela de juicio? Es demasiado íntima, demasiado sensible como para que queramos someterla a juicio. Preferiríamos acumular y preservar el sabor y la belleza de esa experiencia de tal manera que cuando vinieran los tiempos difíciles, cuando nos deprimiéramos o nos sintiéramos abatidos, pudiéramos traer ese recuerdo al presente para que nos sirva de consuelo, para poder decirles a los demás que de veras hemos hecho alguna vez algo valioso, que nosotros también estamos en el sendero. Pero ésta no es la vía difícil ni cosa que se le parezca. Al contrario, parecería que hemos estado recolectando en vez de dedicarnos a dar. Si reexaminamos nuestras compras espirituales, ¿podemos recordar alguna ocasión en la cual dimos algo enteramente y como se debe, en que nos abrimos y lo dimos todo? ¿Ha habido alguna vez en que nos hayamos desenmascarado, en que nos hayamos despojado de nuestra camisa, de nuestra piel, de nuestra carne, de nuestras venas hasta dejar expuesto el corazón? ¿Hemos experimentado realmente el acto de desnudarnos, abrirnos y entregarnos? Ésa es la pregunta fundamental. Tenemos que entregarnos de veras, tenemos que dar algo de nosotros, entregar algo de una manera muy dolorosa. Tenemos que comenzar a desmantelar la estructura fundamental del ego que hemos logrado crear. El proceso de desmantelamiento, de desmontaje, de apertura, de entrega es el verdadero proceso de aprendizaje. ¿Cuánto de este ego, que es como un uñero que vive de la misma carne que lo engendra, hemos decidido entregar? Lo más probable es que no hayamos podido entregar nada; solamente nos hemos dedicado a coleccionar, a construir, a añadir una capa sobre otra, por eso la posibilidad de una vía difícil es algo que consideramos amenazador.

El problema es que tendemos a buscar una respuesta fácil que no nos duela. Pero este tipo de solución no se aplica al sendero espiritual, en el cual muchos de nosotros nunca debimos habernos iniciado. Una vez que nos comprometemos con este sendero espiritual, se nos hace muy doloroso y sabemos que nos esperan cosas muy desagradables. Nos hemos comprometido con el dolor de exponernos, de desnudarnos, de despojarnos de nuestra piel, de nuestros nervios, de nuestro corazón, de nuestro cerebro hasta quedar completamente expuestos al universo. No nos quedará nada. Será algo terrible, atroz, pero así es.

De alguna manera hemos terminado en manos de un médico muy extraño. Nos va a operar pero no va a usar ninguna anestesia, porque quiere comunicarse directamente con nuestra enfermedad. No nos permitirá montar una fachada de espiritualidad, de sofisticación psicológica, de problemas psicológicos falsos o algún otro tipo de disfraz. Desearíamos no haberlo encontrado nunca.

Desearíamos poder entender, saber cómo anestesiarnos a nosotros mismos, pero ya es muy tarde y vemos lo peor venírsenos encima. No hay salida. No porque el médico sea excepcionalmente poderoso; podríamos decirle adiós en un minuto y escaparnos; pero le hemos dado tanto a este médico y sabemos que si tuviéramos que hacerlo de nuevo sería muy doloroso. No queremos tener que hacerlo otra vez. De modo que tenemos que llevar el proceso a su conclusión ahora.

El estar junto al médico nos es sumamente incómodo, porque continuamente tratamos de engañarlo, a pesar de que sabemos que él desenmascara nuestros trucos. Este proceso es la única manera que tiene él para comunicarse con nosotros, por lo tanto, tenemos que aceptarlo. Tenemos que abrirnos a la vía difícil, que es este proceso, esta operación. Mientras más preguntas hacemos del tipo de "¿qué me va a hacer?", más nos avergonzamos, porque bien sabemos lo que somos. Es un sendero extremadamente estrecho, sin salida, un sendero doloroso. Tenemos que entregarnos completamente y comunicarnos con este médico. Además, tenemos que desenmascarar nuestra expectativa de una solución mágica de parte del guru. Es decir, nuestra esperanza de que él pueda, mediante sus poderes mágicos, iniciarnos en algún método extraordinario, libre de todo dolor. Tenemos que abandonar nuestra búsqueda de un proceso sin dolor, una operación sin dolor. Tenemos que abandonar toda esperanza de que él vaya a usar algún tipo de anestesia o sedante para que cuando despertemos todo esté ya resuelto. Tenemos que estar dispuestos a comunicarnos de una manera completamente abierta y directa con nuestro maestro espiritual, con nuestra vida, sin ningún tipo de dobleces. Esto es difícil y doloroso. Esto es la vía difícil.

P: ¿Es el acto de abrirse o darse, exponerse, algo que sucede por sí solo o existe alguna manera de hacerlo, un método para abrirse?

R: Creo que si uno ya está comprometido con el proceso de darse, entonces, mientras menos se intente conscientemente la apertura, más diáfano se hace el proceso de apertura. Yo diría que es más bien un acto automático, antes que algo que hay que hacer conscientemente. Al principio, cuando hablaba de la entrega, dije que cuando lo exponemos todo al amigo espiritual ya no hay nada más que hacer, se trata solamente de aceptar lo que está ahí, algo que hacemos de todas maneras; porque a menudo en ciertas situaciones nos encontramos a nosotros mismos completamente desnudos, deseando tener algún tipo de ropa para cubrirnos; este tipo de situación embarazosa siempre nos acontece en la vida.

P: ¿Es necesario tener un maestro espiritual para poder exponernos o podemos abrirnos a las situaciones de la vida nosotros solos?

R: Yo creo que es menester tener a alguien que nos observe, porque esto hace la apertura más real para nosotros. Es muy fácil desvestirse en una habitación cuando no hay nadie mirando, pero se nos hace muy difícil quitarnos la ropa en una habitación llena de gente.

P: ¿Pero se trata entonces de que nos expongamos nosotros mismos ante nosotros mismos?

R: Sí. Pero no es así como lo vemos. Tenemos una conciencia muy fuerte de la presencia de un público observador, precisamente porque tenemos una conciencia tan fuerte de nosotros mismos.

P: No entiendo todavía por qué la disciplina ascética y el dominio de uno mismo no son la verdadera vía difícil.

R: Es fácil engañarse a uno mismo haciéndose creer que uno pone en práctica la vía difícil cuando en realidad no lo está haciendo. Es como participar en un drama heroico. La vía fácil consiste mayormente en la experiencia del heroismo, mientras que la vía difícil estriba en algo mucho más personal. Después de pasar por la vía del heroismo, todavía hay que atravesar el sendero difícil; cuando descubrimos esto, resulta un poco desconcertante.

P: ¿Pero, es necesario pasar por la vía heroica primero y perseverar en ella para luego continuar en la verdadera vía difícil?

R: No lo creo. Eso es lo que vengo tratando de decirles.

Si uno se entrega al sendero heroico, simplemente añade nuevas capas o pieles a su personalidad porque cree haber logrado algo. Más tarde, para sorpresa nuestra, descubrimos que es menester hacer algo más, que hay que quitar esas capas, esas pieles.

P: Se refiere usted a la necesidad de experimentar un dolor agudísimo. Pero, ¿no es posible evitar ese dolor si se tiene un entendimiento cabal del proceso de desenmascaramiento?

R: Es ésa una proposición algo falaz. Entender no quiere decir hacer, poner en práctica; simplemente quiere decir entender. Podemos entender el proceso fisiológico por el cual una persona que es objeto de cierta tortura experimenta dolor, pero la experiencia como tal es algo muy distinto. El entendimiento intelectual o filosófico del dolor no basta. Habría que sentirlo realmente. La única manera de llegar al meollo del asunto es con la experiencia real sentida dentro de uno mismo, pero no es necesario crear situaciones dolorosas. Estas situaciones ocurrirán con la ayuda del amigo espiritual, que es un cirujano con un bisturí muy afilado.

P: Si sucediera que en el momento en el cual uno está a punto de entregarse, el maestro espiritual nos pusiera el bisturí en el pecho y nos quitara toda la anestesia, esto podría ser una experiencia aterradora. Nos parece que el amigo espiritual está enfurecido y disgustado y nos dan ganas de salir corriendo. ¿Podría explicarlo?

R: Esto es precisamente lo que he estado tratando de decir. Se trata de una operación sin anestesia de ningún tipo. Usted tiene que estar dispuesto a someterse a ella. Si huyera, sería como si el paciente que necesita una apendectomía saliera corriendo de la sala de operaciones, su apéndice podría reventar.

P: Pero todo esto se refiere a una etapa muy temprana en nuestra relación con el amigo espiritual. Apenas hemos estado con él cinco minutos. Entonces es como si se nos cayera encima el techo y él nos dejara solos para que nosotros nos las arregláramos por nosotros mismos. Quizá con esto nos quiere decir: "Yo no te voy a acompañar en este viaje de ilusiones[1]. Ya han pasado cinco minutos, entrégalo todo. Enfréntate a ti mismo. Y cuando hayas soltado todas las amarras, entonces hablaré contigo". Al menos así es como yo lo he experimentado.

R: Verá usted. No importa que sea usted un estudiante principiante o uno avanzado, lo importante es cuánto tiempo ha pasado usted con usted mismo. Si ha estado mucho consigo mismo, entonces debe de conocerse a sí mismo. Es como una enfermedad común. Imagínese que anda de viaje por tierras extrañas y de pronto se siente enfermo y decide ir a ver a un médico. Éste apenas puede hablar su idioma, pero puede auscultarle y averiguar lo que lo tiene a usted enfermo. Sucede entonces que este médico decide llevarlo a usted de inmediato a un hospital para hacerle una operación. Todo dependerá, desde luego, de cuán avanzada esté la enfermedad; la gravedad de la operación dependerá de la evolución de la enfermedad en su cuerpo. Podría suceder que reventara si no lo tratan enseguida. Si tiene apendicitis y el médico espera demasiado, quizá porque se toma un rato para hacerse amigo suyo, entonces el apéndice va a reventar, y usted no dirá que ésta es una buena manera de practicar la medicina.

P: ¿Por qué es que un ser humano se decide a dar los primeros pasos en el sendero? ¿Qué lo lleva a hacer esto? ¿Se trata de un accidente, del destino, del karma? ¿Qué es?

R: Si usted se desenmascara completamente, entonces ya está en el sendero. Si usted se entrega sólo a medias, entonces está en el sendero sólo a medias. Y esto a la larga le va a repercutir adversamente. Si usted no se lo dice todo al médico, entonces va a tardar más en curarse; porque el médico no cuenta con todo el historial suyo. Mientras más le diga al médico, más pronto podrá curarlo a usted.

P: Si la vía verdaderamente difícil consiste en desenmascararse o ponerse al descubierto, ¿puedo ponerme al descubierto frente a lo que juzgo nocivo; sabiendo que me podría hacer daño?

R: Abrirse no significa martirizarse en aras de todo

peligro que se nos presente. Para abrirse completamente no hay que quedarse inmóvil ante un tren que se abalanza sobre nosotros. Esto sería practicar un heroismo falso, es decir, la vía difícil falsa. Siempre que nos enfrentamos a algo que consideramos "malo", esto representa una amenaza para la auto-preservación del ego. Estamos tan ocupados tratando de preservar nuestra existencia cuando nos enfrentamos a esta amenaza, que de ningún modo podemos ver las cosas claramente. Para abrirnos tenemos que ir más allá del deseo de conservar nuestra propia existencia. Sólo entonces podemos ver la situación con claridad tal cual ella es y bregar con ella de esa manera.

P: Cuando esto sucede, no sucede de una vez para siempre, ¿verdad? Quiero decir que uno puede abrirse en cierto contexto y, sin embargo, cuando se encuentra uno en una situación distinta, vuelve y se aferra a una máscara y se cubre el rostro con ella, aunque en realidad no quiera hacer eso. Parecería ser que el lograr la apertura completa es una cosa muy difícil.

R: El asunto es que la lucha no sirve de nada cuando se trata de abrirse. Si una vez que se ha puesto el pie en el camino se abandona la lucha misma, con eso basta para eliminar todo el problema. Entonces ya no surge más el problema de querer o no querer verse comprometido con las situaciones vitales. El instinto simio del ego se disuelve, porque se basa siempre en información de segunda mano y no en la experiencia directa de lo que esta allí. La lucha es el ego. Una vez que se abandona la lucha, ya no queda nadie tratando de sobreponerse a ella, ésta desaparece por sí sola. Como ve usted, no se trata de lograr una victoria sobre la lucha.

P: Si uno siente rabia, ¿debe dar expresión a esa ira para así abrirse verdaderamente?

R: Cuando hablamos de abrirnos o de entregarnos y nos referimos a situaciones tales como las de la ira, no queremos decir que uno deba abalanzarse sobre alguien y empezar a golpearlo allí mismo. Eso en realidad me parece que sería más bien una manera de alimentar el ego, antes que una manera de desenmascararse y revelar la ira mediante una percepción de su cualidad vital real. Esto se aplica por igual al desenmascaramiento de uno mismo en general. Se trata de percibir la cualidad básica de las situaciones tal cual ellas son y no de tratar de hacer algo con ellas. Desde luego, si uno está completamente abierto a la situación sin ningún tipo de idea preconcebida, puede conocer qué acto es apropiado y cuál es torpe. Si cierto curso de acción nos parece torpe o desmañado, entonces no tomamos ese camino en la encrucijada; tomaríamos antes el camino de la acción diestra y creativa[2]. En este tipo de situación uno realmente no anda metido en ningún tipo de juicio como tal, no obstante, uno escoge la vía más creativa.

P: ¿Es el coleccionar cosas y defender disfraces una etapa ineludible?

R: Coleccionamos cosas y después nos duele tener que darlas. Es como las suturas que uno lleva en la piel después de una operación quirúrgica. Nos da mucho miedo que nos las quiten, nos volvemos aprehensivos, nos hemos acostumbrado a llevar este cuerpo extraño en nuestro sistema.

P: ¿Cree usted posible al menos comenzar a ver lo que es, vernos tal cual somos, sin la ayuda de un maestro?

R: No, no lo creo posible de ninguna manera. Es necesario tener un amigo espiritual para poder entregarse y abrirse completamente.

P: ¿Es absolutamente necesario que el maestro espiritual sea un ser humano viviente?

R: Sí. Cualquier otro ser con el cual usted creyera tener algún tipo de comunicación sería un ser imaginario.

P: ¿Las doctrinas de Cristo, por sí solas, podrían servir de amigo espiritual?

R: Yo diría que no. Lo que usted describe es una situación imaginaria. Lo mismo sería cierto de cualquier doctrina; no tienen que ser necesariamente las doctrinas de Cristo. El problema con las doctrinas es que las podemos interpretar por nuestra propia cuenta. Ése es todo el problema: las doctrinas escritas son susceptibles siempre de interpretación por parte del ego.

P: Cuando habla usted de abrirse y desenmascararse, me recuerda en gran medida a ciertas escuelas de psicoterapia. ¿Cuál cree usted que es la función de las diferentes técnicas que emplea la gente que practica la psicoterapia?

R: En la mayor parte de las formas de terapia, el problema es que uno considera el proceso como "terapéutico". Entonces, aunque uno no lo quiera, ésta es "la manera terapéutica de hacer las cosas"; dicho de otra forma, la terapia se convierte en un pasatiempo. Además, uno comienza a ver la situación terapéutica como algo definido por el historial psicológico de uno mismo: que si algo marchó mal en nuestra relación con nuestro padre o nuestra madre, tenemos una cierta tendencia enfermiza a... Una vez que se empieza a bregar con todo el historial de una persona tratando de hacer que sea pertinente al momento presente, ésta comienza a sentir que no tiene escapatoria, que su situación no tiene remedio: no puede dar marcha atrás. Se siente atrapado por su pasado, sin salida. Este enfoque es del tipo que he llamado "torpe". Es una actividad destructiva porque es la que impide nuestro compromiso con el aspecto creativo de lo que sucede ahora, de lo que esta aquí ahora mismo. Pero, por otro lado, si la psicoterapia se presentara con un énfasis en vivir el presente, en acoplarse con los problemas del presente, no meramente con relación a la expresion verbal o al mundo de los pensamientos, sino en términos de vivir la actualidad de nuestras emociones y sentimientos, entonces creo que se daría una psicoterapia de estilo mucho más equilibrado. Desafortunadamente, hay muchas clases de psicoterapia y muchos psicoterapeutas que se dedican a tratar de probar su propio valor y el de sus propias teorías, en vez de acoplarse con la situación real. De hecho, muchos de ellos temen aceptar lo que tienen aquí y ahora.

Tenemos que simplificar el problema en vez de complicarlo con teorías de algún tipo. La situación del ahora, este mismo momento presente, contiene historiales completos y determinaciones futuras. Todo esta aquí, de manera que no tenemos que remontarnos más allá de este presente para probar quienes somos o quienes hemos de ser. Tan pronto como tratamos de desenredar el pasado nos vemos enmarañados en la ambición y la lucha en el presente, de suerte que somos incapaces de aceptar el momento presente tal cual es. Éste es un acto de mucha cobardía. Además, no es saludable considerar a nuestro terapeuta o guru como un salvador. Tenemos que bregar con nuestra propia situación. En realidad no hay alternativa. El amigo espiritual puede acentuarnos el dolor en ciertas circunstancias. Eso es parte de la relación entre un paciente y su médico. El asunto no es considerar el sendero espiritual como algo muy cómodo y placentero, sino ver el sendero como el mero acto de enfrentarnos a los hechos que nos presenta la vida.

La vía abierta

Habrá quedado claro ya que, para poder hallar la vía abierta, primero tenemos que experimentar el autoengaño tal cual es, poniendo al descubierto todo lo que somos. Podría suceder que nos sintiéramos reacios a considerar incluso la posibilidad prometedora de la vía abierta porque desconfiamos tanto de nuestra propia ambición. Pero nuestra cautela es una señal que nos avisa que ya estamos listos para considerar esta vía. De hecho, vacilar en este momento puede ser otra forma de autoengaño: presentar nuestro propósito de ser perfectos, o extremadamente precavidos, como razón para rechazar las enseñanzas.

Nuestro acceso a la vía abierta se encuentra en la experiencia de desenmascararnos a nosotros mismos (la experiencia que consideramos en nuestra conferencia sobre la iniciación). Esto es, abrirnos nosotros mismos a la vida, ser lo que somos, presentar nuestras cualidades positivas y negativas a nuestro amigo espiritual y abrirnos paso adelante. Entonces, después de presentarnos al maestro de esta manera, después de tener la experiencia de la iniciación, es decir, el encuentro de dos espíritus, puede suceder que uno desarrolle la tendencia a evaluar sus propias credenciales. Uno acaba de tener una experiencia extraordinaria, ha sido capaz de abrirse y el amigo espiritual también se ha abierto y uno se ha encontrado consigo mismo y con el amigo espiritual en un mismo momento. Fue algo excitante, bello.

El problema estriba en que siempre tratamos de protegernos, darnos seguridad de que estamos bien. Constantemente buscamos algo sólido de lo cual nos podamos agarrar. La situación "maravillosa" del encuentro de los dos espíritus es una experiencia tan fantástica que parece confirmar nuestras esperanzas de encontrar milagros y cosas mágicas.

Así, el siguiente paso que se da en el sendero del autoengaño es el deseo de presenciar milagros. Hemos leído muchos libros que describen las vidas de los grandes yogis y swamis, santos y avatares[1]. Y todos parecen describir milagros extraordinarios. Nos relatan cómo alguien pasó a traves de una pared o cómo alguien puso el mundo patas arriba. De todos estos milagros nos hablan. Nos gustaría probarnos a nosotros mismos que tales milagros son posibles porque queremos estar seguros de que estamos del lado del guru, del lado de la doctrina, del lado de los milagros; queremos estar seguros de que lo que hacemos es algo sano y poderoso, de hecho, sensacional; queremos estar seguros de que estamos del lado de "los buenos". Queremos ser uno de esos pocos que han hecho algo fantástico, extraordinario, superextraordinario, uno de esos que han puesto al mundo patas arriba. "¡Creía haber estado con los pies en el suelo, pero me vi caminando sobre el techo!" El destello repentino que se produce al encontrarnos con el amigo espiritual, en el encuentro de los dos espíritus, es sin lugar a dudas algo real, una experiencia genuina, algo sensacional, un verdadero milagro. Quizá no estemos completamente seguros, pero no nos cabe duda de que un milagro como éste tiene que indicar que estamos cerca de algo mayor, que realmente hemos hallado la vía verdadera.

Estos intentos tan vehementes de probarnos a nosotros mismos que lo que estamos haciendo es lo correcto sugieren un estado mental sumamente introvertido; uno crea una conciencia exagerada de sí mismo y de los estados de su propio ser. Siente que pertenece a una minoría escogida y que lo que hace es algo sumamente extraordinario, que uno es diferente de todos los demás. Este tipo de intento de probar nuestra propia singularidad no es otra cosa que un intento de validar nuestro autoengaño. "Desde luego que yo experimenté algo extraordinario; claro que vi un milagro; desde luego que tuve verdadero conocimiento; por lo tanto, voy a seguir en este sendero." Ésta es una condición espiritual muy cerrada en sí misma, introvertida. Nunca tenemos tiempo para establecer relaciones con otras personas, nuestros amigos o pacientes, el mundo exterior. Sólo nos importa nuestra propia persona.

A la larga, este enfoque se nos hace tedioso y trillado. Comenzamos a darnos cuenta de que nos hemos estado engañando a nosotros mismos y empezamos a acercarnos al verdadero sendero abierto. Comenzamos a sospechar que todas nuestras creencias son alucinatorias, que hemos falseado nuestra experiencia al evaluarla. "Verdad es; tuve un destello de iluminación instantanea, pero al mismo tiempo traté de poseerla, de asirme de ella, y se esfumó." Comenzamos a descubrir que el autoengaño no rinde ningún fruto, que es sencillamente el tratar de consolarnos, tratar de entrar en contacto con nosotros mismos sin salir del interior de nuestro ego, tratar de probarnos algo a nosotros mismos en vez de abrirnos verdaderamente. Es en este momento que uno podría comenzar a castigarse a sí mismo diciéndose: "Si estoy tratando de no engañarme a mí mismo, entonces este intento también puede ser otra clase de autoengaño. Y si trato, a la vez, de evitar este otro engaño, este nuevo intento también se puede convertir en un autoengaño. ¿Cómo me será posible liberarme? Pero si estoy tratando de liberarme, esto también puede ser otra forma de engaño". Y así pasamos por una reacción en cadena que no tiene fin, la reacción en cadena de paranoias continuas.

Después de descubrir el autoengaño, sufrimos una paranoia y autocrítica exageradas, que puede llegar a ser útil. Es saludable experimentar la inanidad de la ambición, la inanidad de todo intento de abrirse o cobrar ánimo; porque esto prepara el camino para otro tipo de actitud hacia la espiritualidad. Lo que queremos saber es: ¿cuándo vamos a abrirnos *verdaderamente*? Las actividades de nuestro pensamiento se suceden constantemente, son introvertidas como un uñero. "Si hago esto, sucede esto otro. Si hago aquello, sucede esto. ¿Cómo puedo escapar al autoengaño? Lo reconozco, lo percibo; pero, ¿cómo podré salir de él?"

Me temo que cada uno de nosotros tiene que pasar por algo así. Mi función no es la de servir de guía en una gira turística de la iluminación. No garantizo nada. Pero sí sugiero que probablemente hay algo negativo en este enfoque.

Quizás ustedes sientan que hay algo malo en este enfoque y busquen los consejos de un guru. Sostendrían con él un dialogo parecido al siguiente:

—Estoy completamente convencido, desde luego, de que éste es el sendero correcto para mí; no tenemos que entrar en eso. Pero, no obstante, parece que algo anda mal. He trabajado y trabajado conmigo mismo, pero todavía me encuentro en una reacción en cadena de fracasos sucesivos.

—¿Qué piensas hacer? –responde el guru.

—Bueno. Estoy demasiado ocupado con esto como para pensar en nada. Esto me obsesiona.

—Bueno, trata de serenarte.

—¿Qué puedo hacer? No tiene usted ninguna otra sugerencia.

—No tengo ninguna solución inmediata a tu problema. Tendría que saber exactamente qué anda mal antes de hacer nada. Es lo mismo que diría cualquier profesional. Si algo anda mal en tu televisor no se procede a ponerle una pieza nueva inmediatamente, primero hay que examinar el aparato entero. ¿Qué parte es la que no funciona? ¿Cuáles son las piezas que ya no trabajan?

—Bueno, lo que anda mal no parece ser nada en particular, pero tan pronto trato de acercarme a este problema se vuelve cosa de locos, nada marcha ya como antes. Cuando trato de corregir la situación, no logro nada. Algo parece haberse dañado.

—Tamaño problema tienes ahí.

—Vea usted. Cada vez que intento salir de esta situación siguiendo sus consejos y los de otros maestros, por mas que trato no parece que pueda hallar la solución al problema. Todo sale mal siempre. Si trato de practicar *ásanas, pranáyama, zazen*[2], lo que sea, no importa cuán correctamente intente hacerlo, vuelven una y otra vez los mismos problemas de siempre. Tengo una fe muy grande en estas doctrinas, enseñanzas, métodos, claro que la tengo. Siento un gran amor por los maestros. Siento un gran amor por los métodos. Lo siento realmente. Tengo una fe inquebrantable en ellos. Yo sé que mucha gente ha tenido un éxito rotundo atravesando este sendero que estoy tratando de seguir, pero, ¿qué es lo que anda mal en mí? Quizá tengo un karma negativo. Quizá soy la oveja negra de la familia. Podría ser eso. Si es así, caminaré de rodillas hasta la India como peregrino. Estoy dispuesto a hacer cualquier sacrificio que sea necesario. Podría incluso pasar hambre. Estoy dispuesto a tomar cualquier voto. Solamente quiero lograr esa iluminación, penetrarla verdaderamente. ¿Qué puedo hacer? ¿No hay nada en sus libros sagrados que prescriba algo apropiado para una persona como yo? ¿No hay alguna medicina que pueda tomar, algun sacrificio que pueda hacer?

—No estoy muy seguro. Vuelve a verme manaña. Quizá podamos encontrar algo para entonces.

Esto es lo que podría decir el amigo espiritual: "Vuelve mañana o en el fin de semana. Vamos a hablar más sobre eso. Pero no te preocupes".

Y usted regresa y va a verlo; cree que su problema es tremendo y que él tiene todas las respuestas preparadas especialmente para usted. Y una vez más él le preguntará:

—¿Cómo estás? ¿Qué tal te va?

—¿Qué quiere decir? –contestará usted–. Yo estoy esperando su respuesta. Usted sabe muy bien cómo me va. Estoy en una situación imposible.

Usted se pone rezongón. Y tiene toda la razón para hacerlo, en cierto modo. Nada sucede, como siempre. Y durante semanas y semanas vuelve a visitar al maestro una y otra vez. Usted se desespera y comienza a temer que nada se vaya a lograr. En el fondo de su corazón abriga la esperanza de que la próxima vez ha de llegar el momento esperado, de que quizá en la cuarta semana, o en la quinta o en la septima se logre lo que usted desea. Quizá sea en la séptima porque el siete es un número muy simbólico, un número místico. Pero el tiempo pasa: completa desesperación. Usted está a punto de explorar la posibilidad de otras soluciones. Piensa: "Quizá si voy a ver a otra persona... Quizá debería volver a casa; trabajar con mi propia gente. Esta situación me es extraña. No parece haber comunicación ninguna entre el maestro y yo. Se supone que él tiene algún tipo de comunicación conmigo, pero he quedado muy desilusionado. Nada en absoluto ha sucedido". Así, usted se sienta a esperar. Cada vez que ve al maestro, sabe casi de inmediato cuáles han de ser sus palabras: "Vuelve y medita" o "¿Cómo estás? ¿Quieres un poco de té?". Sucede lo mismo una y otra vez.

¿Qué anda mal? De hecho, nada en absoluto está mal, absolutamente nada. La situación es muy bella –al menos desde el punto de vista del amigo espiritual–. Pero este período de espera, durante el cual tratamos de terminar con algo, es en sí un error; porque un período de espera significa demasiada concentración en uno mismo, trabajar internamente en vez de trabajar hacia afuera. Hay cierta tendencia a autocentralizarse y nuestra vida psicológica, nuestro estado de ánimo, se construye alrededor de la idea de que estamos enfrascados en la actividad más importante de nuestras vidas. Esto es lo que anda mal.

Quizá deba contarles la historia de Naropa y su maestro Tilopa, el gran sabio hindú. Tilopa fue un guru que durante doce años tuvo una relación con su discípulo, Naropa, muy similar a la que acabamos de describir. Un día, al pasar frente a una casa, vieron que los sirvientes habían preparado una sopa muy exquisita.

—Si me traes sopa de esa cocina te comunicaré las enseñanzas... Quizá te dé las enseñanzas –dijo Tilopa a Naropa.

Naropa fue y consiguió un plato de sopa que le costó una tremenda paliza a manos de los cocineros; Naropa volvió junto a su maestro, sangrando, pero feliz. Y cuando le presentó la sopa a Tilopa, este le dijo:

—Quiero otra taza. Ve y tráemela.

Y Naropa fue y busco más sopa. Y al fin regreso casi muerto.

Todo esto lo hacía porque deseaba las enseñanzas verdaderamente. Entonces Tilopa le dijo:

—Gracias. Vámonos a otra parte.

Incidentes como éste sucedieron una y otra vez hasta que la expectativa de Naropa alcanzó un punto crítico. En ese preciso instante Tilopa se quitó una sandalia y abofeteó con ella a Naropa. Ese fue su abhisheka, el más alto y más profundo abhisheka, el más grande –se podrían utilizar muchos más adjetivos para describirlo, baste con decir que fue el más grande–. Un golpe en la cara con una sandalia y de pronto ya no le quedó nada más a Naropa con qué bregar.

Pero no nos podemos dejar llevar por esta escena mística. El mensaje primordial es la vía abierta. Hemos examinado y experimentado en todos sus aspectos el autoengaño. Hemos venido cargando un gran peso, como la tortuga carga siempre con su caparazón. Continuamente hemos intentado encerrarnos en ese caparazón, tratando de llegar a "alguna parte", agresiva, rápida e impetuosamente. Ahora tenemos que abandonar nuestra prisa y agresividad, todas nuestras exigencias. Tenemos que desarrollar cierta compasión hacia nosotros mismos, sólo entonces comienza la vía abierta.

Aquí debemos examinar el significado de la compasión, que constituye el elemento clave y la atmósfera dominante de la vía abierta. La manera mejor y más correcta de presentar la idea de la compasión es en términos de la claridad, claridad que contiene un calor fundamental. Ésta es la etapa en la cual la práctica de la meditación consiste en el acto de confiar en uno mismo. Según nuestra práctica se hace más visible en todas las actividades de la vida diaria, comenzamos a confiar en nosotros mismos y a tener una actitud compasiva. La compasión en este sentido no consiste en sentir lástima por otra persona. Es un calor natural. Según aumente el espacio y la claridad, tanto más será el calor, el gozo de sentir que algo positivo ocurre constantemente dentro de nosotros. No importa qué estemos haciendo, no lo percibimos como una tarea pesada y mecánica que debamos llevar a cabo como parte de una meditación que resulta de un esfuerzo consciente; por el contrario, la meditación es algo agradable y espontáneo. Es el acto continuo de hacernos amigos de nosotros mismos.

Entonces, habiéndonos hecho amigos de nosotros mismos, ya no es posible contener esa amistad dentro de uno mismo; se necesita alguna salida, la cual es nuestra relación con el mundo. Así, la compasión se convierte en un puente con el mundo exterior. La confianza y la compasión hacia uno mismo nos inspiran a bailar con la vida, a comunicarnos con las energías del mundo. Si carecemos de esta inspiración y de esta apertura, el sendero espiritual se convierte en el sendero del deseo que llamamos la vía del samsara. Uno permanece atrapado en el deseo de mejorarse a sí mismo, el deseo de alcanzar metas imaginarias. Si llegamos a sentir que no podemos alcanzar nuestras metas, sufrimos la desesperación y la tortura de la ambición frustrada. Por otro lado, si sentimos que estamos teniendo éxito en nuestra búsqueda, podríamos volvernos presumidos y agresivos: "Yo sé lo que hago, no me toques." Podríamos hincharnos con nuestro conocimiento como algunos "expertos" que conocemos, quienes conocen su especialidad cabalmente. Si alguien les hace alguna pregunta, especialmente preguntas que son estúpidas o las que presentan un verdadero reto, se enfurecen en vez de tratar de dar una respuesta. Dicen: "¿Cómo puede usted decir tal cosa? Ni en sueños se podría hacer una pregunta tan necia. ¿No se da cuenta de todo lo que yo sé?".

Podría suceder también que tuviéramos éxito en algún tipo de práctica de concentración dualista y que experimentáramos algún tipo de "estado místico". En tal caso, pareceríamos bastante tranquilos y religiosos en el sentido convencional; pero tendríamos que recargar las pilas constantemente y mantener nuestro "estado místico" con grandes trabajos. Constantemente habrá una valoración, el acto repetido de corroborar y disfrutar nuestro logro. Ésta es la tergiversación típica de la práctica *hīnayāna*[3] de la meditación autónoma, la iluminación individual, y esto es, en cierto sentido, un tipo de agresión. No hay ningún elemento de compasión y apertura, porque uno se fija solamente en su propia experiencia.

La compasión nada tiene que ver con los logros. Es espaciosa y muy generosa. Cuando una persona adquiere verdadera compasión, no está segura de si es generosa para con los demás o para consigo misma, porque la compasión es una generosidad que se extiende a todo el ambiente, no tiene direcciones. En ella no hay un "para mi" ni un "para ellos". La compasión está llena de dicha, de dicha que existe espontáneamente, de dicha constante, en el sentido de confianza, en el sentido de la dicha que contiene inmensa abundancia, riqueza.

Podríamos decir que la compasión es la actitud que

encarna en sentido último la verdadera riqueza: es la actitud que se opone a la pobreza, una guerra en contra de la necesidad[4]. Contiene todo tipo de cualidades heroicas, positivas, visionarias, expansivas e implica pensar en gran escala, una manera más libre y expansiva de relacionarnos con nosotros mismos y con el mundo. Por esto precisamente es que el segundo yāna se llama el *mahāyāna,* el "gran vehículo"[5]. Es la actitud que revela que uno ha nacido fundamentalmente rico, no que uno todavía tiene que hacerse rico. Sin este tipo de confianza, no hay manera de que la meditación pueda transformarse en actos.

La compasión nos invita automáticamente a relacionarnos con nuestros semejantes porque ya no los consideramos como una carga que sólo sirve para consumir nuestras energías. Nuestros semejantes nos dan ahora nuevas fuerzas porque en el acto de relacionarnos con ellos reconocemos nuestro caudal, nuestras riquezas. Así, si tenemos que desempeñar tareas difíciles, como las que encontramos al relacionarnos con otras personas, o con las situaciones de la vida diaria, no sentimos que se nos están acabando los recursos. Cada vez que nos enfrentamos con una tarea difícil, se nos presenta una oportunidad magnífica para demostrar nuestro caudal, nuestras riquezas. Con esta manera de acercarnos a la vida nunca nos sentimos pobres.

La compasión como la llave a la vía abierta, al mahayana, posibilita los actos trascendentales del *bodhisattva.*[6] El sendero del bodhisattva comienza con la generosidad y la apertura –es decir, el don y la apertura, el proceso de entrega total–. La apertura no consiste en darle algo a alguien, sino que significa renunciar a nuestras exigencias y a los supuestos fundamentales de éstas. Ésta es la *dana-pāramitā*, la perfección de la generosidad. Consiste en aprender a confiar en el hecho de que no tenemos necesidad alguna de asegurar nuestro fundamento, en aprender a confiar en nuestra riqueza fundamental, en el hecho de que podemos ser abiertos sin temores. Ésta es la vía abierta. Si abandonamos nuestra actitud de exigencia, entonces la salud básica comienza a crecer, lo cual nos lleva al próximo tipo de actos de un bodhisattva, la *shila-páramitá*, la perfección de la moral o de la disciplina.

Después de abrirnos, después de abandonarlo todo, sin pensar más en el punto de referencia fundamental, al cual aludimos con la idea de "Yo hago esto, yo hago aquello", es decir, cuando ya no hacemos referencia a nosotros mismos, entonces, pierden toda importancia otras situaciones que contribuyen a mantener el ego o nuestro hábito de coleccionar y guardar. Esta transformación es la moral suprema y contribuye a intensificar la condición de apertura y valor; ya no tememos herirnos o herir a los demas, porque estamos completamente abiertos. Las situaciones ya no nos parecen poco inspiradoras, con lo cual surge la paciencia, la *kshantiparamita.* La paciencia lleva a la energía, *virya* –la cualidad de gozo–. Se siente entonces un gozo tremendo en el compromiso y esto es lo que llamamos energía, la cual también trae consigo la visión panorámica de la meditación abierta, la experiencia del *dhyana*, la apertura. Ya no consideramos la situación externa como algo separado de nosotros porque estamos totalmente inmersos en la danza y el juego de la vida.

Entonces uno se hace todavía más abierto. No ve ninguna cosa como algo que se rechaza o algo que se acepta; uno se limita a marchar en armonía con cada situación. No se ve envuelto en ninguna guerra, porque no trata de derrotar a ningún enemigo ni trata de alcanzar ninguna meta. Ya no se preocupa por coleccionar o por dar. No hay esperanzas ni temores. Asi es como nace la *prajñā*, el conocimiento trascendental, la habilidad de ver las situaciones tal cual son.

En fin, el tema dominante en la vía abierta es que tenemos que comenzar a abandonar la lucha que mantiene el ego. Estar abiertos completamente, para tener ese tipo de confianza absoluta en nosotros mismos, es el verdadero sentido de la compasión y el amor. Se han dado muchos discursos sobre el amor y la paz y la tranquilidad del mundo; pero, ¿cómo se puede crear realmente el amor? Cristo dijo: "Ama a tu prójimo". Pero, ¿cómo se ama? ¿Cómo podemos lograrlo? ¿Cómo vamos a irradiar nuestro amor a toda la humanidad, a todo el mundo? Habrá quien diga: "Porque tenemos que hacerlo y esa es la verdad absoluta". "Si no amas serás condenado, serás malo; estás haciendo un gran daño a la humanidad." "Si amas, estás en el sendero, estás en el verdadero camino." Pero, ¿cómo? Muchas personas se ponen muy románticas cuando hablan del amor. De hecho, puede que se sientan arrobadas con sólo oír mencionar la palabra "amor". Pero entonces habrá ciertos lapsos, momentos en los cuales no se está embriagado por el amor. Entonces sucede otra cosa de la cual nos avergonzamos, y a la que consideramos un asunto personal. Tendemos a guardar esto en secreto; son "partes íntimas", algo de que avergonzarse, algo que no es parte de nuestra naturaleza divina. No queremos pensar sobre eso. Preferimos encender una nueva explosión de amor, y así seguimos repitiendo este proceso, tratando de pasar por alto aquellos aspectos de nuestro ser que rechazamos, tratando de ser virtuosos, bondadosos, tratando de amar.

Puede que esto desconcierte o espante a algunos, pero me temo que el amor en realidad no es solamente una experiencia de belleza y deleite románticos. El amor también se asocia con la fealdad, con el dolor y con la agresión, tanto como con las cosas bellas del mundo. El amor no consiste en crear un segundo cielo. El amor o la compasión, la vía abierta, siempre se asocian con "lo que es". Para poder hacer que nazca el amor, el amor universal, el amor cósmico, o como se le quiera llamar, es menester aceptar la situación vital en su realidad, tal cual se nos presenta: la luz y las tinieblas, el bien y el mal por igual. Es menester abrirse uno mismo a la vida, comunicarse con ella. Quizás estamos batallando por hacer nacer el amor y la paz, luchando por lograrlos. Pensamos: "Lo vamos a lograr. Vamos a invertir miles de dólares con el fin de diseminar la doctrina del amor por todas partes. Vamos a proclamar el amor". Pues muy bien, que se proclame, que se haga eso, que se gaste todo nuestro dinero; pero, ¿qué hubo del impulso, de la agresividad que subyace lo que estamos haciendo? ¿Por qué tenemos que empujar a los demás y obligarlos a aceptar nuestro amor? ¿Por qué hay tanta prisa y vehemencia metida de por medio? Si nuestro amor se mueve con el mismo impulso y empuje que tiene el odio de los demás, entonces algo parece andar mal. Sería como llamar luz a las tinieblas. Hay tanta ambición que toma la forma del proselitismo. No es una situación abierta, de verdadera comunicación con las cosas como son. La implicación última de las palabras "paz en la tierra" es la de eliminar radicalmente las ideas de paz y guerra y abrirnos a nosotros mismos completamente y por igual a los aspectos positivo y negativo del mundo. Es como ver el mundo desde el punto de vista "aéreo": hay luz, hay tinieblas y ambas se aceptan. No estamos tratando de defender la luz en contra de las tinieblas.

Los actos del bodhisattva son como la luna que brilla sobre cien tazas de agua, de modo que hay cien lunas reflejadas en esas tazas. Reflejarse en cada taza no es la intención de la luna, ni de nadie más. Pero, por alguna razon extraña, sucede que hay cien lunas reflejadas en sendas tazas. La apertura es este mismo tipo de confianza absoluta, de confianza en sí mismo. La situación abierta de compasión trabaja de esa misma manera, y no mediante un intento premeditado de crear cien lunas, una en cada taza.

El problema fundamental que parece que tenemos que enfrentar es que estamos demasiado preocupados con tratar de probar algo y esto se relaciona con la paranoia y el sentimiento de pobreza que hemos mencionado antes. Cuando uno trata de probar o de alcanzar algo, ya no está abierto. Hay que corroborarlo todo, hay que ordenarlo todo "correctamente". Es una forma de vida muy paranoica y en realidad no prueba nada. Puede que llevemos cuentas en números y cantidades que digan que hemos construido lo más grande, que hemos coleccionado más que nadie, lo más largo, lo más gigantesco. Pero, ¿quién va a acordarse de estos registros cuando muramos? ¿O de aquí a cien años, de aquí a diez años, o dentro de diez minutos? Los registros que cuentan son los del momento presente, los del ahora y lo que se apunta en ellos es si de veras hay comunicación y apertura en este mismo instante.

Ésta es la vía abierta, el sendero del bodhisattva. A un bodhisattva le daría igual incluso recibir o no recibir de manos de todos los Budas una medalla que proclamara que él es el bodhisattva más noble en el universo entero. No le importaría ni una cosa ni la otra. En las escrituras sagradas no encontramos ninguna historia de un bodhisattva que haya recibido medallas. Y hay una buena razón para esto: porque los bodhisattvas no tienen necesidad alguna de probar nada. Los actos del bodhisattva son espontáneos, consisten en la vida abierta, en la comunicación abierta que no contiene ninguna lucha, ningun apuro.

P: Supongo que ser un bodhisattva significa ayudar a la gente, pero la gente tiene exigencias muy particulares. De modo que un bodhisattva tiene que llevar a cabo actos específicos. Pero, ¿cómo se puede reconciliar la idea de ser totalmente abierto con la necesidad de llevar a cabo actos definidos y particulares?

R: El estar abierto no significa no ser capaz de responder o ser insensible como un cadáver. Significa estar libre para hacer lo que sea menester en cualquier situación dada. Porque no se espera nada de esa situación, uno tiene la libertad necesaria para actuar de una manera verdaderamente adecuada a las circunstancias. E igualmente, si otras personas esperan algo de uno, eso podría constituir un problema. Pero no hay que tratar de ganarse a nadie. La apertura significa "ser lo que uno es". Si uno se siente cómodo con ser lo que uno es, entonces la atmósfera de apertura y comunicación surge automática y naturalmente. Es como el símil que presentamos antes de la luna y las tazas de agua: si las tazas estan allí van a reflejar la luna, si no están allí, no lo podrán hacer. Y si sólo estuvieran la mitad de ellas, entonces reflejarían sólo la mitad. Es cosa de ellas. Y usted, como la luna, meramente está allí, abierto a que las tazas lo reflejen o no lo reflejen. A usted ni le importa ni deja de importarle, meramente está allí.

Las situaciones se presentan automáticamente. No tenemos que ajustarnos a algun papel o ambiente especial. Creo que muchos de nosotros llevamos un largo tiempo tratando de hacer eso y de esta manera nos limitamos, nos encasillamos en conjuntos de circunstancias muy restringidos. Invertimos tanta energía tratando de enfocar nuestra atención en un solo lugar que descubrimos, para sorpresa nuestra, que hay grandes áreas que hemos pasado por alto.

P: ¿Es posible actuar con compasión y, no obstante, llevar a cabo nuestras tareas?

R: Cuando no hay apuros ni agresividad, se siente que hay espacio suficiente para moverse y trabajar y uno ve con más claridad las cosas que se tienen que hacer. Uno se hace más eficiente, y el trabajo se vuelve más preciso.

P: Creo haber entendido, Rínpoche, que usted distinguió entre un sendero abierto y un sendero interno. ¿Podría usted ampliar sus comentarios sobre la diferencia que existe entre ambos, lo interno y lo externo?

R: La palabra "interno", como la utiliza usted, parece significar una lucha, un volverse sobre sí mismo, preguntarse si uno es una persona de suficiente valor, utilidad o si uno es una persona presentable. En este enfoque hay un exceso de "bregar consigo mismo", demasiada concentración hacia adentro. Por otro lado, el sendero abierto consiste en trabajar meramente con lo que está ahí, en abandonar completamente el temor de que algo marche mal, de que algo pueda terminar en el fracaso. Hay que abandonar la paranoia de temer que uno pueda no ajustarse a las circunstancias, de que uno pueda ser rechazado. Hay que aprender a no hacer otra cosa que tratar con la vida tal cual se nos presenta.

P: ¿De dónde surge el calor del que hablaba usted?

R: Surge de la ausencia de agresividad.

P: ¿Pero no es esa precisamente la meta última del sendero?

R: También es el sendero, el puente. Usted no vive en el puente sino que camina por él. En la experiencia de la meditación ocurre automáticamente cierto sentimiento de ausencia de agresividad, con lo cual definimos el Dharma. El Dharma se define como la ausencia de agresividad. Si usted es pasional, va a querer algo que satisfaga sus deseos inmediatamente. Cuando no hay deseo que satisfacer, no hay agresividad ni apuros. Así, si una persona quiere relacionarse verdaderamente con la simplicidad de la práctica de la meditación, entonces automáticamente se le presenta la ausencia de agresividad. Porque ya no hay ese apuro por lograr algo, uno se puede dar el lujo de descansar. Porque uno puede darse el lujo de descansar, también puede darse el de hacerse compañía a sí mismo, de hacerse el amor a sí mismo, de ser amigo de sí mismo. Entonces los pensamientos y las emociones, todo cuanto ocurre en el pensamiento acentúa constantemente el hecho de hacerse amigo de uno mismo.

Esto se puede expresar de otra manera diciendo que la compasión es la cualidad terrenal de la práctica de la meditación, un sentir la tierra, un sentir cierta solidez. El mensaje del calor compasivo es no dejarse llevar por los apuros y relaciones con cada situación tal como se nos presenta. El nombre amerindio "Toro Sentado" parece presentar una imagen muy clara de esto[7]. Un toro sentado es algo muy sólido y orgánico. Se quiere decir que uno está inequivocamente presente, en descanso.

P: Usted parece decir que la compasión crece, pero también dio a entender que no hace falta cultivarla.

R: Ella aumenta, crece, fermenta por sí sola. No requiere esfuerzo alguno.

P: ¿Muere alguna vez?

R: No parece morir. Shantideva dice que cada acto sin compasión es como sembrar un árbol muerto, pero cualquier acto compasivo es como sembrar un árbol vivo[8]. Crece y crece sin fin y nunca muere. Y aunque pareciera morir alguna vez, siempre dejaría sus semillas, de las cuales nacerían otros árboles. La compasión es una entidad orgánica y continua.

P: Hay cierto tipo de calor humano que surge cuando uno establece una relación con un semejante y entonces, de alguna manera u otra, la fuerza de esa relación se hace intolerable y lo ahoga a uno de tal manera que ya no hay espacio o lugar para uno moverse.

R: Si ese calor se ofrece sin intereses creados y no como un instrumento para reasegurar el ego, entonces se va a mantener a sí mismo y será un estado fundamentalmente saludable. Cuando se prepara yogur, si uno trata de subir la temperatura para acelerar la fermentación, o trata de resguardar la leche más de lo necesario, no se logra buen yogur. Pero si uno lo deja prosperar a una temperatura moderada y simplemente lo deja estar, se logra el mejor yogur.

P: ¿Cómo sabe uno cuando ha de dejarlo estar?

R: Uno no tiene que estar supervisándose a sí mismo constantemente. Es necesario confiar en sí mismo, en vez de fiscalizarse a sí mismo. Mientras más trata uno de fiscalizarse a sí mismo, mayor es la posibilidad de interrumpir el movimiento y el crecimiento naturales de la situación. Aunque uno esté haciendo algo arriesgado, aunque parezca posible que todo el asunto va a reventar o escapar de nuestro control, uno no se preocupa por eso.

P: Pero, ¿qué sucede cuando uno crea una situación y se preocupa por ella?

R: Preocuparnos no nos ayuda en nada; de hecho, nos hace más daño que bien.

P: Parece que el proceso del cual hablamos requiere algún tipo de intrepidez.

R: Si. Eso es muy cierto. Esta intrepidez es el pensamiento positivo, la conciencia de nuestra propia riqueza.

P: ¿Y qué debe hacer uno cuando cree que es necesario llevar a cabo algún acto violento con el fin de hacerle bien a alguien?

R: Pues simplemente lo hace.

P: Pero, ¿y qué si uno no ha alcanzado el nivel de la compasión y la sabiduría verdaderas?

R: Uno no pone en tela de juicio ni se preocupa por su propia sabiduría. Uno se limita a hacer lo que las circunstancias requieren. La situación a la cual se enfrenta uno es de por sí lo suficientemente profunda como para que la consideremos conocimiento cabal. No se necesita ninguna fuente secundaria de información. No se necesita ningun tipo de refuerzo o directriz para la acción. El refuerzo lo provee automáticamente la situación misma. Cuando es menester hacer las cosas por la fuerza, usted se limita a hacerlas de esa manera, porque la situación exige tal respuesta. No se trata de imponerle la fuerza a la situación sino que usted se hace instrumento de la situación.

P: ¿Y qué puede hacer uno para construir un puente cuando no siente compasión?

R: No hay que *sentir* compasión. En esto estriba la diferencia entre la compasión emocional y la compasión como *compasión*: esta última no siempre se siente, uno se *convierte en* y *es* esa compasión. Normalmente, si uno se abre, la compasión aparece naturalmente; porque uno ya no está preocupado por gratificarse de alguna manera u otra.

P: ¿Requiere el puente de la compasión reparaciones constantes?

R: No, no lo creo así. Requiere reconocimiento en vez de reparación. En eso consiste la conciencia de nuestra propia riqueza, en reconocer que el puente está allí.

P: ¿Qué debe hacer uno cuando le teme a alguien, quizá justificadamente? Para mí, eso destruye la compasión.

R: La compasión no consiste en tener a alguien a menos porque necesita nuestra ayuda, porque necesita cuidados, sino que consiste en el pensamiento positivo general, innato, orgánico. Nuestro temor a otras personas parece generar inseguridad con respecto a lo que somos. Ésa es la raíz de nuestro temor a situaciones o personas particulares. El temor nace de la incertidumbre. Si uno sabe exactamente cómo manejar una situación espantosa, entonces ya no tiene miedo. El miedo surge del temor o la confusión, de la incertidumbre. La incertidumbre está íntimamente vinculada a la desconfianza en nosotros mismos, a sentir que no somos capaces de enfrentar ni resolver el problema misterioso que nos amenaza. No hay temor posible si uno tiene una relación compasiva consigo mismo; porque entonces uno sabe lo que está haciendo. Si uno sabe lo que está haciendo, entonces, nuestra reacción –o lo que llamo yo "proyección"– es metódica y predecible en ciertos sentidos. Entonces, uno adquiere la prajña, el conocimiento de cómo relacionarse con una situación dada.

P: ¿Qué quiere decir usted en este contexto con la palabra "proyección"?

R: La proyección es una reflexión o imagen espejo de nosotros mismos. Como sentimos tal incertidumbre respecto de nosotros mismos, el mundo nos devuelve la incertidumbre, reflejándola como un espejo, y esta reflexión comienza a perseguirnos. Nuestra propia incertidumbre nos persigue, pero no es otra cosa que una reflexión en un espejo.

P: ¿Y qué quiere decir usted cuando dice que si uno es compasivo consigo mismo, sabe lo que hace?

R: Estos dos aspectos de la meditación siempre aparecen simultáneamente; si uno se abre a sí mismo y tiene una actitud positiva respecto de sí mismo, entonces sabe automáticamente qué hacer, porque ya uno no es un misterio para sí mismo. Esto es lo que se conoce como *jñana*, sabiduría, la sabiduría que consiste en la conciencia espontánea de nuestra propia existencia. Uno sabe espontáneamente que uno existe, sabe lo que es; por lo tanto, puede darse el lujo de confiar en sí mismo.

P: Si yo de veras pudiera hacerme amigo de mí mismo, entonces, ¿no tendría miedo a equivocarme todo el tiempo?

R: Correcto. La palabra tibetana para sabiduría es *yesshe*, que significa inteligencia primordial[9]. Uno mismo está presente siempre al comienzo de todo comenzar. Casi podríamos llamarla "la confianza en sí mismo que no tiene origen". No hay que encontrar ningún comienzo en absoluto. Es una situación primordial. Por lo tanto, no tiene sentido tratar de establecer su comienzo lógicamente. Existe desde ya. No tiene comienzo.

El sentido del humor

Sería interesante considerar este tema desde el punto de vista de lo que no es sentido del humor. La falta de sentido del humor parece derivarse de la actitud que nos lleva a considerar solamente los "hechos sólidos": las cosas nos parecen muy inflexibles, absolutamente dignas de nuestra credulidad, absolutamente serias –por decirlo así–, es como si se nos presentasen como un cadáver viviente. Un cadáver vive en dolor constante, siempre lleva una expresión de dolor en el rostro. Se ha enfrentado a algún tipo de hecho sólido, a una "realidad". Se ha convertido en una persona absolutamente seria y ha llegado hasta el punto de convertirse en un verdadero cadáver viviente. La rigidez de un cadáver viviente expresa lo opuesto al sentido del humor. Es como si alguien estuviera parado detrás de uno con una espada afilada en las manos. Si uno no medita correctamente, si no se queda quieto y erguido en su asiento, habrá alguien detrás de uno presto a asestarle un golpe. O si uno no se enfrenta a la vida como es debido, honrada y directamente, habrá quien esté presto a azotarlo. Ésta es la conciencia exagerada de sí mismo, el vigilarse, observarse a sí mismo innecesariamente. Cuando nos domina esta conciencia nos parece que hay alguien que vigila y censura todo lo que hacemos. Pero no es un "Hermano Mayor" quien nos vigila; somos nosotros mismos, "Mi Yo Mayor". Otro aspecto de mí mismo me vigila, está siempre detrás de mí, dispuesto a azotarme y presto a señalar mis fracasos. No puede haber gozo alguno en este enfoque de la vida, no puede haber ningún sentido del humor.

Este tipo de seriedad también es un elemento dominante del materialismo espiritual. Pensamos: "Puesto que me he asociado con una iglesia y su organización, y en vista de mi compromiso religioso, tengo que comportarme como un buen muchacho (o una buena muchacha), una persona honrada, buena y devota. Debo obedecer fielmente las normas de mi iglesia, sus leyes y reglamentos. Si no cumplo con mis obligaciones, se me condenará, y con eso quedaré reducido a un cuerpo sin vida". Se nos amenaza solemnemente con la muerte –la muerte en el sentido de fin de todo proceso creativo–. Esta actitud nos imparte cierto sentido de limitación, de rigidez. No hay ninguna libertad de movimiento.

Se podría preguntar entonces: "Pero, ¿qué hubo de las grandes tradiciones religiosas, de las enseñanzas? Éstas nos hablan de la disciplina, de las normas y de los reglamentos. ¿Cómo podemos reconciliar esta posición con la idea del sentido del humor?". Pues bien, examinemos esta pregunta correctamente. ¿Se basan verdaderamente los reglamentos, la disciplina y la practica de la moral en la mera actitud enjuiciadora que distingue el "bien" como opuesto al "mal"? ¿Proponen las grandes enseñanzas espirituales que luchemos contra el mal porque nosotros estamos del lado de la luz, del lado de la paz? ¿Nos dicen éstas que debemos luchar en contra del otro bando, del bando indeseable, malo y negro? Esa es la pregunta clave. Si hay sabiduría en las enseñanzas sagradas, no debería haber en ellas ninguna guerra. Mientras una persona esté entregada a la guerra, tratando de defender o atacar, sus actos no serán sagrados. Es una situación mundana, dualista, propia de un campo de batalla. Uno no debería esperar que las grandes enseñanzas fuesen así de simplistas, que meramente nos enseñaran a ser buenos y a luchar en contra del mal. Ése sería el enfoque de las películas que hace Hollywood sobre el Viejo Oeste –aún antes de ver el desenlace ya sabe uno sin lugar a dudas que los "buenos" no morirán y que los"malos" van a ser aplastados–. Este enfoque es a todas luces simplista; pero ésta es precisamente la situación que creamos en términos de una lucha "espiritual" o de los logros "espirituales".

No quiero decir que el sentido del humor se deba dejar correr desmandado. Lo que quiero decir es que hay que ver algo más que sólo guerra, lucha, dualidad. Si vemos el sendero de la espiritualidad como un campo de batalla, entonces somos débiles e ineficaces. En ese caso nuestro progreso en el sendero dependerá de cuán grande sea el territorio que hayamos conquistado, dependerá de la subyugación de nuestras faltas o las ajenas, dependerá de cuántos impulsos negativos hayamos podido eliminar. La cantidad de luz que podamos arrojar dependerá de cuánta oscuridad hayamos eliminado. Éstos son logros de poca monta; difícilmente se les puede llamar "liberación" o "libertad", *mukti* o nirvana[1]. Se ha alcanzado la liberación sólo en términos de la derrota de otra cosa; simplemente una liberación relativa.

No quiero convertir el "sentido del humor" en algo solemne; me temo que muchas personas van a hacer eso; pero para poder entender realmente lo que es la rigidez, lo que hemos representado como un cadáver, no es posible evitar el peligro de convertir el sentido del humor en algo serio. Sentido del humor significa percibir ambos polos de una situación tal cual ellos son, desde un punto de vista aéreo. Aquí está lo bueno, allá lo malo y uno logra verlos a ambos en una visión panorámica, como si estuviera por encima de ellos. Entonces uno comienza a sentir que estos hombrecillos abajo en la tierra, que se matan los unos a los otros o se hacen el amor o que meramente son hombrecillos, son muy insignificantes, en el sentido de que si se toman muy en serio su guerra o su amor, comienza a revelársenos el aspecto irónico de su clamor. Si tratamos con todas nuestras fuerzas de construir algo tremendo, verdaderamente significativo, poderoso, con ideas tales como "realmente estoy en busca de algo importante, realmente estoy tratando de combatir mis defectos" o "verdaderamente trato de ser bueno", entonces todo pierde su seriedad, se convierte en un tigre de papel. Todo es sumamente irónico.

El sentido del humor parece originarse en un regocijo que todo lo penetra, regocijo en el cual hay cabida para que uno se expanda en una situación completamente abierta; porque este regocijo no está afectado por la batalla entre el "esto" y el "aquello". El regocijo crece hasta convertirse en la situación panorámica en la cual vemos o sentimos todo el fondo, el fondo abierto. Esta situación abierta no tiene pizca de limitación, de solemnidad impuesta. Y cuando uno trata de ver la vida como un "asunto muy serio", si uno trata de imponerle solemnidad a la vida, como si todo fuese un asunto muy importante, entonces se hace graciosa. ¿Por qué darle tanta importancia?

Es posible que una persona intente meditar con una postura que sea absolutamente correcta, correcta en un cien por ciento, o incluso en un doscientos por ciento. ¡Gran cosa! Muy gracioso. Pero, por otro lado, una persona puede intentar desarrollar su sentido del humor, tratando de burlarse de todo, de encontrar humor en cada rincón y en cada grieta. Eso, de por sí, ya es un juego muy serio, lo cual es igualmente gracioso. Si uno se pone cada vez más tenso hasta que comienza a apretar los dientes, a morderse la lengua, puede que alguien nos haga cosquillas; porque hemos estado acumulando demasiada tensión. Es absurdo dejarse llevar a esos extremos. Esa intensidad extrema se hace cómica automáticamente.

Hay un cuento tibetano de cierto monje que renunció a su vida samsárica y confundida y decidió irse a vivir a una cueva en Langru para poder meditar todo el tiempo. Llevaba mucho tiempo pensando en el dolor y el sufrimiento, de suerte que la gente llegó a conocerlo con el nombre de Ngonagpa de Langru –es decir, Cara Negra de Langru–, porque nunca sonreía y todo en la vida lo veía en términos de dolor. Permaneció muchos años en retiro, siempre grave y solemne, hasta que un día se acercó al altar de su ermita y vio que alguien le había dejado como ofrenda un buen trozo de turquesa. Mientras contemplaba la ofrenda, vio un ratón entrar furtivamente y tratar de llevarse el pedazo de turquesa. El ratón no pudo hacerlo, así que volvió a su madriguera y regresó con otro ratón; ambos trataron de arrastrar el trozo de turquesa, pero este resultó demasiado grande para ellos también. Entonces comenzaron a chillar los dos juntos hasta que lograron atraer ocho ratones más, con la ayuda de los cuales pudieron finalmente arrastrar la piedra hasta su madriguera. Entonces, por primera vez, Ngonagpa de Langru sonrió y comenzó a reirse. Y ésa fue su iniciación a la apertura, un súbito destello de iluminación.

Así, el sentido del humor no consiste únicamente en tratar de hacer chistes o juegos de palabras, tratar de ser gracioso de una manera premeditada. Consiste más bien en percibir la ironía fundamental que resulta de la yuxtaposición de los extremos, para que ya nunca más nos veamos en la posición de haberlos tomado en serio, es decir, de haberles seguido seriamente el juego de la esperanza y el temor. Por eso es que la experiencia del sendero espiritual es tan importante. Por eso es que la práctica de la meditación es la más insignificante de todas las experiencias. Es insignificante porque no se somete a ningún juicio de valor. Una vez que nos hemos absorbido en esta situación insignificante de apertura, sin hacer ningún juicio de valor, comenzamos a percibir todos los juegos que tienen lugar alrededor de nosotros. Alguien trata de hacerse severo, o espiritualmente solemne, alguien trata de ser una buena persona. Puede que esa persona tome muy a pecho el que alguien la ofenda, quizá quiera pelear. Pero, si uno se acopla a la insignificancia fundamental de todo lo que es, se comienza a percibir el humor que hay en este tipo de solemnidad, en la gente que toma las cosas con demasiada seriedad.

P: La mayoría de los argumentos que he oído a favor de hacer lo que es bueno o correcto dicen: "Primero acumula mérito, sé bueno, abandona el mal, entonces, más tarde será aún más facil abandonar 'la obsesión con el bien'". ¿Qué opina usted de esta posición?

R: Desde el punto de vista del sentido del humor, la idea de abandonar algo me parece demasiado primitiva e ingenua. Irónicamente, si tratamos de ser buenos o de abandonarlo todo, no abandonamos nada; en realidad, es una manera de adquirir más cosas. Eso es lo gracioso de esta situación. Alguien puede creerse capaz de abandonar el gran peso que lleva sobre sus hombros, pero la ausencia de esa carga, la renuncia misma, pesa más, pesa cientos de veces más que lo que la persona ha dejado atrás. Es muy fácil abandonar algo, pero de esa renuncia puede derivarse una virtud sumamente pesada. Cada vez que uno se encuentre con alguien pensará, o de hecho dirá: "Yo he abandonado esto o lo otro". La "renuncia total" puede hacerse cada vez más pesada, como si uno llevase sobre las espaldas una gran bolsa de microbios que se multiplican vertiginosamente; a la larga se encontraría uno cargando una masa gigantesca de hongos que continuan creciendo rápidamente. También sucede que este tipo de persona llega siempre al punto en el cual se hace completamente insoportable para los demás, porque ha abandonado *tantas cosas.*

Es más, si vemos la practica de la meditación como un asunto muy serio, un asunto de mucha importancia, entonces se convierte en algo embarazoso y pesado, abrumador. Incluso llegaremos al punto en el cual se nos haga insoportable pensar sobre ese asunto. Es como si una persona hubiese comido algo extremedamente pesado. En medio de sus nauseas comenzará a pensar: "Quisiera tener hambre ahora. Así, al menos mi estómago no se sentiría tan pesado. Pero, ahora que tengo esta comida en mi estomago y estoy a punto de vomitar, preferiría no haber comido nunca". No se puede tomar a la espiritualidad con tanta seriedad. Eso sería contraproducente, iría en contra del verdadero significado de la renuncia.

P: ¿Quiere decir que una persona iluminada ha sobre pasado todo sentimiento trágico?

R: No es necesario estar iluminado para abandonar el sentimiento trágico. Si uno se ve envuelto en situaciones de intensidad creciente, si uno se ve envuelto en la intensidad de la tragedia, entonces puede que también así logre uno ver el humor de estas situaciones. Es como en la música: cuando oímos el crescendo que se intensifica, si la música cesa repentinamente, oiremos el silencio como parte de esa música. En ningún sentido se trata de una experiencia extraordinaria. Es muy ordinaria, muy mundana. Por eso dije que es una de las experiencias mas insignificantes de todas, porque no la sometemos a ningún tipo de juicio de valor. La experiencia apenas se percibe. Desde luego que si seguimos las vueltas características del ego podemos proceder a argumentar que precisamente porque la experiencia apenas se puede percibir, precisamente por ser tan insignificante, es una de las experiencias más valiosas y extraordinarias que existen. Esto sería, sin embargo, meramente una manera conceptualizante de tratar de probar que lo que hacemos realmente es una gran cosa. Pero el hecho es que no es una gran cosa.

P: ¿Se relaciona el sentido del humor de alguna manera con la experiencia de la iluminación instantánea o *satori*[2]?

R: Indudablemente. Hay una historia sobre una persona que murió riendo. Era un simple aldeano que le preguntó a su maestro espiritual por el color del Buda Amitabha, el cual se define como rojo en la tradición iconográfica, pero, por alguna razón, el aldeano se equivocó y creyó que el maestro había dicho que el color de Amitabha era el color de las cenizas. Esto influyó sobre toda su práctica de meditación, porque cuando visualizaba a Amitabha, lo veía como un Amitabha gris.

Finalmente, le llegó la hora de morir. Más, en el lecho de muerte quiso asegurarse de que había meditado correctamente, así que le preguntó a otro maestro por el color de Amitabha. Ese maestro le dijo que el color de Amitabha era rojo. Y el aldeano de pronto rompió a reír:

—Vaya, vaya –dijo. Me lo imaginaba del color de las cenizas y ahora me dicen que es rojo.

Comenzó a reirse y murió riendo. Así que se trata de sobreponerse a cierto tipo de seriedad.

Hay muchas historias de personas que lograron alcanzar un estado de despertar verdadero en un estallido de risa, al percibir el contraste, la ironía de las situaciones polares. Es, por ejemplo, el caso del ermitaño que tenía un fiel devoto que vivía en una villa a varios kilómetros de distancia. Este devoto mantenía al ermitaño, proveyéndole sus alimentos y otras necesidades. La mayor parte del tiempo el devoto enviaba a su mujer, a su hija o a su hijo a que le llevaran los abastos al ermitaño. Pero un día, éste oyó que aquel fiel donante iba a venir a verle en persona. El ermitaño pensó entonces:

"Tengo que causar una buena impresión en él. Tengo que limpiar y pulir todos los objetos en el altar y hacer de mi santuario un lugar muy limpio y de mi habitación un lugar pulcro". Así pues, se puso a limpiar y ordenarlo todo, hasta que el santuario se veía muy impresionante, con las escudillas de agua y las lámparas de manteca ardiendo brillantemente. Y cuando hubo terminado se sentó, comenzó a admirar la habitación y a mirarlo todo alrededor. Todo se veía tan ordenado, de cierta manera parecía falso. Comprendió entonces que también su santuario parecía falso. De pronto, para sorpresa suya, comprendió que se estaba comportando como un hipócrita. Entonces se fue a la cocina, recogió varios puñados de ceniza y los arrojó sobre todo el santuario hasta que la habitación quedó tan sucia que daba pena. Cuando llegó el donante, quedó extremadamente impresionado por el aire natural de aquella habitación, por el hecho de que no se veía ordenada hasta el punto de ser artificial. El ermitaño no pudo contenerse, se echó a reír y dijo:

—Traté de asearme y limpiar mis habitaciones, pero entonces pensé que quizá debería mostrarme ante usted de este modo.

Entonces, ambos, el donante y el ermitaño se echaron a reír. Éste fue un gran momento de despertar para los dos.

P: En cada una de sus conferencias usted ha descrito una situación al parecer ineludible en la cual nos hallamos todos atrapados, en la cual nos hemos enredado ya. Me pregunto si usted en algún momento también ha querido sugerir que contamos con alguna manera de escapar a estas situaciones.

R: Verá usted. Lo que se quiere decir es que si nos pasamos todo el tiempo hablando de una escapatoria, entonces hablamos de fantasías, del sueño del escape, de la salvación, de la iluminación. Tenemos que ser prácticos. Tenemos que examinar lo que está aquí ahora, nuestra propia mente neurótica. Una vez que hemos podido familiarizarnos completamente con los aspectos negativos de nuestra propia manera de ser, conocemos automáticamente cuál es "la salida". Pero si nos pasamos hablando de lo bello y gozoso que es alcanzar la meta, nos volvemos unos tipos muy serios, muy románticos, y esta manera de acercarse al problema se convierte en un obstáculo.

En esto hay que ser práctico. Es como ir a ver al médico cuando uno está enfermo. Si el doctor nos va a ofrecer algún tratamiento, primero tiene que saber qué nos aqueja.

No tiene sentido preguntarse qué marcha bien en nosotros, eso no viene al caso. Si usted le dice al médico lo que anda mal, ésa es la manera de salir de su enfermedad. Por eso el Buda enseñó las Cuatro Verdades Nobles como su primera enseñanza[3]. En esta enseñanza se comienza por crear conciencia del dolor, del *duhkha*, del sufrimiento. Después de crear conciencia del duhkha, la crea uno respecto del origen del dolor, luego se experimenta el sendero que nos llevará fuera del dolor y finalmente la liberación. El Buda no comenzó enseñando la belleza de la experiencia de la iluminación.

P: Si me dejo llevar por la costumbre usual de evaluar y enjuiciar, no puedo evitar llegar a creer que los errores y obstáculos que usted ha descrito en sus últimas conferencias son en cierta manera más complejos o avanzados que los que describió en sus primeras conferencias. ¿Es esto cierto?

R: Es cierto. Aún después de haber dado algunos pasos en el sendero, como han hecho los bodhisattvas, una vez que se comienza a despertar puede haber cierta tendencia a analizar nuestro estado de despertar. Esto entraña un mirarse a sí mismo, analizando y evaluando, y continúa hasta que uno sufre un fuerte golpe, un cambio radical, que se conoce como "el *samādhi* que es como un *vajra.*[4]" Éste es el último nivel de meditación del tipo samādhi. El alcanzar la iluminación se compara con un vajra porque no tolera ningún tipo de necedad; pasa a través de todos nuestros juegos.

En la historia de la vida del Buda oímos hablar de las tentaciones de Mara, las cuales son muy sutiles[5]. La primera tentación es la del temor al daño físico. La última es la seducción por las hijas de Mara. Esta seducción, la seducción del materialismo espiritual, es extremadamente poderosa, porque es la seducción que se da cuando pensamos que "yo he alcanzado algo". Si creemos que hemos alcanzado algo, que "lo hemos logrado", entonces, hemos sido seducidos por las hijas de Mara, por la seducción del materialismo espiritual.

La formación del ego

Como es nuestra intención examinar el sendero budista desde el comienzo hasta el final, desde la mente del principiante hasta la mente iluminada, creo que mejor sería comenzar con algo muy concreto y real: el campo que vamos a cultivar. Pecaríamos por imprudentes si nos pusiéramos a estudiar materias más avanzadas antes de habernos familiarizado con el punto de partida: la naturaleza del ego. En el Tíbet decimos que no tiene sentido tratar de comerse la lengua si la cabeza todavía no está cocida. Cualquier práctica espiritual requiere este entendimiento básico del punto de partida, es decir, de la materia prima con la cual vamos a trabajar.

Si no conocemos esta materia prima de nuestro trabajo, nuestro estudio será en vano; toda especulación sobre la meta se convertirá en mera fantasía. Estas especulaciones pueden tomar la forma de ideas y descripciones muy complejas de la experiencia espiritual, pero no son más que una explotación de los aspectos más débiles de la naturaleza humana, de nuestras esperanzas y deseos de ver y oír algo lleno de colorido, algo extraordinario. Si comenzamos nuestro estudio con estos sueños de experiencias extraordinarias, experiencias de "iluminación", experiencias dramáticas, acumularemos expectativas y preconcepciones hasta el punto de que, más tarde, cuando verdaderamente estemos trabajando en el sendero, nuestros pensamientos estarán ocupados con lo que ha de ser, en vez de con lo que es. Es algo destructivo e injusto con la gente querer abusar de sus debilidades, de sus expectativas y sus sueños, en vez de presentarles el punto de partida real que es lo que ellos son en la actualidad.

Por lo tanto, es necesario comenzar con lo que somos y

preguntarnos qué somos y por qué hemos emprendido esta búsqueda. En general, todas las tradiciones religiosas tienen que bregar de alguna manera o de otra con esta materia prima, ya sea cuando hablan del *ālaya vijñāna*[1], ya sea cuando hablan del pecado original, de la caída del hombre, o de la base del ego. La mayor parte de las religiones se refieren a esta materia prima de una manera más o menos peyorativa. Pero yo no creo que sea algo tan repugnante o terrible. No tenemos por qué avergonzarnos de lo que somos. Como seres conscientes tenemos un fondo maravilloso. Este fondo quizá no es especialmente iluminado, sereno o inteligente. No obstante, contamos con un terreno lo suficientemente fértil como para el cultivo. Podemos sembrar cualquier cosa en él; por lo tanto, cuando tratamos este tema no pretendemos condenar o eliminar la naturaleza psicológica de nuestro ego; nos limitamos meramente a reconocerla, verla como es. De hecho, entender el ego es el fundamento del budismo. Echemos una mirada, pues, a cómo crece y se forma el ego.

Fundamentalmente, sólo existe el espacio abierto, el fundamento último, lo que somos realmente. Nuestro estado mental más fundamental, antes de la creación del ego, es de tal naturaleza que se da en él una apertura básica o prístina, una libertad básica, cierta cualidad de espaciosidad; aun ahora y desde siempre hemos tenido esta cualidad abierta. Tomemos como ejemplo nuestras vidas diarias o nuestros hábitos diarios de pensamiento cuando percibimos un objeto, en el primer instante se da una percepción repentina y directa en la cual no hay ningún proceso lógico o conceptualizante, sino que nos limitamos a percibir el objeto sobre un fondo abierto. Pero, inmediatamente después, nos aterramos y comenzamos a correr por todas partes tratando de encontrar algo que añadirle, ya sea tratando de encontrar un nombre para ese objeto, ya una casilla en la cual lo podamos ubicar o clasificar. De ahí surgen gradualmente las demas cosas.

Este proceso de evolución no toma ninguna forma sólida; se trata más bien de un proceso ilusorio, la formación de la creencia equivocada en un "yo"o "ego". El pensamiento confundido se inclina a verse a sí mismo como algo sólido, algo continuo; pero en realidad no es más que una colección de tendencias, de acontecimientos. En la terminología budista nos referimos a esta colección como los Cinco *Skandhas*, los cinco agregados[2]. Quizá debamos describir detalladamente la formación o el crecimiento de estos cinco skandhas.

El punto de partida, como dijimos, es el espacio abierto que no pertenece a nadie. En el espacio y en la apertura siempre se da una inteligencia primordial. Esto es la *vidyā* [3], que en sánscrito quiere decir "la inteligencia" –precisión, nitidez, la nitidez del espacio, la nitidez en la cual hay lugar para bailar por todas partes, pero no hay peligro de tropezar con las cosas y caerse o tumbarlas porque hay espacio abierto–. Nosotros somos ese espacio, somos uno con el espacio, con la vidyā, con la inteligencia, con la apertura primordial.

Pero, si somos todas estas cosas a un mismo tiempo, ¿de dónde surgió entonces la confusión? ¿Hacia dónde se fue el espacio? ¿Qué ha sucedido? En realidad nada ha sucedido. Meramente nos hicimos demasiado activos en ese espacio. Porque era un lugar tan espacioso nos inspiró a bailar por todas partes; pero la danza se hizo demasiado inquieta, comenzamos a dar más vueltas de las necesarias para expresar nuestra espaciosidad. Llegando a este punto, nos creamos una conciencia de nosotros mismos, una conciencia de que "yo estoy bailando" en el espacio.

Al llegar a este punto, el espacio ya no es espacio como tal. Se hace sólido. En vez de ser uno con el espacio, sentimos que el espacio sólido es una entidad separada y tangible. Esta es la primera experiencia de la dualidad: "el espacio" y "yo", "yo estoy bailando en el espacio y esta espaciosidad es algo sólido, una cosa separada de mí". Dualidad significa pensar en términos de "el espacio y yo" en vez de ser completamente uno con el espacio. Éste es el surgir de la "forma", de "lo otro".

Para que esto suceda tiene que ocurrir cierto tipo de privación de sentido o desmayo, en el sentido de que se nos olvida lo que estábamos haciendo antes. Hay un alto repentino, una pausa; damos una vuelta y descubrimos el espacio sólido, como si nunca antes hubiéramos hecho otra cosa, como si no fuéramos nosotros los creadores de toda esa solidez. Hay una laguna entre ambos estados. Después de crear el espacio sólido, nos sentimos abrumados por él. Comenzamos a perdernos en él. Perdemos el sentido y entonces, repentinamente, despertamos en otro lugar.

Cuando despertamos rehusamos ver el espacio como apertura, rehusamos ver su cualidad blanda y aireada. La desechamos completamente y esto se conoce como *avidyā*[4]. La "a" en avidyā significa negación, y la vidyā significa inteligencia. Por lo tanto, la avidyā es la ausencia de inteligencia. Porque la inteligencia magnífica de la vidyā se ha transformado en una percepción de espacio sólido. Porque la misma inteligencia que tenía aquella cualidad nítida y precisa de luminosidad fluida se ha hecho estática, por eso hablamos de la a-vidyā, "la ignorancia". De hecho, esta ignorancia consiste en hacerse el ignorante deliberadamente. No nos conformamos con bailar solos en el espacio abierto, sino que queremos tener un compañero y así escogemos al espacio mismo como compañero. Si escogemos al espacio como compañero, entonces, desde luego, queremos que baile con nosotros; pero, para poder poseerlo como nuestro compañero, tenemos que hacerlo sólido y tenemos que desconocer su cualidad fluida y abierta. Esta actitud es lo que llamamos avidyā, ignorancia, desconocer nuestra propia inteligencia. Éste es el punto culminante en la formación del primer skandha, la creación de la forma-ignorancia[5].

De hecho, este skandha de la forma-ignorancia tiene tres aspectos o etapas diferentes, los cuales podemos dilucidar mediante otra metáfora. Supongamos que en el principio había una llanura abierta, sin montañas ni árboles, una tierra completamente abierta, un simple desierto sin ninguna característica particular. Así somos, esto somos. Somos muy simples y básicos; aunque, desde luego, allí está el Sol que brilla, la Luna que resplandece, hay luces y colores, en fin, la textura particular del desierto. También habrá una sensacion de energía que juega entre el cielo y la tierra. Esto continúa y continúa. Entonces, inexplicablemente, de pronto hay alguien que se da cuenta de todo esto. Es como si uno de los granos de arena levantara la cabeza y comenzara a mirar a su alrededor.

Cada uno de nosotros es un grano de arena que ha llegado a la conclusión de que es algo separado. Éste es el alumbramiento de la ignorancia, su primera etapa, un cierto tipo de reacción química. La dualidad ha comenzado.

La segunda etapa en el desarrollo de la forma-ignorancia se llama "la ignorancia que nace en el interior". Después de darnos cuenta de que somos algo separado, tenemos la sensación de que siempre lo hemos sido. Esto constituye cierta torpeza de mente, el instinto de la autoconciencia. También es nuestra excusa para permanecer separados, como granos de arena individuales. Es una ignorancia de tipo agresivo. Aunque no se trate precisamente de agresividad en el sentido de animosidad. No ha llegado a ese extremo todavía. Se trata más bien de agresividad en el sentido de que uno trata de asegurar su propio suelo, trata de crear un refugio para sí mismo, porque uno se siente incómodo, desequilibrado. Ésta es la actitud del que se siente un individuo confundido y separado. Y eso es todo lo que es. Uno se ha identificado como algo separado del panorama de espacio y apertura.

El tercer tipo de ignorancia es "la ignorancia que se observa a sí misma", el vigilarnos a nosotros mismos. Hay aquí una cierta sensación de que nos vemos a nosotros mismos como un objeto externo, lo cual nos lleva a nuestros primeros conceptos de "el otro". Uno comienza a tener una relación con lo que se conoce como el mundo "externo". Por eso es que estas tres etapas de la ignorancia constituyen el skandha de la forma-ignorancia; uno comienza a crear el mundo de las formas externas.

Cuando hablamos de "ignorancia" no queremos decir en ningun caso la mera tontería. En cierto sentido, la ignorancia a la cual nos referimos es una facultad muy inteligente. Lo que sucede es que es una inteligencia que funciona en dos sentidos en vez de uno. Es decir, es la conciencia que no puede hacer otra cosa que reaccionar a lo que ella misma proyecta, en vez de ver simplemente lo que de veras está allí. No se da ninguna condición de dejar que las cosas sean, porque uno desconoce constantemente lo que uno verdaderamente es. Ésa es la definición básica de la ignorancia.

El siguiente paso es el de establecer un mecanismo de defensa para proteger la ignorancia. Este mecanismo de defensa es la sensación, el segundo skandha[6]. Puesto que ya hemos desconocido el espacio abierto, nos gustaría sentir las cualidades del espacio sólido, a fin de satisfacer completamente la tendencia codiciosa que crece dentro de nosotros. Desde luego que el espacio no significa meramente el espacio vacío, porque, como hemos dicho, tiene color y energía. Hay despliegues maravillosos, magníficos de color y energía, de belleza vivida. Pero hemos optado por desconocer todo esto. Antes preferimos una versión fosilizada de ese color; y el color se convierte en un color atrapado, y la energía se convierte en energía atrapada, porque hemos solidificado todo el espacio. Lo hemos convertido en "lo otro". Así comenzamos a extender nuestros sentidos hacia el mundo y sentir las cualidades de "lo otro". Con ésto nos aseguramos a nosotros mismos de que existimos. "Si puedo sentir eso ahí afuera, entonces yo tengo que estar aquí."

Siempre que sucede algo tratamos de determinar si la situación es seductora, amenazadora o neutral. Siempre que ocurre una separación repentina, siempre que hay, pues, una sensación de no saber cuál es la relación entre "esto" y "aquello", tendemos a buscar a tientas algún fundamento. Así comenzamos a establecer el mecanismo eficientísimo de la sensación, el segundo skandha.

El siguiente mecanismo que se utiliza para fortalecer aún mas el ego es el tercer skandha, la percepción-impulso[7]. En esta etapa comenzamos a fascinarnos con nuestra propia creacion: los colores y las energías estáticas. Porque queremos relacionarnos con ellos, paulatinamente comenzamos a explorar nuestra creación.

Para poder explorar eficazmente, tiene que haber algún mecanismo como el de un tablero de conmutadores, que nos sirva de instrumento de mando para el mecanismo de la sensación. La sensación transmite información al cuadro de distribución central, el cual es el acto de percepción. Sobre la base de esta información, formamos nuestros juicios y reaccionamos. El que vayamos a reaccionar de una manera o de otra –a favor, en contra o neutralmente– es algo que determina automáticamente esta burocracia de la sensación y la percepción. Si la situación nos parece amenazadora, trataremos de suprimirla. Si nos parece seductora, trataremos de atraerla hacia nosotros. Si nos parece neutral, permaneceremos indiferentes. Éstos son los tres tipos de impulso: animosidad, deseo y estupidez[8]. Así pues, en este skandha, el aspecto de percepción es el acto de recibir la información del mundo exterior; mientras que, cuando hablamos del aspecto de impulso nos referimos a nuestra respuesta a esa información.

El siguiente paso es el cuarto skandha, la concepción[9]. El skandha de percepción-impulso es una reacción automática ante una sensación puramente empírica. Sin embargo, este tipo de reacción en realidad no bastaría como defensa para proteger nuestra ignorancia y garantizar nuestra seguridad. Para poder protegernos eficazmente, y engañarnos completa y cabalmente, necesitamos del intelecto, la habilidad de nombrar y clasificar las cosas. Así aprendemos a rotular las cosas y los acontecimientos como "buenos", "malos", "bonitos", "feos", etc., de acuerdo con qué impulso nos parezca apropiado a cada situación.

De esta manera la estructura del ego se hace paulatinamente más y más pesada, más y más fuerte. Hasta aquí, el crecimiento del ego ha sido meramente un proceso de acción y reacción; pero, a partir de este momento, el ego crece gradualmente, se desarrolla más allá del instinto simio y se hace algo mas sutil. Comenzamos a utilizar la especulación intelectual para confirmarnos o interpretarnos, para colocarnos en ciertas situaciones lógicas o interpretativas. La naturaleza básica del intelecto es muy lógica. Claramente habrá una tendencia a trabajar en pos de una condición positiva; una tendencia a confirmar nuestra experiencia, interpretar la debilidad de manera que parezca fuerza, construir una lógica de la seguridad, confirmar lo que nos dice nuestra propia ignorancia.

En cierto sentido se podría decir que la inteligencia primordial funciona todo el tiempo, pero ahora la utiliza la fijación dualista, la ignorancia. En las primeras etapas de la formacion del ego esta inteligencia funciona como la nitidez intuitiva de la sensación. Luego funciona en su aspecto de intelecto. Pero, de hecho, parece que no hay tal cosa como el ego; no hay tal cosa como el "soy" Se trata meramente de la acumulación de muchas cosas distintas. Es "una obra de arte brillantísima", es el producto de un intelecto que dice: "Démosle un nombre. Vamos a apodarlo. Llamémosle 'yo soy'", lo cual es una idea muy ingeniosa.

El "yo" es el producto de este intelecto. Es el rótulo que sirve para unificar en un todo los elementos desorganizados y dispersos que forman el ego.

La última etapa en la formación del ego es el quinto skandha, la conciencia[10]. En este nivel ocurre una amalgamación: la inteligencia intuitiva del segundo skandha,la energía del tercero y la intelectualización del cuarto se combinan para producir pensamientos y emociones complejos. Así, en el quinto skandha encontramos los seis ámbitos de los sentidos[11] junto a los hábitos incontrolables e ilógicos del pensamiento discursivo. Con esto completamos nuestro cuadro del ego. Todos nos encontramos en esta última etapa cuando nos acercamos al estudio de la psicología y la meditación budista.

En la literatura budista hay una metáfora que se utiliza comúnmente para describir todo este proceso de creación y formación del ego. Se nos habla de un mono encerrado en una casa vacía. Ésta tiene cinco ventanas, cada una de las cuales representa uno de los cinco sentidos. Es éste un mono curioso que se pasa el tiempo asomando la cabeza por las ventanas, saltando nerviosamente para arriba y para abajo, para un lado y para otro. Es un mono cautivo en una casa vacía, en una casa sólida. No es la selva en la cual el mono saltaba y se mecía. No son los árboles en los que soplaba el viento y murmuraban las ramas. Todas estas cosas han sido solidificadas completamente; de hecho, la selva misma se ha convertido en una casa sólida, en la prisión de este mono. En vez de balancearse en un árbol, este mono curioso se ha encerrado en un mundo sólido, como si algo fluido, una cascada rápida, dramática y bella se hubiese congelado repentinamente. Este hogar congelado, hecho de colores y energías congeladas, está completamente quieto. Éste parece ser el momento en el cual comienza el tiempo, con su pasado, su futuro y su presente. El flujo de las cosas se convierte en un tiempo sólido y tangible, en una idea sólida del tiempo.

También este mono curioso pierde el sentido y olvida su selva prístina. Despierta de su desmayo, pero no despierta completamente. Despierta sólo para encontrarse atrapado dentro de un hogar sólido, claustrofóbico que sólo tiene cinco ventanas. Se aburre como si estuviera atrapado tras las barras ferreas de un zoológico, y trata de explorar esas barras trepando por las paredes. El que haya sido capturado no tiene importancia especial alguna, pero la idea que el tiene de esa captura se magnifica miles de veces debido a que el mono está fascinado con ella. Si uno termina fascinado con su propia captura, la sensación de claustrofobia se hace cada vez más vívida, más y más exacta, porque uno comienza a explorar su propia prisión. De hecho, la fascinación es parte de la razón por la cual permanecemos prisioneros. Uno queda atrapado por la fascinación. Desde luego que, al principio, ese desmayo repentino le hizo creer en el mundo sólido, pero ahora, en vez de dar la solidez por sentada, se ve atrapado en ella por su apego emocional a ella.

Desde luego que el mono curioso no se pasa todo el tiempo explorando. Comienza a sentirse agitado, comienza a sentir que hay algo demasiado repetitivo y aburrido en todo esto, y comienza a ponerse neurótico. Deseoso de tener algún entretenimiento, trata de sentir y apreciar la textura de la pared intentando asegurarse de que este objeto que parece sólido es realmente sólido. Entonces, una vez que se ha asegurado de que el espacio es sólido, el mono comienza a relacionarse con él en terminos de avidez, rechazo o desconocimiento. Si trata de asirse al espacio para poseerlo como su propia experiencia, su propio descubrimiento, su propio entendimiento, esto es el deseo. Por otro lado, si el espacio le parece una prisión, de tal manera que comienza a tratar de salir de él a golpes y patadas, luchando cada vez más intensamente, entonces se trata del odio. Este odio no consiste solamente en la actitud mental destructiva, sino que es más bien un cierto sentimiento defensivo, el querer defenderse de la claustrofobia. El mono no siente necesariamente que hay un rival, un enemigo que le acecha, sencillamente quiere huir de su prisión.

Pero, finalmente, es posible que el mono quiera darse por desentendido de su condición de prisionero o puede que quiera hacer caso omiso del hecho de que se siente atraído por algo seductor en su ambiente. Se hace el distraído y así se vuelve indiferente e indolente en su relación con lo que sucede alrededor de él. Ésta es la ignorancia.

Si volvemos al desmayo de la ignorancia, podemos decir que el mono nace en esta casa cuando despierta de ese desmayo. No sabe cómo llegó a esta prisión, así que supone que siempre ha estado allí, pues ha olvidado ya que fue él mismo quién hizo del espacio una prisión de paredes sólidas. Después de esto, comienza a sentir la textura de las paredes, lo cual es el segundo skandha, la sensación. Después comienza a establecer relaciones de deseo, odio o estupidez con la casa. Éste es el tercer skandha, la percepción-impulso. Luego, después de hacer crecer estas maneras de relacionarse con la casa, el mono comienza a rotularla y clasificarla: "Ésta es una ventana. Este rincón me es muy agradable. Aquella pared me asusta y es mala". Desarrolla un marco conceptual dentro del cual puede rotular, clasificar y evaluar su casa, el mundo, según desee, odie o se sienta indiferente. Éste es el cuarto skandha, la conceptualización.

El crecimiento del mono en los primeros cuatro skandhas es bastante lógico y predecible. Pero el curso que sigue la formación de los cinco skandhas se hace menos sistemático cuando se entra en el quinto skandha, la conciencia. El ritmo del pensamiento se hace irregular e impredecible y el mono comienza a alucinar, a soñar.

Cuando hablamos de alucinación o sueño, queremos decir que le atribuimos a las cosas y acontecimientos valores que ellos no tienen. Tenemos opiniones definidas sobre la manera de ser de las cosas y sobre cómo deben ser. Esto es lo que llamamos proyección: proyectamos nuestra versión de las cosas sobre lo que verdadeamente está allí. Así llegamos a vernos completamente hundidos en el mundo de nuestra propia creación, un mundo de valores y opiniones en conflicto. La alucinación, en este sentido, es una interpretación errónea de las cosas y los acontecimientos, es el imponerle al mundo fenoménico un significado que éste no tiene.

Esto es lo que comienza a experimentar el mono al nivel del quinto skandha. Después de haber tratado de salir y después de haber fracasado, se siente abatido, impotente, y así comienza a volverse completamente loco; porque está tan cansado de luchar, que es una gran tentación para él entregarse al descanso y dejar que sus pensamientos vaguen y alucinen. Así se crean los Seis Lokas, los Seis Ámbitos Mundanos[12]. En la tradición budista se debate mucho sobre los habitantes de los infiernos, la gente que vive en los paraísos, el mundo humano, el ámbito de los animales, y otros estados psicológicos. Todos estos son diferentes tipos de proyección, los mundos de ensueño que creamos para nosotros mismos.

Después de haber luchado por escapar y haber fracasado, el mono que ha experimentado claustrofobia y dolor comienza a desear algo mejor, algo bello y seductor. Así, el primer ámbito que alucina es el Deva Loka, el Ámbito de los Dioses, "el paraíso", un lugar lleno de cosas bellas y espléndidas. El mono sueña con salir de su casa a dar un paseo, dar una vuelta, pasearse por campos lujuriantes, comer frutas maduras, sentarse y mecerse en los árboles, vivir una vida de libertad y comodidad.

Luego también comienza a sufrir la alucinación del Ámbito de los Ásuras o Ámbito de los Dioses Celosos. Después de tener el sueño del paraíso, el mono quiere defender y mantener su bienaventuranza y felicidad. Sufre de paranoia, porque se preocupa de que otros puedan tratar de quitarle sus tesoros. Así comienza a sentir celos. Se siente muy orgulloso, ha gozado de su creación del Ámbito de los Dioses y ésto lo lleva a los celos del Ámbito de los Ásuras.

Entonces también percibe la cualidad terrena de estas experiencias. En vez de alternar simplemente entre la envidia y el orgullo, comienza a sentirse como en su casa en el "mundo humano", el mundo "terreno". Éste es el mundo en el cual llevamos una vida corriente, haciendo cosas ordinarias de una manera muy terrena. Éste es el Ámbito Humano.

Pero entonces, el mono también siente que algo en esto es un poco insípido, que algo hace de esta condición una condición monótona, que algo no fluye como debería. Por eso es que a medida que progresa desde el Ámbito de los Dioses al de los Dioses Celosos y de ahí al Ámbito de los Hombres, y sus alucinaciones se hacen más y más solidas, el mismo proceso comienza a parecerle pesado y estúpido. Al llegar a este punto nace en el Ámbito Animal. Prefiere arrastrarse, mugir o ladrar antes de disfrutar del placer del orgullo o la envidia. Esta es la sencillez de los animales.

Entonces, el proceso se intensifica y el mono comienza a experimentar una sensación desesperante de hambre, porque en realidad no quiere descender a ningun nivel más bajo. Le gustaría ahora volver a los ámbitos deleitosos de los dioses. Así que comienza a sentir hambre y sed, un sentimiento tremendo de nostalgia por lo que recuerda haber poseído. Éste es el Ámbito de los Espíritus Hambrientos, o Ámbito de los Preta.

Entonces, pierde repentinamente la fe y el mono comienza a dudar de sí mismo y de su mundo. Comienza a reaccionar violentamente. Todo esto es una pesadilla horrible. Se da cuenta de que una pesadilla como ésta no puede ser real y comienza a odiarse a sí mismo por haber creado este horror. Éste es el sueño del Ámbito de los Infiernos, el último de los seis ámbitos.

A través de toda la formación de los seis ámbitos el mono ha tenido toda clase de pensamientos discursivos, ideas, fantasías y configuraciones mentales. Hasta el nivel del cuarto skandha, este proceso de evolución psicológica ha sido muy regular y predecible; desde el primer skandha hasta el cuarto, cada desarrollo posterior surge de una manera sistemática, como las tejas superpuestas de un techo. Pero, con el quinto skandha y el surgir de los seis ámbitos, el estado mental del mono se ve torcido y desequilibrado, según estalla el rompecabezas de su pensamiento, y sus hábitos mentales se hacen irregulares e impredecibles. Ésta parece ser la condición mental de todos nosotros cuando venimos por primera vez a las enseñanzas y a la práctica de la meditación. Éste es necesariamente el punto de partida para nuestra práctica.

Creo que es muy importante discutir las bases del

sendero –el ego, nuestra confusión– antes de hablar de la liberación y la libertad. Si me limitase a discutir la experiencia de la liberación, eso sería muy peligroso. Por eso es que comienzo por considerar la formación del ego. Es como si presentara cierto tipo de retrato psicológico de nuestros estados mentales. Me temo que ésta no ha sido una charla particularmente bella. Pero tenemos que enfrentarnos a los hechos. Ésta parece ser la naturaleza del proceso de trabajar en el sendero.

P: ¿Podría agregar algo más sobre lo que quiere usted decir con el "desmayo"?

R: No es nada especialmente profundo. Es meramente que al nivel del primer skandha ya hemos trabajado muy duro tratando de solidificar el espacio. Hemos trabajado tan duro y con tanta velocidad que la inteligencia de pronto se desploma. En este momento se da algo así como un satori a la inversa, una experiencia de despertar inversa, la experiencia de la ignorancia. De pronto uno cae en un trance porque ha trabajado demasiado. Esto es algo que uno literalmente logra por sí solo; es una obra maestra toda esta solidez. Y después de lograrla completamente, de pronto uno se siente agobiado por ella. Es una meditación de cierto tipo, una suerte de samadhi a la inversa.

P: ¿Cree usted que es necesario que uno tenga conciencia de la muerte para poder vivir realmente?

R: No creo que se necesite ninguna conciencia especial de la muerte en el sentido de analizarla, pero es menester percibir lo que uno es. A menudo tendemos a buscar solamente el lado positivo, el aspecto bello de la espiritualidad y pasar por alto lo que somos realmente. Éste es el peligro mayor. Si nos dedicamos al autoanálisis, nuestra práctica espiritual se dirige a hallar algún tipo de análisis último, un autoengaño último. La inteligencia del ego es un talento poderosísimo. Puede distorsionar cualquier cosa. Si uno se aferra a las ideas de la espiritualidad, del autoanálisis o de trascender el ego, de inmediato el ego se hace cargo de ellas y las convierte en autoengaño.

P: Ver la pared que nos encierra, reconocer que estamos encerrados por ella, y no querer salir: esto me parece una posición muy peligrosa.

R: Lo que he estado tratando de decir es precisamente lo contrario, no es peligrosa. Puede que sea dolorosa en el momento en el cual uno se dá cuenta de que la pared es sólida y que uno está atrapado por ella, pero éste es el aspecto más interesante.

P: Pero, ¿no decía usted hace un momento que el querer volver a otro estado, al espacio abierto, es algo instintivo?

R: Desde luego, pero este mono no se deja a sí mismo ser lo que es. Continuamente lucha, o se ve enredado en las alucinaciones. Nunca ceja, nunca se permite sentir nada correctamente. Ése es el problema. Por eso es que el detenerse, el darse cierto tiempo vacío, permitirse cierto intervalo, es el primer paso en la práctica de la meditación.

P: Supongamos que uno tiene cierta barrera, cierta inhibición y uno es muy consciente de ella. ¿Podrá desaparecer la inhibición por el mero conocimiento que uno tiene de ella?

R: Lo que quiero decir es que no debemos intentar razonar la manera en que hemos de escapar del dilema, sino que, por el momento, tenemos que pensar en las habitaciones claustrofóbicas en las cuales estamos. Éste es el primer paso en el aprendizaje. Tenemos que identificarnos realmente y sentirnos adecuadamente. Esto nos proveerá la inspiración para continuar el estudio. Pero mejor no hablar de la liberación todavía.

P: ¿Diría usted que estas habitaciones claustrofóbicas son ficciones intelectuales?

R: La fuerza de la inteligencia primordial es lo que desata o provoca nuestras actividades todo el tiempo. Todas estas actividades del mono, por lo tanto, no se pueden considerar como algo de lo cual debamos escapar sino como algo que es el producto de la inteligencia primordial. Mientras más tratemos de luchar, más descubriremos que las paredes realmente son sólidas.

Mientras más energía se invierta en esta lucha, tanto más se fortalecerán las paredes, porque éstas necesitan de nuestra atención para solidificarse. Siempre que le prestamos más atención a las paredes comenzamos a sentir más intensamente la imposibilidad de nuestra escapatoria.

P: ¿Qué percibe el mono cuando se asoma por las cinco ventanas de su hogar?
R: Pues percibe el este, el oeste, el sur y el norte.

P: ¿Cómo ve esos puntos cardinales?
R: Como un mundo cuadrado.

P: Pero, ¿qué ve fuera de la casa?
R: Pues un mundo cuadrado también. Porque ve a traves de ventanas cuadradas.

P: ¿No ve nada a lo lejos?
R: Puede quc sí, pero también será una imagen cuadrada. Porque es como colgar un cuadro de la pared. ¿No?

P: ¿Qué le sucedería al mono si tomase LSD o peyote?
R: Ya los ha tomado.

P: Cuando el mono comienza a alucinar, ¿se trata de algo que ha conocido antes? ¿De dónde proviene esta alucinación?
R: Es cierto tipo de instinto, un instinto secundario, al que he llamado el instinto simio. Si sentimos dolor, entonces nos alucinamos con el placer, como un contraste. Sentimos un impulso de defendernos a nosotros mismos, de establecer nuestro propio territorio.

P: Tal como nos encontramos ahora, equipados solamente con el nivel de conciencia que tenemos al presente, ¿no estamos condenados a luchar y batallar inútilmente mientras no regresemos al ámbito del espacio que usted ha descrito?
R: Desde luego que estamos en una lucha constante y que no tiene fin. Podríamos continuar hablando por

siempre sobre la serie de luchas que tendríamos que soportar. No hay ninguna respuesta excepto la que usted ha dado: tratar de redescubrir el espacio primordial. De otra manera estamos atorados en la actitud psicológica que opone "esto" a "aquello", y que es nuestro mayor impedimento. Constantemente batallamos con un contrincante; no hay ningún momento en el cual no se guerree. El problema es la dualidad, la guerra entre el "yo" y "mi contrincante".

La práctica de la meditación es una manera de proceder completamente distinta de la anterior. Uno tiene que cambiar totalmente su actitud y su manera de conducir la vida, uno tiene que cambiar, por decirlo así, toda su política hacia el mundo. Esto podría ser un proceso muy doloroso. De repente uno comienza a darse cuenta de grandes problemas: "Si no lucho, ¿cómo voy a enfrentarme a mis enemigos? Claro que parece muy bonito que yo no luche; pero y ellos, ¿qué van a hacer? Ellos todavía van a estar allí como mis enemigos". Éste es el aspecto verdaderamente interesante de todo esto.

Los seis ámbitos

Habíamos dejado al mono, en nuestra última charla, en el ámbito de los infiernos, tratando de abrirse paso a patadas, garrotazos y empellones a través de las paredes de su hogar. Las experiencias del mono en el Ámbito de los Infiernos son sumamente aterradoras y horripilantes. Tiene que caminar a través de campos inmensos de hierro al rojo vivo; lo tienen encadenado, y le marcan el cuerpo con lineas negras para cortarlo en pedazos; lo tienen asándose en cubículos de hierro candente o hirviendo en gigantescas calderas. Éstas y otras alucinaciones de los infiernos resultan de un ambiente de claustrofobia y agresividad. Hay cierta sensación de hallarse atrapado en un espacio reducido, sin aire que respirar, sin lugar para moverse. Como se halla atrapado, el mono no trata solamente de tumbar las paredes de su prisión claustrofóbica, sino que incluso intenta matarse como un modo de escapar de su dolor agudísimo y constante. Pero en realidad no puede matarse a sí mismo y sus intentos de suicidio solamente logran intensificar su tortura. Mientras más lucha el mono por destruir o dominar las paredes, más sólidas y oprimentes se hacen, hasta que llega al punto en el cual su agresividad pierde un poco de intensidad, y en vez de batallar con las paredes deja de relacionarse con ellas, deja de comunicarse con ellas. El mono se paraliza, se congela, permanece hundido en el dolor sin luchar para escapar de él. Entonces experimenta las torturas de otros infiernos en los que se sufre frío intenso y se habita en tierras hostiles, yermas y desoladas.

Sin embargo, a la larga, el mono comienza a agotarse de tanto luchar. La intensidad del Ámbito de los Infiernos comienza a mermar. El mono comienza a sentirse más descansado, y repentinamente ve la posibilidad de una manera de ser más abierta, espaciosa. Ansía esta nueva condición y este deseo constituye el Ámbito de los Espíritus Famélicos, o *Preta Loka*: su deseo de alivio le hace sentirse pobre y hambriento. En el Ámbito de los Infiernos había estado demasiado ocupado luchando como para haber tenido tiempo de pensar en la posibilidad de un alivio. Ahora siente un apetito intenso por una condición más agradable, más espaciosa, y fantasea numerosas maneras de satisfacer su apetito. Puede que se imagine que ve en lontananza un espacio abierto, pero, según se acerca a éste, sólo encuentra un vasto desierto espantoso. Puede que vea en la distancia un árbol frutal, pero según se le acerca, descubre que es estéril, o que alguien lo vigila para que no se lleven sus frutos. O puede que el mono salga volando hacia un valle que parece lozano y fértil, sólo para descubrir al llegar allí que en él pululan insectos venenosos y esta impregnado del olor repugnante de la vegetación podrida. En cada una de sus fantasías barrunta la posibilidad de la satisfacción, tiende la mano para alcanzarla, y en un instante queda defraudado. Cada vez que parece estar a punto de alcanzar el placer, lo despiertan violentamente de su sueño idílico pero su apetito es tan exigente que no se deja desalentar, y continúa creando fantasía tras fantasía sobre su futura satisfacción. El dolor del desengaño lleva al mono a tener una relación ambivalente con sus sueños: le fascinan, pero, a la vez, el desengaño es tan doloroso que le repugnan.

El tormento del Ámbito de los Espíritus Famélicos no estriba tanto en el dolor de no conseguir lo que se quiere, sino que lo que causa el sufrimiento es más bien el apetito insaciable. Probablemente, si el mono hallase grandes cantidades de comida, ni siquiera las tocaría, o se lo comería todo, pero seguiría deseando más. La razón fundamental para ésto, es que el mono se siente fascinado por la condición de tener hambre y no por la posibilidad de *saciarla*. La frustración inmediata que sufre en sus intentos de saciar el hambre le permite permanecer hambriento todo el tiempo. Así, al igual que la agresión del Ámbito de los Infiernos y las ansias de los otros ámbitos, en el Preta Loka el sufrimiento y el apetito proveen al mono con algo excitante que lo mantiene ocupado, algo sólido con lo cual puede relacionarse, algo que lo hace sentirse seguro de que existe como una persona real. Tiene miedo de abandonar su seguridad y su entretenimiento, no se atreve a aventurarse en el mundo desconocido del espacio abierto. Preferiría permanecer en esta prisión que le es conocida sin importarle lo dolorosa y oprimente que sea.

Sin embargo, como el mono se ve frustrado repetidamente en sus intentos de realizar sus fantasías, comienza a sentir resentimiento a la vez que se tiene que resignar. Comienza a abandonar la intensidad del apetito y a dejarse llevar cada vez más por una serie de respuestas habituales ante el mundo. Desprecia otras formas de enfrentarse a las experiencias de la vida, y confía en el mismo grupo de respuestas, porque de esta manera puede limitar su mundo: es como el perro que siempre trata de oler todo lo que encuentra, o como el gato que nunca se interesa en la televisión. Con esto llegamos al Ámbito Animal, el ámbito de la estupidez. El mono se hace el ciego ante todo lo que lo rodea y se niega a explorar territorios nuevos, aferrándose a las irritaciones que le son conocidas. Se ve intoxicado por su propio mundo seguro, familiar y completo en sí mismo. Y así fija la atención en metas conocidas y aspira a ellas con determinación inquebrantable y obstinada. Por eso, se representa el Ámbito Animal con un cerdo. El cerdo no hace otra cosa que comer todo lo que le pongan frente a las narices. No mira a la derecha o a la izquierda, sino que da marcha adelante y no hace nada más. No le importa tener que nadar en un lodazal tremendo, o enfrentarse a otros obstáculos. Sencillamente se abre paso para comerse todo lo que le pongan delante.

Pero a la larga el mono se da cuenta de que puede escoger a gusto sus placeres y dolores. Se va poniendo un poco más inteligente según aprende a discernir entre las experiencias agradables y las dolorosas a fin de aumentar su placer y disminuir su dolor. Éste es el Ámbito Humano o el de la pasión discernidora. Aquí el mono se detiene a considerar qué es lo que desea alcanzar. Se hace más perspicaz, considera las alternativas, reflexiona más y, por lo tanto, anhela y teme más que antes. Éste es el Ámbito Humano, el ámbito de la pasión y el intelecto. El mono se hace más inteligente. No se limita a asirlo todo indiscriminadamente; examina, palpa las texturas, compara las cosas. Si decide que quiere algo, trata de asirlo, acercárselo y poseerlo. Por ejemplo, si el mono quisiera alguna seda preciosa, iría de tienda en tienda examinando la textura de los tejidos en cada una, para ver si encuentra exactamente lo que quiere. Cuando llegase a la tela que correspondiese exactamente a su idea preconcebida, o al menos la que más se acercase a ésta, la acariciaría diciendo: "Ah, ésta sí está bien. ¿No es bella? Creo que vale la pena comprarla". Entonces pagaría por ella y se la llevaría a casa para enseñársela a sus amigos y pedirles que la tocaran y apreciaran la textura de este bello tejido. En el Ámbito Humano el mono se las pasa pensando en cómo puede llegar a poseer las cosas agradables: "Quizá debería comprarme un osito de peluche, para meterlo en la cama conmigo, un osito adorable, blando, peludo, que me de calor".

El mono descubre que, aunque es inteligente y puede manipular su mundo para alcanzar algún placer, todavía no logra retener el placer ni puede conseguir siempre lo que quiere. Conoce la plaga de la enfermedad, la vejez, la muerte, por frustraciones y problemas de todo tipo. El dolor es el compañero fiel de sus placeres.

Así comienza a deducir con cierta lógica la posibilidad de un paraíso, la eliminación total del dolor y la consecución de un placer perenne. Puede que en su versión del paraíso éste consista en la adquisición de la riqueza, el poder o la fama últimas, es decir, lo que más le gustaría a él tener en este mundo. Así termina obsesionado por el éxito y la competencia. Éste es el Ámbito de los Ásuras, el Ámbito de los Dioses Celosos. Aquí el mono sueña con estados ideales que sean superiores a los placeres y dolores del Ámbito Humano y se pasa todo el tiempo tratando de alcanzar estos estados, siempre tratando de ser mejor que los demás. En su lucha constante por lograr algún tipo de perfección, el mono termina dominado por la obsesión de calibrar sus progresos, de compararse con los demás. Como logra mayor dominio sobre sus pensamientos y emociones, y por lo tanto mayor concentración mental, puede manipular su mundo con más éxito que en el Ámbito Humano; pero, la preocupación constante de ser siempre el mejor o ser siempre el amo de cada situación, lo hace inseguro y ansioso. Tiene que luchar constantemente para retener el gobierno de su territorio. Tiene que doblegar todo lo que ponga en peligro el éxito de sus empresas. Lucha constantemente por el dominio de su mundo.

La ambición de la victoria y el temor a la derrota en la batalla lo hacen sentirse vivo, aunque, a un mismo tiempo, son causa de irritación para él. El mono pierde de vista constantemente su meta última, se ve arrastrado por su ambición de ser mejor. La competencia y el éxito le obsesionan. Busca situaciones placenteras y atractivas que parecen estar fuera de su alcance, y trata de atraerlas hacia su propio territorio. Cuando se le hace demasiado difícil alcanzar estas metas, pierde el ánimo y abandona la lucha. Se condena a sí mismo por no disciplinarse, por no poner todas sus fuerzas en lo que está haciendo. Asi, el mono se ve atrapado en un mundo de ideales que nunca se alcanzan, en un mundo de autocensura y temor al fracaso.

Puede que a la larga el mono alcance su meta –ya sea hacerse millonario, el lider de una nación, o un artista famoso–. Al principio, al alcanzar su meta, todavía se siente algo inseguro, pero tarde o temprano comienza a percatarse de que ha logrado lo que quería, de que ha llegado a donde quería llegar, de que está en el paraíso. Entonces comienza a descansar, a apreciar y contemplar sus logros, desterrando todo lo que pueda ser desagradable. Es un estado cuasi-hipnótico, la concentración natural. Este estado de beatitud y soberbia es el *Deva Loka*, o Ámbito de los Dioses. Se dice, en sentido figurado, que los cuerpos de los dioses están hechos de luz. No tienen que preocuparse por las necesidades terrenas. Si quieren hacer el amor quedan satisfechos con una mera mirada o sonrisa. Si quieren comer, fijan el pensamiento en una bella visión de ricos comestibles y ésta les sirve de alimento. Es un mundo tan utópico como los seres humanos esperan que sea. Todo se logra fácil, natural y automáticamente. Todo lo que el mono oye es musical, todo lo que ve es pintoresco, todo lo que siente es agradable. Ha alcanzado cierto tipo de auto-hipnosis, un estado natural de concentración que excluye del pensamiento todo lo que parezca irritante o indeseable.

Entonces el mono descubre que puede sobrepasar los deleites sensuales y las bellezas del Ámbito de los Dioses y penetrar en el estado de *dhyana* o concentración del Ámbito de los Dioses sin Forma, el cual es el estado más sutil que existe en los seis ámbitos[1]. Se da cuenta de que puede lograr un placer puramente mental, el más sutil y duradero de todos los placeres. Se da cuenta de que puede mantener ininterrumpidamente su sentido de un yo sólido mediante la expansión de las paredes de su prisión hasta que éstas parezcan incluir todo el cosmos, con lo cual vence al cambio y a la muerte. Primero contempla la idea de un espacio ilimitado. Observa el espacio ilimitado; se ve a sí mismo aquí, y al espacio ilimitado allá, así lo observa. Impone sobre el mundo esta idea preconcebida, crea un espacio ilimitado y se alimenta de su nueva experiencia. La próxima etapa es la concentración en la idea de la conciencia ilimitada. En esta etapa uno no contempla solamente espacio ilimitado, sino que también contempla la inteligencia que percibe el espacio ilimitado. De esta manera el ego observa el espacio y la conciencia ilimitados desde sus propios cuarteles generales. El imperio del ego se ha extendido al máximo, incluso la autoridad central no puede imaginarse hasta dónde se extienden sus territorios. El ego se hace una bestia enorme, gigantesca.

El ego se ha extendido tan lejos que comienza a perder de vista las fronteras de su territorio. Cada vez que trata de definir sus fronteras, parece excluir parte de su territorio. Finalmente concluye que no hay manera de definir sus fronteras, que la extensión de su imperio no se puede concebir ni imaginar. Como lo incluye todo no puede definirse como esto ni como aquello. Así el ego contempla la idea de "ni esto ni aquello", la idea de que no puede concebirse ni imaginarse a sí mismo; pero, finalmente, incluso este estado mental queda superado cuando el ego se da cuenta de que la idea de que es inconcebible e inimaginable es también una concepción. De este modo, el ego comienza a contemplar la idea de "ni no esto, ni no aquello". Esta idea de la imposibilidad de afirmar nada es algo con lo cual el ego se alimenta, se enorgullece y se identifica. Y es, por lo tanto, algo que el ego utiliza para mantener su propia continuidad. Éste es el nivel más alto de concentración y el logro más elevado que puede alcanzar la mente confundida del samsara.

El mono ha conseguido alcanzar el más alto logro, pero no ha trascendido la lógica dualista de la cual depende todo logro. Las paredes de la casa del mono todavía son sólidas, todavía tienen la cualidad del "otro" en un sentido muy sutil. Puede que el mono haya logrado una armonía y una paz y una felicidad temporales mediante una unión aparente con sus proyecciones, pero todo esto tiene una rigidez sutil, es un mundo cerrado. Él mismo se ha hecho tan sólido como las paredes, ha alcanzado el estado de sentirse un ego absoluto, que llamamos "egoidad"[2]. Todavía está preocupado por asegurarse y exaltarse a sí mismo, todavía está encerrado en ideas y conceptos prefijados sobre el mundo y sobre sí mismo. Todavía toma en serio las fantasías del quinto skandha. Como su estado de conciencia presente se basa en la concentración, en la contemplación del otro, tiene que hacer un esfuerzo por repasar y retener sus logros continuamente: "¡Qué alivio, estar aquí en el Ámbito de los Dioses! Por fin lo logré. Ahora si que lo tengo. Pero, espera un momento... ¿Lo he logrado de veras? Ah, ahí, ahí está. Ahora sí que lo tengo. Yo lo he logrado". El mono cree que ha alcanzado el nirvana, pero, en realidad, sólo ha alcanzado un estado transitorio de egoidad.

Tarde o temprano se acaba el embeleso, y el mono comienza a asustarse, se siente amenazado, confundido, vulnerable y cae en el Ámbito de los Dioses Celosos. Pero la ansiedad y la envidia de este ámbito le resulta abrumadora, y el mono se angustia tratando de entender qué habrá marchado mal. Y esto lo lleva de vuelta al Ámbito Humano. Pero éste también es muy doloroso: la lucha constante por entender lo que sucede, entender que ha marchado mal, meramente sirve para incrementar el dolor y la confusión. Por eso, el mono escapa a la vacilación y la perspectiva crítica del intelecto humano y cae en el Ámbito Animal, en el cual puede limitarse a seguir su vida sin prestarle mucha atención a lo que lo rodea, haciéndose el zorro cloco ante los mensajes que constituyen un reto a la seguridad de seguir vías estrechas y familiares. Pero estos mensajes del ambiente logran penetrar la barrera que él ha levantado, y engendran un apetito por algo más. La nostalgia por el Ámbito de los Dioses va en aumento, y la intensidad de la lucha por volver allí aumenta. El mono fantasea volver a disfrutar los placeres del Ámbito de los Dioses. Pero la satisfacción que deriva de la fantasía de saciar su apetito es breve y pronto se siente con hambre otra vez. Este apetito persiste, hasta que finalmente el mono se ve abrumado por la frustración del hambre constante, y cae en una lucha aun más intensa por satisfacer sus deseos. La agresividad del mono se hace tan intensa que el ambiente que lo rodea responde con igual hostilidad y surge una atmósfera candente y claustrofóbica. El mono se encuentra de vuelta en el infierno, se las ha arreglado para dar una vuelta completa: del infierno al cielo y, de allí, de regreso al infierno. Este ciclo perpetuo de lucha, logro, desilusión y dolor, es el círculo del samsara, la reacción en cadena kármica de la fijación dualista.

Pero, ¿cómo puede escapar el mono a este ciclo de aprisionamiento que parece ser interminable y cerrado? Es solamente en el Ámbito Humano que se da la posibilidad de romper la cadena kármica o el círculo del samsara. El intelecto que poseemos en el Ámbito Humano y la posibilidad de la acción discerniente nos permiten poner en tela de juicio todo el proceso de lucha. Allí se da la posibilidad de que el mono ponga en tela de juicio la obsesión que sufre de relacionarse con alguna cosa, obtener alguna cosa. Le es posible, entonces, dudar de la solidez de los mundos que experimenta. Para conseguir esto, el mono tiene que cultivar una conciencia panorámica y un conocimiento trascendental. La conciencia panóramica le permite ver el espacio en el cual se da la lucha, de tal manera que puede comenzar a

percibir su cualidad irónica y cómica. En vez de limitarse a luchar, comienza a sentir la lucha y percibir su inutilidad. Con la risa ve a través de las alucinaciones. Descubre que cuando no lucha en contra de las paredes éstas dejan de ser repugnantes y duras y son verdaderamente cálidas, blandas y penetrables. Descubre que no tiene que escapar saltando por las cinco ventanas o derrumbando las paredes, que ni siquiera tiene que prestarles atención; puede caminar a través de ellas en cualquier punto. Por eso es que la compasión o *káruna*[3] se describe como "un corazón blando y noble". Éste es un modo de comunicarse blando, abierto y cálido. La claridad y la precisión del conocimiento trascendental permiten al mono ver las paredes de otra manera. Comienza a percatarse de que el mundo nunca estuvo fuera de él mismo, que fue su propia actitud dualista, la separación del "yo" y el "otro" lo que creó este problema. Comienza a comprender que él mismo solidifica las paredes, que él mismo se encierra en su propia ambición. Y entonces comienza a percatarse de que, para escapar de esta prisión, tiene que abandonar su ambición de escapar y tiene que aceptar las paredes tal como son.

P: ¿Qué sucede si uno nunca sintió la necesidad de luchar, si uno nunca ha llegado al punto de querer salir de la casa? Quizá uno tiene un poco de miedo a lo que pueda haber fuera de esas cuatro paredes y por eso las usa como protección.

R: De alguna manera sucede que, si uno es capaz de establecer una relación amistosa con las paredes, deja de haber paredes como tales. Por más que uno quisiera tener paredes para protegerse, ellas ya no estarían allí. Es algo muy paradójico que, mientras más nos disgusta la pared, más fuerte y gruesa se hace, y que, mientras más se traba amistad con la pared, más desaparece.

P: Me pregunto si el dolor y el placer estan en un mismo plano con esta discriminación intelectual entre el bien y el mal, o lo bueno y lo malo. ¿Se debe esta discriminación a una actitud subjetiva?

R: Me parece que el placer y el dolor nacen de un mismo suelo; en general, la gente considera el dolor como malo y el placer como bueno, hasta el extremo de que consideran al placer alegría y beatitud espiritual y lo asocian con los cielos, mientras que al dolor lo asocian con el infierno. De manera que todo esto se hace muy gracioso si uno puede percibir el absurdo y la ironía de tratar de lograr el placer mediante el rechazo del dolor, porque uno le teme al dolor extremo y lucha por alcanzar el placer. Hay cierta falta de sentido del humor en las actitudes que tiene la gente hacia el placer y el dolor.

P: Usted dijo anteriormente que nos alucinamos con el mundo fenoménico y a la vez queremos escapar de él. Tengo entendido que la enseñanza budista dice que el mundo fenoménico es solamente la manifestación de la vacuidad. Entonces, ¿que habría allí para que uno tuviera que escapar de ello?

R: Lo que importa es que el ego percibe el mundo fenoménico como algo real, abrumador, sólido. Puede que de hecho sea una alucinación, pero, en lo que toca al mono, la alucinación es algo muy real y sólido. Desde su confuso punto de vista, hasta el pensamiento se hace muy sólido y tangible. No basta con decir que estas alucinaciones no existen, porque "la forma es el vacío y el vacío es la forma"[4]. Trate usted de decirle eso a un mono neurótico. En lo que a él concierne, la forma existe como una forma sólida y pesada. Para él es real, porque está tan obsesionado con ella que no se permite verla de otra manera. Está demasiado ocupado tratando de reforzar continuamente su propia existencia. Nunca deja que se abra una brecha. Así, no hay lugar para la inspiración, para ver otros aspectos, para mirar la situación desde otros puntos de vista. Desde el punto de vista del mono, la confusión es *real*. Cuando uno tiene una pesadilla, en ese preciso instante es una realidad terriblemente espantosa; sin embargo, cuando uno recuerda luego esa experiencia, parece haber sido meramente un sueño. No se pueden usar dos tipos de lógica simultaneamente. Hay que ver el aspecto confuso en su totalidad para poder ver más allá de él, para poder ver cuán absurdo es.

Las Cuatro Verdades Nobles

Luego de pintar un cuadro colorido del mono y sus muchas cualidades –curiosidad, apasionamiento, agresividad, etc.–, podemos examinar en detalle qué puede hacer este mono para salir de su apuro.

Uno llega a entender y trascender el ego valiéndose de la meditación para desandar el proceso de formación de los cinco skandhas. La última etapa en el desarrollo del quinto skandha son los hábitos de pensamiento neuróticos e irregulares que constantemente revolotean en nuestra mente. Muchas clases distintas de pensamiento surgen cuando el mono tiene la alucinación de los seis ámbitos: pensamientos discursivos, pensamientos que saltan como grillos, pensamientos que parecen espectáculos, pensamientos que parecen películas cinematográficas, etc. Es este estado de confusión el que ha de ser nuestro punto de partida y para poder clarificar la confusión sería útil examinar los conceptos de las "Cuatro Verdades Nobles", con las cuales el Buda hizo girar "la Rueda del Dharma" por vez primera.[1]

Las Cuatro Verdades Nobles son: la verdad del sufrimiento, la verdad del origen del sufrimiento, la verdad de la meta y la verdad del sendero. Comenzaremos con la verdad del sufrimiento, lo cual significa que tenemos que comenzar con la confusión y la demencia del mono.

Tenemos que comenzar con la actualidad del *duhkha*, una palabra sánscrita que significa "sufrimiento", "insatisfacción" o "dolor". La insatisfacción ocurre porque el pensamiento da vueltas de tal manera que parece que su girar no tiene principio ni fin. Los procesos del pensamiento continúan y continúan: pensamientos del pasado, pensamientos del futuro, pensamientos del momento presente. Esto genera irritación. Los pensamientos nacen incitados por la insatisfacción, pero también son idénticos a ella, al duhkha, a ese sentimiento que se repite constantemente de que algo hace falta, de que algo en nuestras vidas está incompleto. De alguna manera algo no está completamente bien, algo no es suficiente. Así nos pasamos el tiempo tratando de llenar el vacío, de arreglar las cosas, de hallar ese poco más de placer o seguridad. La acción continua de la lucha y la preocupación resulta demasiado irritante y dolorosa. A la larga, uno comienza a irritarse por el mero hecho de ser "yo".

Así pues, entender la verdad del duhkha es lo mismo que entender la neurosis de nuestra mente. Se nos empuja aquí y allá con gran fuerza: ya sea cuando comemos, cuando dormimos, trabajamos o jugamos; no importa qué estemos haciendo, la vida lleva consigo el duhkha, la insatisfacción, el dolor. Si disfrutamos algún placer, tememos perderlo; luchamos por alcanzar más y más placer o tratamos de retener el que ya tenemos. Si sufrimos algún dolor, tratamos de escapar de él. Constantemente estamos experimentando alguna insatisfacción. Todas nuestras actividades contienen, de manera ininterrumpida, insatisfacciones y dolores.

De alguna manera terminamos por encauzar nuestras vidas por caminos que nos privan del tiempo necesario para saborear la vida. Todo el tiempo estamos ocupados, continuamente estamos en busca del próximo instante, nuestras vidas se caracterizan por el querer asirnos de algo continuamente. Esto es el duhkha, la Primera Verdad Noble. Por eso, el primer paso en el sendero consiste en entender y enfrentarse al sufrimiento.

Una vez que cobramos conciencia plena de nuestra insatisfacción, comenzamos a buscar la razón o causa, el origen de esa insatisfacción. Mediante un examen de nuestros pensamientos y actos descubrimos que estamos en una lucha continua por mantener y aumentar nuestros egos. Nos damos cuenta de que esta lucha es la raíz del sufrimiento. Entonces tratamos de entender el proceso de esta lucha; es decir, la manera como el ego crece y funciona. Este entendimiento es la Segunda Verdad Noble, la verdad del origen del sufrimiento.

Como dijimos en los capítulos que trataron del materialismo espiritual, muchas personas cometen el error de pensar que, como el ego es la raíz del sufrimiento, la meta de la espiritualidad tiene que ser la conquista y destrucción del ego. Luchan por eliminar el dominio del ego, pero, como descubrimos antes, esa misma lucha es otra manifestación del ego. Seguimos andando en círculos, intentando mejorar mediante la lucha, hasta que nos damos cuenta de que la misma ambición de mejorar es nuestro problema. Se dan momentos de comprensión solamente cuando hacemos un alto en la lucha, cuando dejamos de tratar de librarnos del pensamiento, cuando dejamos de preferir los pensamientos piadosos y buenos a los malos e impuros, sólo cuando nos permitimos ver la naturaleza del pensamiento.

Comenzamos a darnos cuenta de que tenemos cierta cualidad de cordura y despertar. De hecho, esta cualidad se manifiesta solamente en la ausencia de lucha. Así descubrimos la Tercera Verdad Noble, la verdad de la meta; es decir, la ausencia de la lucha afanosa. Basta con abandonar el esfuerzo que hacemos por afianzarnos y solidificarnos y el estado de despertar se hace presente. Pero pronto nos damos cuenta de que este "abandonar" se logra solamente por períodos muy breves. Necesitamos algún tipo de disciplina que nos lleve a "dejarnos ser" sin esfuerzos y afanes. Tenemos que seguir un sendero espiritual. El ego se tiene que desgastar, como un zapato viejo, transitando el sendero que va desde el sufrimiento hasta la liberación.

Examinemos, pues, este sendero espiritual, la práctica de la meditación, la Cuarta Verdad Noble. La práctica de la meditación no consiste en un intento de entrar en un estado mental de trance, ni es un intento de absorberse en un objeto particular. En India, como en Tíbet, surgió un supuesto sistema de meditación que podríamos llamar "concentración". Con esto queremos decir que esta práctica de meditación se basa en enfocar el pensamiento en un punto para lograr un dominio mayor de la mente y mayor concentración. En tales prácticas el discípulo escoge un objeto para mirarlo con fijeza, pensar en él o visualizarlo, y entonces pone toda su atención en él. Según hace esto, tiende a forzarse a lograr cierto tipo de serenidad mental. Pero a este tipo de práctica yo la llamo "gimnasia mental", porque no trata de enfrentarse a la totalidad de una situación vital determinada. Se basa por entero en *esto* o *aquello*, sujeto y objeto, en vez de trascender la visión dualista de la vida.

La práctica del verdadero *samadhi*, por el contrario, no supone concentración[2]. Es sumamente importante entender este punto. Las prácticas de concentración sirven, en su mayor parte, para reforzar el ego, aunque ése no sea el fin que se persigue con ellas. La concentración se practica con una meta y un propósito particulares, por eso nos lleva a centrarnos en el «corazón». Es decir, aunque nos proponemos concentrarnos en una flor, piedra o llama, y miramos el objeto fijamente, la mente se recoge en el corazón en la medida de lo posible. Estamos tratando de intensificar el aspecto sólido de la forma, sus cualidades de estabilidad y quietud. A la larga, este tipo de práctica podría ser peligroso. Uno podría ensimismarse de una manera demasiado solemne, fija o rígida, aunque esto depende en gran medida de la fuerza de voluntad de la persona que medita. Este tipo de práctica no conduce a la apertura y a la energía, ni conduce al desarrollo del sentido del humor. Es demasiado pesada; podría hacerse muy dogmática, en el sentido de que los que la practican piensan en términos de imponerse una disciplina.

Creemos que es necesario ser serios y solemnes. Esto hace que nuestro pensamiento tienda a buscar la competencia –mientras más encarcelemos nuestros pensamientos, más éxito tendremos–, lo cual nos lleva a un enfoque autoritario, dogmático. Esta manera de pensar, que siempre mira hacia el futuro, es un rasgo habitual del ego: "Quisiera ver tales y tales resultados. Tengo una teoría o un sueño ideales que quiero hacer realidad". Tendemos a vivir en el futuro, nuestra visión de la vida toma el color de nuestra esperanza de alcanzar una meta ideal. Esta esperanza nos hace pasar por alto la precisión, la apertura y la inteligencia del presente. La meta idealizada nos fascina, nos ciega y nos abruma.

La tendencia del ego a buscar la competencia se puede ver en el mundo materialista en el cual vivimos hoy. Si queremos hacernos millonarios, primero tratamos de hacernos millonarios en un plano psicológico. Comenzamos por imaginarnos a nosotros mismos como millonarios, entonces trabajamos con ahínco por alcanzar esa meta. Nos empujamos hacia ella, sin que nos importe si podemos o no alcanzarla. Este enfoque nos venda los ojos, nos hace insensibles al momento presente, porque vivimos demasiado en el futuro. Podemos acercarnos a la práctica de la meditación con estas mismas actitudes erróneas.

Puesto que la verdadera práctica de la meditación es una manera de escapar de las trabas del ego, el primer punto importante es no fijar el pensamiento en el logro futuro del estado mental del despertar. La práctica de la meditación, en su totalidad, se basa esencialmente en la situación del momento presente, el aquí y el ahora, y significa trabajar con esta situación, este estado mental presente. Cualquier práctica de meditación cuya meta sea trascender el ego, dirige la mirada al momento presente. Por eso son formas de vivir muy eficaces. Si uno está plenamente consciente de su estado de ser presente y de la situación que lo rodea, nada se le escapa. Podemos valernos de más de una técnica de meditación para producir este tipo de conciencia, pero las técnicas son sólo instrumentos para escapar de las trabas del ego. Las técnicas son como los juguetes que se le dan a un niño. Cuando el niño se hace adulto, el juguete se desecha. Entretanto, la técnica es necesaria como un medio para cultivar la paciencia y abstenernos de soñar con las "experiencias espirituales". Toda la práctica tiene que basarse en una relación entre uno mismo y el presente.

No es necesario que nos obliguemos a practicar la meditación, basta con dejarnos ser. Si se practica de esta manera, surge automáticamente una sensación de espaciosidad y ventilación, que es la manifestación de la naturaleza búdica o inteligencia básica que se está abriendo paso a través de la confusión. Entonces comienza uno a descubrir que entiende «la verdad del sendero», la Cuarta Verdad Noble, que no es nada más que sencillez, como la de ser consciente de que andamos. Primero se cobra conciencia de que estamos de pie; luego, se cobra conciencia de que el pie derecho se levanta, se mece, toca el suelo, empuja contra el suelo; entonces es el pie izquierdo el que se levanta, se mece, toca el suelo, empuja. Descubrimos una gran cantidad de detalles en la simplicidad y la nitidez de estar en este mismo momento, aquí y ahora.

Y lo mismo sucede en la práctica de la conciencia de la respiración. Se cobra conciencia del aliento cuando pasa por las fosas nasales al inspirar; luego, cuando se expira, y finalmente se lo ve disolverse en la atmósfera. Es un proceso muy lento y detallado y su simplicidad supone una precisión muy aguda. Si una acción es simple, entonces logramos ver su precisión. Comenzamos a darnos cuenta de que todo lo que hacemos en nuestras vidas diarias es bello y significativo.

Si uno sirve una taza de té, es consciente de que extiende el brazo, de que la mano toca la tetera, la levanta y vierte el agua. Finalmente el agua cae en la taza y la llena, y uno deja de echar el agua y pone la tetera en su sitio, precisamente, como en la ceremonia del té de los japoneses. Uno cobra conciencia de que cada momento preciso tiene su propia dignidad. Hace mucho que nos olvidamos de que nuestras actividades pueden ser simples y precisas. Cada acto de nuestras vidas puede contener sencillez y precisión y así poseer belleza y dignidad extraordinarias.

El proceso de comunicación puede ser bello, si lo entendemos en términos de su simplicidad y precisión. Cada pausa que se hace al hablar expresa una puntuación específica. Se habla, se abre un espacio; se habla, se abre un espacio. No tiene que ser necesariamente una ocasión formal o solemne, pero es algo bello el no hablar de prisa, no hablar a una velocidad tremenda, estridentemente. No hay que producir información como una máquina y obligarse entonces a parar de pronto, con cierto sentido de decepción, para conseguir una reacción de la otra persona. Nos podríamos comunicar de una manera digna y correcta. Sólo hace falta abrir espacios. En la comunicación con nuestros semejantes, el espacio es tan importante como hablar. No hay que sobrecargar a la otra persona con palabras, ideas y sonrisas al mismo tiempo. Se puede abrir un espacio, sonreír, decir algo, y entonces abrir otro espacio, hablar y otro espacio, la puntuación. Imagínense cómo sería si escribiéramos cartas sin puntuación. Nuestra comunicación sería bastante caótica. Al abrir espacios no hay que hacerlo de manera consciente o rígida, basta con sentir el fluir natural de los espacios.

Esta práctica de ver la precisión de las situaciones en cada momento, mediante métodos como la conciencia del andar, se llama *shámatha* (Pali: *sámatha*)[3]. La meditación de shámatha se suele asociar con el sendero del hinayana, o "vehículo menor", el sendero estrecho o disciplinado. Shámatha significa "sosiego". Tenemos una historia sobre el Buda en la cual se nos relata cómo le enseñó a una aldeana a cultivar este tipo de conciencia mediante la actividad de sacar agua de un pozo. Le enseñó a estar consciente de cada movimiento de sus manos y brazos según sacaba el agua. Este tipo de práctica es un intento de ver la cualidad presente, el "ahora", de cada acto, por eso se le conoce como "shámatha", el cultivo de la serenidad. Cuando uno ve la cualidad presente del "ahora", de cada momento, no hay cabida para ninguna otra cosa que no sea la apertura y la paz.

P: ¿Podría usted decir algo más sobre cómo se deja que haya aperturas? Entiendo lo que usted quiere decir, pero no entiendo cómo surgen estas aperturas o espacios, cómo puede uno dejar que ocurran. ¿Cómo es que uno "deja ser" las cosas?

R: De hecho, esta pregunta nos lleva al próximo tema, el análisis del sendero del bodhisattva, el sendero de compasión y libertad del mahayana, el sendero amplio. Sin embargo, si respondemos a esta pregunta desde el punto de vista del hinayana, es decir, desde el punto de vista de la simplicidad, uno debe quedar completamente satisfecho con cualquier situación que surja y no esperar que alguna fuente externa le provea el entretenimiento. Casi siempre, cuando hablamos, no queremos una respuesta o reacción. Queremos que la otra persona nos nutra, lo que constituye una manera de comunicarse sumamente egocéntrica. Tenemos que abandonar este deseo de que nos nutran, entonces surgirá automáticamente la apertura. No podemos producirla con un esfuerzo consciente.

P: Usted dijo que tenemos que prepararnos para entrar en el sendero, que no podemos entrar de prisa, que hay que hacer pausas. ¿Podría decirnos algo más sobre esta preparación?

R: Al principio tenemos la sensación de que la búsqueda espiritual es algo muy bello, algo que dará respuesta a todas nuestras preguntas. Tenemos que ir más allá de este tipo de esperanza y expectativa. Puede que esperemos que nuestro maestro resuelva todos nuestros problemas, alivie todas nuestras dudas. Pero cuando nos encontramos frente al maestro, éste no contesta a todas nuestras preguntas. Deja muchas cosas para que nosostros las resolvamos solos, con lo cual sufrimos una gran decepción y una gran desilusión.

Tenemos muchas esperanzas, especialmente si vamos en busca de un sendero espiritual y terminamos enredados en el materialismo espiritual. Tenemos la esperanza de que la espiritualidad nos traiga la felicidad y la comodidad, la sabiduría y la salvación. Esta manera literal, egocéntrica de ver la espiritualidad tiene que invertirse radicalmente. Así, si finalmente abandonamos toda esperanza de alcanzar cualquier tipo de iluminación, entonces, en este preciso instante, comienza a abrirse el sendero. Es una situación similar a la de esperar que llegue alguien. Uno está a punto de perder toda esperanza de que llegue, uno comienza a pensar que la idea de su llegada era una simple fantasía, que nunca tuvo intenciones de venir. En el instante en el cual uno abandona toda esperanza, aparece la persona esperada. En el sendero espiritual sucede algo muy parecido. Se trata de agotar toda expectativa. Se necesita paciencia. No hace falta empujarse con mucha fuerza en el sendero, sino esperar, dejar que haya un espacio, un intervalo, no afanarse mucho en comprender la "verdad". Es necesario percibir primeramente los motivos de nuestra búsqueda espiritual. La ambición no es necesaria si vamos a comenzar en el sendero libres de prejuicios, con una actitud que trascienda el "bien" y el "mal" por igual.

Cuando comenzamos a entender el origen del duhkha surge una sed insaciable por el conocimiento. Surge un impulso irresistible por ir más allá del sufrimiento. Si nos esforzamos más de la cuenta, el sendero espiritual se convierte en el sendero del dolor, de la confusión, del samsara; porque estamos muy ocupados con tratar de salvarnos. Tenemos demasiadas ansias de aprender algo, estamos demasiado preocupados con nuestra propia ambición de progresar en el sendero, en vez de dejarnos ser, en vez de examinar todo el proceso antes de comenzar. Lo necesario no es partir precipitadamente en el sendero, sino prepararse adecuada y cabalmente. Solamente esperar. Esperar y examinar el proceso de la "búsqueda espiritual". Dejar que se abra una brecha.

Lo más importante es comprender que tenemos esta inteligencia básica que brilla a través de nuestra confusión. Consideremos de nuevo el símil del mono. Quería escapar de su propia casa y así se obsesionó con escapar; examinaba las paredes y las ventanas, trepaba de arriba a abajo. La energía extraordinaria que mueve al mono es la inteligencia primigenia, que nos empuja hacia el mundo exterior. Esta inteligencia no es como una semilla que haya que cultivar. Es más bien como el Sol que brilla a través de un hueco en las nubes. Cuando dejamos un espacio, entonces el entendimiento espontáneo, intuitivo de cómo comportarnos en el sendero se nos da repentina y automáticamente. Ésta fue la experiencia del Buda. Después de estudiar numerosas disciplinas yóguicas con muchos maestros hindúes, se dio cuenta de que no podría alcanzar un estado de despertar completo meramente tratando de poner en práctica estas técnicas. Por eso, cejó en los esfuerzos y decidió trabajar consigo mismo tal cual él era. Eso fue el instinto básico que se abrió paso hacia afuera. Es muy necesario reconocer este instinto básico. Nos dice que no somos gente condenada, que no somos fundamentalmente malos o deficientes.

P: ¿Cómo se puede bregar con las situaciones prácticas de la vida a la vez que se trata de ser sencillo y de experimentar el espacio?

R: Verá usted, a fin de experimentar el espacio abierto también hay que experimentar la solidez de la tierra, de las formas. Lo uno depende de lo otro. A menudo creamos una idea romántica del espacio, y entonces caemos en una trampa. Mientras no creemos esta idea romántica del espacio y veamos el espacio como algo terreno, no caeremos en esa trampa. El espacio no se puede experimentar si el contorno de la tierra no lo define. Si fuéramos a pintar un cuadro del espacio abierto, tendríamos que expresarnos en términos de los horizontes de la tierra. Por eso es necesario traernos de vuelta a los problemas de la vida diaria, los problemas del fregadero en la cocina. Por eso es que la sencillez y la precisión de las actividades cotidianas son tan importantes. Si uno percibe el espacio abierto, tendrá que volver a las mismas situaciones vitales de antes, familiares y claustrofóbicas, para mirarlas muy de cerca, examinarlas, absorberse en ellas, hasta que el absurdo de su solidez nos choque y podamos ver también su espaciosidad.

P: ¿Cómo puede uno enfrentarse a la impaciencia que suele acompañar al período de espera?

R: La impaciencia significa que uno no ha comprendido cabalmente el proceso. Si logra usted ver que cada acto está completo en sí mismo, entonces dejará de ser impaciente.

P: Yo tengo pensamientos serenos como los tengo neuróticos. ¿Debo cultivar los pensamientos serenos?

R: En la práctica de la meditación todos los pensamientos son la misma cosa: los pensamientos piadosos, los pensamientos bellos, los pensamientos religiosos, los pensamientos serenos; son todos pensamientos. Uno no debe tratar de cultivar los pensamientos serenos y suprimir los pensamientos llamados "neuróticos". Éste es un punto interesante. Cuando hablamos de andar el camino del Dharma, lo cual constituye la Cuarta Verdad Noble, no se quiere decir que hemos de hacernos religiosos, serenos, buenos. Tratar de ser sereno, tratar de ser bueno, también son aspectos de la lucha, de nuestra neurosis. Los pensamientos de inclinación religiosa son los observadores, los jueces, y los pensamientos confundidos, mundanos, son los actores, los que llevan a cabo las acciones. Por ejemplo, si usted medita y tiene pensamientos ordinarios, domésticos, va a tener a un mismo tiempo un observador que le dice: "No pienses eso. No pienses tampoco en aquello. Vuelve a tus pensamientos de meditación". Estos pensamientos piadosos son pensamientos como otros cualesquiera y no se deben cultivar.

P: ¿Podría decir algo más sobre el uso de las pausas y las palabras para comunicarse y cómo se relaciona este proceso con el ego?

R: Por lo común, cuando nos comunicamos con otra persona nos mueve cierto impulso neurótico. Tenemos que dar lugar a alguna espontaneidad que penetre ese impulso, a fin de no vernos empujados contra la persona con la cual hablamos, de no imponernos, de no sobrecargarla. Particularmente cuando hablamos de un tema que nos interesa mucho, no hablamos, literalmente nos abalanzamos sobre la otra persona. La espontaneidad siempre está allí, pero está nublada por el pensamiento. Cada vez que se abre un hueco en las nubes del pensamiento, la espontaneidad brilla. Si uno extiende la mano y reconoce esa apertura inicial, la inteligencia básica comenzará a funcionar a través de esa apertura.

P: Mucha gente tiene conciencia de la verdad del sufrimiento, pero no dan el segundo paso, la conciencia del origen del sufrimiento. ¿Por qué sucede esto?

R: Creo que se trata, en gran parte, de cierta paranoia. Queremos escapar. Queremos huir del dolor en vez de tomarlo como fuente de inspiración. Nos parece que el dolor sin más ya es bastante malo, ¿para qué tratar de indagar en él? Alguna gente que sufre mucho y no tiene manera de escapar del sufrimiento llega a entenderlo de veras. Pero la mayor parte de la gente está demasiado ocupada tratando de liberarse de todo lo que nos irrita, demasiado ocupada buscando distracciones, como para ponerse a buscar en lo que ya tienen. Lo que tienen les resulta demasiado desconcertante. Ésta es la actitud de la paranoia; si se mira con demasiado detenimiento, se hallará algo espantoso. Pero para llegar a ser una persona verdaderamente inspirada, como Gautama Buda, hay que estar libre de prejuicios y temores, hay que ser una persona inteligente y curiosa. Hay que querer explorarlo todo, aunque sea feo, doloroso o repugnante. Este tipo de actitud científica es sumamente importante.

P: ¿De dónde nace la motivación en una mente despierta?

R: La motivación inspirada proviene de algo que está más allá del pensamiento, algo más allá de las ideas conceptualizadas de "bueno" y "malo", "deseable" e "indeseable". Más allá del pensamiento hay cierto tipo de inteligencia que es nuestra naturaleza básica, nuestro fondo, una inteligencia intuitiva primordial, una sensación de espacio, una vía abierta y creativa para bregar con las situaciones de la vida. Este tipo de motivación no es intelectual, es intuitiva, precisa.

P: ¿Se puede lograr algo con nuestra mente mediante el dominio de las circunstancias físicas?

R: No importa lo que se haga con las situaciones vitales, siempre hay comunicación entre la mente y la materia. Pero uno no puede depender solamente de los aparatos materiales; uno no puede obviar los problemas del espíritu manipulando las cosas que le son externas. En nuestra sociedad vemos a mucha gente tratando de hacer eso precisamente. Algunos se ponen el hábito monástico, renuncian al mundo y llevan una vida muy austera, renunciando a todos los hábitos comunes de la vida humana. Pero tarde o temprano tendrán que enfrentarse a sus mentes confundidas. La confusión se origina en la mente, así que hay que comenzar directamente con la mente en vez de tratar de buscar algún medio para bregar con ella de un modo indirecto. Si uno trata de evadir la confusión mental manipulando el mundo físico, no creo que tenga éxito.

En la danza de la vida, la materia refleja al espíritu y el espíritu responde a la materia. El intercambio es continuo. Si uno tiene un trozo de piedra en las manos, debe sentir las cualidades sólidas de la piedra. Uno tiene que aprender a comunicarse con sus cualidades rocosas. Si uno tiene una flor en las manos, entonces la forma y el color particulares de los pétalos de esa flor se unen a nuestra constitución psicológica. No podemos pasar por alto completamente el simbolismo del mundo externo.

Sin embargo, al principio, si intentamos enfrentarnos a nuestras propias neurosis, tenemos que ser muy directos y no pensar que podemos evadir los problemas del espíritu jugando con la materia. Por ejemplo, si una persona tiene algún desajuste psicológico, si está completamente confundida, como el mono del cual hablábamos, aunque lo vistiéramos con el hábito del Buda y lo sentáramos en la postura de meditación, su mente continuaría dando vueltas igual que antes. Pero más tarde, cuando aprende a sosegarse y se hace simplemente un mono, entonces quizá se logre algo llevándolo a un lugar tranquilo o a un retiro.

P: Cuando veo la fealdad que hay en mí, no sé cómo aceptarla. Yo trato de evadirla o de cambiarla, antes que aceptarla.

R: Bueno, no hay por qué esconderla. No hay por qué cambiarla. Indague en ella más detenidamente. Cuando uno ve la fealdad que hay dentro de uno mismo, eso es meramente una preconcepción. Uno la ve como fealdad y eso todavía tiene sus raíces en las ideas de "bueno" y "malo". Pero hay que trascender incluso esas palabras, "bueno" y "malo". Hay que ponerse más allá de las palabras y las ideas conceptualizadas y penetrar en lo que uno es, cada vez más profundamente. El primer atisbo no basta; hay que examinar los detalles, sin juzgar, sin usar palabras ni conceptos. Abrirse a uno mismo es abrirse al mundo.

El sendero del bodhisattva

Hemos considerado anteriormente la práctica de la simplicidad y la precisión como práctica meditativa del hinayana. Abriendo una brecha o intervalo, un lugar para que las cosas sean en verdad como son, comenzamos a apreciar la simplicidad y la precisión de nuestras vidas. Éste es el comienzo de la práctica de la meditación. Comenzamos a penetrar en el quinto skandha; abrimos un camino que nos lleva más allá del ajetreo y el apuro del pensamiento discursivo, de la nube de "chismografía" que llena nuestros pensamientos. El próximo paso consiste en cultivar nuestras emociones[1].

El pensamiento discursivo se puede comparar con la circulación de la sangre que nutre constantemente los músculos de nuestro sistema, las emociones. Los pensamientos enlazan y sostienen las emociones, de manera que, en nuestra vida cotidiana, experimentamos un flujo constante de chismografía mental puntuada por algunos momentos más coloridos e intensos en los cuales tenemos un arrebato de emoción. Los pensamientos y las emociones expresan nuestras actitudes básicas hacia el mundo y nuestra manera de relacionarnos con él y así construyen un ambiente, el mundo de fantasía en el que vivimos. Nuestros "ambientes" son los seis ámbitos. Aunque un ámbito en particular puede tipificar la naturaleza psicológica de un individuo en particular, cada persona también experimentará constantemente las emociones que pertenecen a los otros ámbitos.

Para poder trabajar con estos ámbitos tenemos que comenzar a ver las situaciones de una manera más panorámica, y a esto lo llamamos meditación de *vipáshyana* (Pali: *vipássana*)[2]. Tenemos que cobrar conciencia no solamente de los detalles precisos de una actividad, sino también de la situación en su totalidad. La vipáshyana incluye la conciencia del espacio, de la atmósfera en la cual se da la precisión. Si vemos los detalles precisos de nuestra actividad, esa misma conciencia genera cierto espacio. Tener conciencia de una situación a una escala menor también crea conciencia a una escala mayor. De esto nace la conciencia panorámica, la meditación de *mahavipáshyana* (Pali: *mahavipássana*), es decir, la conciencia del panorama total, en vez de la fijación de la atención en los detalles. Comenzamos a ver el ritmo y la configuración de nuestras fantasías, en vez de dejarnos hundir en ellas. Descubrimos que no tenemos por qué luchar con nuestras proyecciones, que la pared que nos separa de ellas es nuestra propia creación. Esta comprensión de la naturaleza insustancial del ego es la *prajñá*, el conocimiento trascendental[3]. Cuando tenemos el primer atisbo de esta prajñá podemos descansar, porque percibimos que ya no tenemos que mantener la existencia del ego. Podemos darnos el lujo de ser abiertos y generosos. El ver que hay otra manera de tratar con nuestras proyecciones produce un júbilo intenso. Éste es el primer nivel de progreso espiritual del bodhisattva, la primera de las diez *bhumi*[4]. Con esto se entra en el sendero del bodhisattva, el sendero del mahayana, el sendero abierto, el sendero del calor y la apertura.

En la meditación de mahavipáshyana se da un espacio vasto entre nosotros y los objetos. Somos conscientes del espacio que hay entre nosotros y las situaciones, y cualquier cosa puede suceder en ese espacio. Nada sucede en un "aquí" o un "allá", en el sentido de oposición o batalla. Dicho de otra manera, no le imponemos a la experiencia nuestras ideas, nombres o categorías preconcebidos, sino que sentimos la cualidad abierta del espacio en todas las situaciones. De esta manera, nuestra conciencia se hace muy precisa y abarcadora.

La meditación de mahavipáshyana consiste en dejar que las cosas sean lo que son. Comenzamos a darnos cuenta de que para esto no hace falta ningún esfuerzo de nuestra parte, porque las cosas *ya son* como son. No tenemos que tratar de verlas de esa manera, ellas ya son así. De este modo, comenzamos a apreciar verdaderamente la apertura y el espacio, a apreciar que tenemos espacio para movernos, que no tenemos que tratar de ser conscientes, porque ya lo somos. Por eso el sendero del mahayana es el sendero abierto, el sendero anchuroso. Consiste en la voluntad receptiva que está dispuesta a permitirnos ser despiertos, a dejar que nuestro instinto surja.

Anteriormente hablamos de abrir espacios para comunicarse, pero ese tipo de práctica resulta ser demasiado estudiada y premeditada. Cuando practicamos, por otro lado, la meditación de mahavipáshyana, no nos estamos observando a nosotros mismos en el acto de comunicarnos, haciendo una pausa premeditadamente, esperando deliberadamente, sino que nos comunicamos y entonces, por decirlo así, nos ausentamos. Dejar ser y no interesarse más en ello; no poseer el dejar ser como algo que nos pertenece, como nuestra creación. Abrirse, dejar ser y desasirse. Entonces surge la espontaneidad del estado despierto[5].

Las escrituras del mahayana hablan de los que están completamente dispuestos a abrirse, de los que están a punto de poder hacerlo, y de los que sólo tienen esta capacidad en potencia. Los que la tienen en potencia son los intelectuales, las personas de afición intelectual que están interesados en el tema de la apertura, pero no se dan la oportunidad necesaria para que surja el instinto. Los que están a punto de abrirse, son los que tienen la receptividad necesaria, pero se observan a sí mismos más de lo necesario. Los que están perfectamente dispuestos a abrirse son los que han oído la palabra secreta, la contraseña de *tathágata*: es decir, que ya hay quien lo ha hecho antes, alguien ya ha cruzado a la otra orilla; es el sendero abierto, es posible, es el sendero del tathágata[6]. Por lo tanto, sin importarte cómo, cuándo o por qué, simplemente ábrete. Es algo muy bello, ya le sucedió a otro, ¿por qué no ha de pasarte a ti? ¿Por qué distingues este "yo" del resto de los tathágatas?

"Tathágata" quiere decir "el que ha experimentado la *tathatá*, que significa "ser como se es". Los tathágatas han experimentado el "ser como se es". Dicho de otra forma, la idea de tathágata es una manera de inspirarnos, un punto de partida. Nos dice que otras personas ya lo han logrado, que otros ya han tenido esta experiencia. Este instinto ya ha inspirado a otra persona, este instinto de "despertar", de abrirse, de serenidad que significa inteligencia.

El sendero del bodhisattva es para aquellos que tienen el valor y la convicción de esa realidad poderosa que es la naturaleza del tathágata, la cual existe ya en ellos. Los que despiertan verdaderamente con la idea de "tathágata" se encuentran ya en el sendero de los bodhisattvas, el sendero de los guerreros valerosos, que confían en su naturaleza búdica. La palabra "bodhisattva" significa "el que tiene el valor de andar el sendero de la *bodhi*". Bodhi significa "despertar", "el estado de un despierto". Con esto no se quiere decir que el bodhisattva tenga que estar completamente despierto para llamarse un bodhisattva, sino que tiene la voluntad de andar el sendero de los despiertos.

Este sendero consiste en seis actividades trascendentales que ocurren espontáneamente[7]. Éstas son: generosidad, disciplina, paciencia, energía, meditación y conocimiento trascendentales. Estas virtudes se conocen como las "seis *paramitás*", porque "param" significa "el otro lado", "la otra ribera", "la otra orilla", e "ita" significa "llegado", "arribado". Paramitá, pues, significa "llegado a la otra orilla", con lo cual se quiere decir que las actividades del bodhisattva tienen que tener la visión, el entendimiento que trasciende toda noción de un ego central. El bodhisattva no trata de ser bueno o bondadoso, sino que es compasivo espontáneamente.

La generosidad

En el estudio de las escrituras budistas, la generosidad trascendental a menudo se entiende erróneamente como el acto de manifestar bondad hacia alguien que está en una posición de desventaja con relación a nosotros. Alguien siente dolor y sufre y nosotros estamos en la posición ventajosa de poder salvar a esa persona. Ésta es una manera muy simplista de sentirnos superiores a los demás.

En el caso del bodhisattva, por el contrario, la generosidad no es inservible. Es algo muy fuerte y poderoso; es verdadera comunicación.

La comunicación tiene que trascender la irritación, de otra manera sería lo mismo que tratar de hacer un lecho cómodo de un zarzal. Las cualidades penetrantes del color, la energía y la luz externos se nos echarán encima hasta clavarse como una espina en la piel en todos nuestros intentos de comunicarnos. Entonces tratamos de suprimir esta irritación intensa, y nuestra comunicación queda interrumpida.

La comunicación tiene que consistir en la irradiación, la recepción y el intercambio. Siempre que hay irritación, no podemos ver cabal, completa y claramente la cualidad espaciosa de lo que viene a nuestro encuentro, de lo que se nos presenta como comunicación. De inmediato rechazamos ese mundo externo, porque nuestra irritación nos dice: "No, eso me irrita, ¡fuera!". Una actitud como ésa es exactamente lo contrario de la generosidad trascendental.

Por eso el bodhisattva tiene que experimentar la comunicación completa de la generosidad, trascendiendo la irritación y la defensa propias. De otro modo, cada vez que exista el peligro de que nos vaya a punzar una espina, nos sentiremos atacados, sentiremos que tenemos que defendernos. Entonces le damos la espalda a esta oportunidad única que se nos ha brindado y no hemos tenido siquiera el valor de mirar hacia la otra orilla. Estamos mirando hacia atrás, tratando de huir.

La generosidad es la voluntad de dar, de abrirse sin motivos filosóficos, piadosos o religiosos, simplemente haciendo lo que se requiere de nosotros en cualquier momento, en cualquier situación, sin temor a recibir algo. El abrirse puede suceder en medio de la autopista. No tememos que el smog y el polvo o el odio y la pasión de la gente nos vayan a abrumar; sencillamente nos abrimos, nos entregamos completamente, nos damos. Esto quiere decir que no juzgamos o evaluamos nuestra experiencia. Si tratamos de determinar hasta qué punto debemos abrirnos y hasta qué punto debemos permanecer cerrados, entonces el abrirse no significará nada y la idea de paramitá, de la generosidad trascendental, será en vano. Nuestras acciones no trascenderán nada, dejarán de ser actos de un bodhisattva.

La implicación única de la idea de la trascendencia es que podemos ver a través de nuestras opiniones y concepciones limitadas, más allá de la mentalidad belicosa de *esto* contra *aquello*. En general, cuando miramos un objeto no nos permitimos verlo correctamente. De un modo automático vemos nuestra propia versión del objeto en vez de ver verdaderamente lo que el objeto es. Quedamos satisfechos, porque hemos construido nuestra propia versión de la cosa dentro de nosotros. Entonces comentamos sobre ella, la juzgamos, la aceptamos o la rechazamos; pero no hay ninguna comunicación verdadera

Así pues, la generosidad trascendental consiste en dar todo lo que se tiene. Tiene que ser un acto completamente abierto, completamente desnudo. No cabe formar juicios. Al que recibe le corresponde hacer el gesto de recibir. Si los que reciben no están listos para aceptar nuestra generosidad, no la aceptarán. En esto consiste el acto sin ego del bodhisattva. No tiene la premeditación del que piensa: "¿Cometo algún error? ¿Lo estoy haciendo con cuidado? ¿A quién me he de abrir?". Nunca toma partido. El bodhisattva permanece, por decirlo así, como un cadáver. Deja que la gente lo mire y lo examine. Queda a disposición de los demás. Actos nobles como éstos, actos tan completos, son actos que no contienen ninguna hipocresía, ningún juicio filosófico o religioso. Por eso es trascendental. Por eso es paramitá. Es un acto de suma belleza.

La disciplina

Si proseguimos en nuestro examen y consideramos a la paramitá de la "moral" o "disciplina", la *shila paramitá*, encontramos que los mismos principios se aplican a ella. Es decir, la shila o disciplina no consiste en atarse uno a un conjunto determinado de leyes o pautas. Porque si un bodhisattva está completamente libre del ego, si es una persona completamente abierta, entonces se comportará conforme a su apertura, no tendrá que seguir ninguna regla, sino que sigue naturalmente la configuración de sus circunstancias. Es imposible que un bodhisattva destruya o haga daño a los demás porque encarna la generosidad trascendental. Se ha abierto completamente y por eso no discrimina entre esto y aquello. Simplemente actúa de acuerdo con lo que *es*. Desde el punto de vista de otra persona –es decir, si otra persona observa al bodhisattva desde afuera– parece que siempre actúa correctamente, siempre parece hacer lo indicado en el momento correcto. Pero si alguien trata de imitarlo, se le hace imposible conducirse como él, porque la mente del bodhisattva es tan precisa, tan exacta que nunca comete errores. Nunca se encuentra con problemas inesperados, nunca genera el caos con propósitos destructivos. Sólo sigue naturalmente el ritmo y la configuración de las situaciones. Aunque la vida parezca caótica, el bodhisattva sabe acomodarse a ella; participa del caos y de alguna manera logra que todo se arregle. El bodhisattva es capaz de cruzar el río sin dejarse arrastar por la vorágine.

Si estamos completamente abiertos, si no nos mantenemos en vela observándonos a nosotros mismos, sino que siempre estamos abiertos y en comunicación con las situaciones tal y como se nos presentan, entonces nuestros actos son puros, absolutos, superiores. Sin embargo, si intentamos alcanzar la conducta pura con el esfuerzo, nuestros actos serán torpes. No importa cuán puros logren ser, siempre serán torpes y rígidos. En el caso del bodhisattva, sus actos fluyen libremente, no hay rigidez alguna. Todo cae en su sitio, como si alguien se hubiese tomado años y años en resolver y ordenar las circunstancias. El bodhisattva no actúa de manera premeditada; simplemente se comunica. Su punto de partida es la generosidad de la apertura, con esto se amolda sin dificultad a la estructura de la situación. Es una metáfora bien conocida la que compara la conducta del bodhisattva con el caminar de un elefante. Los elefantes no andan deprisa; caminan por la jungla despaciosamente, con firmeza y seguridad, cada paso a su debido tiempo. Se deslizan majestuosamente; nunca se caen, nunca se equivocan. Cada paso que dan es sólido y definitivo.

La paciencia

El próximo acto del bodhisattva es la paciencia. Pero, en realidad, las seis actividades del bodhisattva no se pueden dividir en prácticas claramente distintas. Una actividad lleva a la otra; una actividad incluye la otra. Así, en el caso de la paramitá de la paciencia no se trata de tratar de controlarse a sí mismo, a fin de convertirse en una persona perseverante, a fin de ser una persona extremadamente paciente, sin importarle las fatigas del cuerpo o la mente, siguiendo siempre adelante y adelante hasta caer muerto de cansancio. No, la paciencia también incluye la misma "habilidad de método" que encontramos en la práctica de la disciplina y la generosidad[8].

La paciencia trascendental nunca espera nada. Porque no esperamos nada, no nos impacientamos. Pero la verdad es que en general en nuestra vida diaria esperamos muchísimo; hacemos grandes esfuerzos en pos de lo que queremos y este tipo de acción se basa ante todo en el mero impulso. Descubrimos algo excitante y atractivo y hacemos grandes esfuerzos por alcanzarlo, pero tarde o temprano nos vemos rechazados. Mientras más pujamos, con más fuerza se nos rechaza, porque el impulso es una fuerza que nos domina cuando no hay sabiduría. Las acciones que nacen del impulso son como una persona que corre aunque no tiene ojos para ver, como todo lo que haría un ciego para llegar a una meta que no puede ver. Pero la acción del bodhisattva nunca provoca un rechazo. El bodhisattva se adapta a cualquier situación, porque nunca desea nada, nunca le fascina nada. La fuerza motora detrás de la paciencia trascendental no es el impulso prematuro o algo parecido. Es una fuerza lenta, segura y continua, como el caminar de un elefante.

La paciencia también siente el espacio. Nunca teme a las situaciones nuevas, porque nada puede tomar al bodhisattva por sorpresa, nada. Lo que sea que se le presente al bodhisattva –sea destructivo, caótico, creativo, acogedor o tentador– no lo altera, no lo escandaliza, porque es consciente del espacio que hay entre la situación y él mismo. Una vez que se cobra conciencia del espacio que hay entre la situación y uno mismo, cualquier cosa puede suceder en ese espacio. Cualquier cosa que ocurra, ocurre en medio del espacio. Nada sucede "aquí" o "allá", en términos de relaciones o batallas. Por lo tanto, la paciencia trascendental significa que tenemos una relación fluida con el mundo, que no combatimos nada.

La energía

Podemos pasar, entonces, a la próxima etapa, la paramitá de la energía, *virya*, que es el tipo de energía que nos introduce directamente en las situaciones, de suerte que no desperdiciemos ninguna ocasión, que no perdamos ninguna oportunidad. Dicho de otra manera, es el regocijo, la energía o el esfuerzo gozosos, como señala Shantideva en su *Bodhisattva-charyavatara*[9]. Esta energía es regocijo y no el tipo de energía que manifestamos cuando perseveramos en una tarea porque creemos que es nuestra obligación. Es energía gozosa porque tenemos un interés genuino en ver que nuestras vidas sigan una ruta creadora.

La generosidad abre nuestras vidas, la moralidad las activa, la paciencia las fortalece, y ahora hemos llegado a la próxima etapa, la del regocijo. Uno nunca considera que una situación carece de interés o de valor, porque la visión de la vida que tiene el bodhisattva es sumamente receptiva, intensamente inteseresada. Nunca evalúa, aunque esto no quiere decir que tenga la mente en blanco. No significa que está absorto en un "estado superior de conciencia", en "el samadhi más elevado", de suerte que no puede distinguir el día de la noche, o el desayuno de la comida. No quiere decir que sus pensamientos se hacen imprecisos o confusos. Antes bien, percibe claramente toda valoración conceptual o verbal, pero ve más allá del concepto y la evaluación. Ve la igualdad última de lo que distinguimos minuciosamente. Ve las situaciones desde una perspectiva panorámica y, por lo tanto, toma un gran interés en la vida tal cual ella es. Así, el bodhisattva no se afana, simplemente vive la vida.

Cuando se inicia en el sendero del bodhisattva, hace el voto de no alcanzar la iluminación mientras no haya ayudado a todos los seres vivientes a alcanzar el estado mental despierto, o sea, el estado de un buda. Habiéndose iniciado con un acto tan noble de generosidad, de apertura, de sacrificio, prosigue en el sendero, tomándose un gran interés en las situaciones de todos los días, sin cansarse jamás de bregar con la vida diaria. Esto es lo que se llama virya, el esfuerzo gozoso. Adquirimos una energía extraordinaria cuando cobramos conciencia de que hemos dejado de tratar de hacernos Budas, de que ahora sí disponemos del tiempo necesario para vivir la vida verdaderamente, de que ya hemos pasado más allá del impulso neurótico.

Pero es interesante que, aunque el bodhisattva ha hecho el voto de no alcanzar la iluminación, no pierde un segundo, porque sus actos son precisos y certeros. Siempre vive la vida concienzudamente y con plenitud y, como resultado, consigue alcanzar la iluminación antes de que alcance a darse cuenta de que está cerca de ella. Pero, aunque parezca raro, aun después de alcanzar la condición de un buda, persiste en no querer lograr la iluminación. Entonces la compasión y la sabiduría brotan con todas sus fuerzas y fortalecen la energía y la convicción del bodhisattva. Si no nos cansamos jamás de las situaciones, nuestra energía será siempre gozosa. Si estamos completamente abiertos, verdaderamente despiertos a la vida, no hay un solo instante de aburrimiento. Esto es lo que llamamos virya.

La meditación

La próxima paramitá es el dhyana o la meditación. Hay dos tipos de dhyana. El primero es el dhyana del bodhisattva, en el cual éste tiene una conciencia panorámica continua gracias a la energía compasiva de la cual goza. Dhyana significa literalmente conciencia, estado de conciencia o de despertar. Pero no significa solamente la práctica de la meditación en un sentido formal. El bodhisattva nunca trata de alcanzar un estado de trance, ni la beatitud o la absorción. Simplemente goza de una conciencia plena y despierta de las situaciones vitales. Sobre todo tiene una conciencia clara de la continuidad de la meditación con la generosidad, la moralidad, la paciencia y la energía. Hay un sentido constante de "estar despierto".

El segundo tipo de dhyana es el de la práctica de la concentración en el Ámbito de los Dioses. La diferencia principal entre este tipo de meditación y la meditación del bodhisattva es que el bodhisattva no echa raíces en nada, aunque trata siempre con situaciones vitales reales y físicas. No establece una autoridad central en su meditación, no se observa a sí mismo actuando o meditando, de manera que sus acciones son siempre meditación y su meditación es siempre acción.

El conocimiento

La próxima paramitá es la prajñá, el "conocimiento". Tradicionalmente se representa a la prajñá con una espada muy afilada y de doble filo, que corta a través de toda confusión. Aunque haya perfeccionado las otras cinco paramitás, si el bodhisattva carece de la prajñá, todos sus otros actos serán incompletos. En los *sutras*[10] se dice que las cinco paramitás son como cinco ríos que fluyen hacia el océano de la prajñá. También se dice en los sutras que el emperador universal, o *chakravartin,* va a la guerra a la cabeza de cuatro ejércitos. Sin el emperador los ejércitos no sabrían a dónde marchar. Es decir, la prajñá es la inteligencia, el modelo al cual se acoplan y en el cual se funden todas estas virtudes. Es lo que corta y penetra más allá de la versión conceptualizada de la acción del bodhisattva –de la generosidad, la disciplina y las demás–. El bodhisattva podría llevar a cabo sus acciones de una manera correcta y adecuada, pero sin el conocimiento, sin la espada que se abre paso por la maleza de la duda y la vacilación, sus acciones no serían verdaderamente trascendentales. Así, la prajñá es la inteligencia, el ojo que todo lo ve, lo contrario del ego que se observa a sí mismo en todos sus actos.

El bodhisattva transforma al observador o ego en conocimiento discernidor, *prajñá-paramitá.* "Pra" significa "super", "jña" significa "conocer": super-conocimiento, es decir, conocimiento completo, exacto, que todo lo ve. Se ha ido más allá de la conciencia que se fija en "esto" y "aquello", de lo cual surge un conocimiento doble, la prajñá de conocer y la prajñá de ver.

La prajñá de conocer versa sobre las emociones. Consiste en ir más allá de las emociones contradictorias –las actitudes que uno tiene hacia uno mismo–, con lo cual se revela lo que uno verdaderamente es. La prajñá de ver consiste en ver las situaciones como lo que son. Por lo tanto, la prajñá de ver nos permite enfrentarnos a las situaciones de la manera más balanceada posible. La prajñá va más allá de cualquier tipo de conocimiento que tenga la más mínima inclinación hacia separar el "esto" del "aquello". Por eso es que la hoja de la espada es de doble filo. No corta solamente de "este" lado, también corta de "aquel" lado. El *bodhisattva* ya no tiene esa sensación de irritación que surge cuando se distingue entre "esto" y "aquello". Meramente se desliza sin dificultad, sin detenerse a mirar hacia atrás. Es así como las seis paramitás dependen las unas de las otras.

P: ¿Definiría usted la meditación como el mero prestar atención a lo que se está haciendo, el tener presente lo que se es y lo que se hace?

R: Dhyana, la quinta paramitá, consiste precisamente en este tipo de conciencia, en tener presente. Pero el dhyana, como las otras paramitás, no puede existir por sí solo, sin el conocimiento trascendental, sin la prajñá. La prajñá hace de la práctica de la conciencia algo completamente nuevo, la transforma en algo más que la mera práctica de la concentración, algo más que la práctica de reconcentrar la mente en un solo objeto. Con la prajñá, la meditación se convierte en la conciencia plena de la totalidad del ambiente que rodea nuestra situación particular. También resulta en precisión y apertura, de suerte que se es consciente de cada momento, de cada paso que se da, de cada movimiento que se lleva a cabo. Y esta precisión, esta sencillez se expande hasta convertirse en una conciencia global de la situación en su totalidad. Así pues, la meditación no consiste en afincarse en una cosa, sino que significa estar despierto a la situación total, a la vez que se experimenta la simplicidad de los acontecimientos. La meditación no consiste meramente en la práctica de la conciencia, porque si se practica solamente este tener presente qué es la conciencia, no se logra aumentar la percepción intuitiva necesaria para expandir la práctica[11]. Si no se logra expandir la percepción, inevitablemente habrá que trasladar la atención de un objeto a otro.

El cultivo de la prajñá es como aprender a andar. Puede que uno tenga que comenzar por cultivar la conciencia de un solo objeto, luego la de dos objetos y luego tres, cuatro, cinco, seis, etc. Pero finalmente, si es que uno va a aprender a andar correctamente, hay que aprender a expandir la conciencia hasta incluir la totalidad de la situación en la cual uno se encuentra, de suerte que haya una sola conciencia de todo en cada situación. Para lograr esto es menester no afincarse en nada; entonces se cobra conciencia de todo.

P: Si sucede que uno tiene algún conflicto con otra persona, que dificulta nuestras relaciones con ella, ¿qué se puede hacer?

R: Bueno, si su deseo de comunicarse, su generosidad, es fuerte, entonces hay que poner en práctica la prajñá, el conocimiento, a fin de descubrir por qué no puede establecer comunicación con esa persona. Quizá su modo de comunicarse es unidireccional. Quizá no está dispuesto a aceptar que la comunicación venga también de la otra dirección. Quizá usted tiene un deseo muy grande de comunicarse y está haciendo un esfuerzo muy grande por lograrlo. Esto resulta ser un acercamiento demasiado intenso, abrumador para la persona con la cual quiere comunicarse. Usted no le da oportunidad a la otra persona para comunicarse con usted. Usted tiene la mejor de las intenciones, desde luego, pero hay que esmerarse en ver la situación total, no basta con el vivo deseo de lanzarle nuestro sentir a la otra persona. Tenemos que aprender a ver las cosas también desde el punto de vista de la otra persona. Ante todo tenemos que crear algún tipo de espacio o de apertura. Es muy difícil resistir el impulso de querer convertir al prójimo a nuestra manera de pensar; a menudo sentimos este impulso. Pero tenemos que asegurarnos de que nuestra comunicación no sea demasiado vehemente u opresiva. Y la única manera de asegurarnos de esto es aprendiendo a crear espacio y apertura.

P: ¿Qué nos lleva a abandonar el deseo?

R: El descubrimiento de la verdad, del hecho duro de que uno no logra hacerse un bodhisattva a menos que deje de querer hacerse algo. No se trata de jugar un juego consigo mismo. Simplemente hay que entregarse. Hay que abrirse verdaderamente y entregarse. Una vez que se ha tenido algún atisbo de lo que sería entregarse, entonces se tiene la inspiración necesaria para ir más allá, para pasar allende el atisbo. Una vez que se ha tenido un breve atisbo del estado mental despierto, un atisbo de una fracción de segundo, entonces se tienen el deseo vehemente y el esfuerzo necesario para proseguir en el sendero. Y también entonces se comprende que para poder ir más adelante hay que abandonar toda idea de progreso. El sendero del bodhisattva se divide en diez etapas y cinco senderos.[12] Al final del último sendero, en la décima etapa, se tiene el atisbo repentino de que uno está a punto de dar a luz el estado mental despierto, ha llegado al preciso momento en que ha de lograrlo, y entonces algo lo detiene. Uno se da cuenta de que lo único que no lo deja seguir adelante es que no ha abandonado el querer lograr algo. Entonces se alcanza el samadhi que es como un *vajra*, la muerte del deseo.[13]

P: En la vida normal, la falta de interés se suele asociar al aburrimiento. Si la vida nos tuviera sin cuidado, como en el caso del bodhisattva, ¿no sería uno como un vegetal?

R: El que las cosas nos tengan sin cuidado no significa que tenemos que convertirnos en una piedra o en una masa de protoplasma; todavía hay energía de sobra. Pero las personas que se sienten comprometidas con intereses se sienten defraudados, estafados, sofocados cuando sienten deseo o ira y no los ponen en acción y se ven obligados a mantenerse quietos, sin poner en acción sus energías. Ésta es una visión unilateral de la energía.

La energía no se manifiesta solamente en términos destructivos o posesivos. Hay otras energías que no tienen relación alguna con el amor o el odio. Éstas son las energías de la precisión, de la claridad, de ver a través de las situaciones. Hay energías de la inteligencia que surgen constantemente. Pero no nos permitimos experimentarlas correctamente. Siempre vemos a la energía en términos de posesión o destrucción. Nunca hay un solo momento de aburrimiento si uno verdaderamente está en contacto con la realidad tal como ella es. Constantemente se produce esa chispa de la energía que trasciende la ignorancia y la vía simplista y unidireccional.

P: Pero, ¿cómo se puede saber cómo y hacia dónde dirigir esa energía?

R: Ya que se ven las situaciones muy claramente, mucho más claramente que antes, puesto que se ven cómo son verdaderamente, realmente, uno sabe cómo y hacia dónde debe dirigir esa energía. Antes, uno le imponía a la realidad su propia versión de la realidad, en vez de ver las cosas como son. Pero cuando se echa a un lado este velo, las cosas se pueden ver como son realmente. Entonces uno puede comunicarse con la situación propia y plenamente. No hay que obligarse a hacer nada. Se da un intercambio constante, una danza continua. Es como el hecho de que el sol brilla y las plantas crecen. El sol no tiene ningún deseo de producir la vegetación; las plantas reaccionan a la luz solar y la situación crece naturalmente.

P: ¿Espontáneamente?

R: Sí, espontáneamente. Por lo tanto es exacta, como

en el caso del sol que hace que los vegetales crezcan; es algo muy científico, muy preciso. Nuestros actos se hacen sumamente exactos porque son espontáneos.

P: ¿Existen situaciones que requieran alguna acción agresiva?

R: No lo creo, porque la acción agresiva generalmente obedece a nuestro deseo de defendernos a nosotros mismos. Si la situación tiene esa cualidad de frescura, de precisión, que explicábamos antes, nunca se nos va de las manos. Entonces no hace falta tratar de controlarla, tratar de autodefenderse.

P: Lo que está detrás de mi pregunta es Cristo echando a los mercaderes del templo.

R: Yo no llamaría a eso una acción agresiva; eso fue acción de verdad, la cual es algo de gran belleza. Sucedió porque Jesús vio la situación con toda exactitud, sin observarse a sí mismo o tratar de ser un héroe. Hace falta ese tipo de acción.

P: ¿Cómo se logra la transición entre un estado mental sereno, pasivo, que se abre a todo, y un estado mental más activo, discernidor?

R: Me parece que lo más importante es examinar este problema desde el punto de vista contrario. De hecho, no creo que nuestra versión de lo que es la vida diaria sea tan precisa, exacta y nítida como creemos generalmente. De hecho, estamos completamente confundidos, porque nunca hacemos una cosa a la vez. Mientras hacemos una cosa, nuestros pensamientos se ocupan de otras cien, lo cual crea una situación extremadamente borrosa. Deberíamos acercarnos a la vida diaria de una manera completamente diferente. O sea, deberíamos dejar que naciera una percepción intuitiva que viera las cosas como son. La percepción inicial puede que sea algo borrosa, sólo un vislumbre de lo que hay ahí, un destello insignificante si se lo compara con las tinieblas de la confusión. Pero este tipo de inteligencia se va haciendo más activa y penetrante, comienza a desplazar a la incertidumbre hasta que ésta se disuelve completamente.

P: ¿No requiere esta percepción de las cosas como ellas son un entendimiento del sujeto, el perceptor, además de una comprensión del objeto?

R: Sí, ése es un punto interesante. Para ver las cosas como ellas son, de algún modo u otro hay que colocarse en una tierra de nadie. Para ver las cosas como son se requiere un salto, y eso que llamamos "salto" se puede dar solamente si no se salta desde ningún punto. Si uno mira desde alguna posición, inevitablemente es consciente de la distancia, así como es consciente igualmente del sujeto que mira. Por eso es que las cosas se pueden ver como son solamente cuando uno está en medio de nada; al igual que es imposible saborear la propia lengua. Piense sobre eso.

P: Usted nos dice que se pueden ver las cosas como son solamente cuando uno está en medio de nada. Sin embargo, las escrituras budistas hablan de cruzar a la otra orilla. ¿Podría usted aclarar este punto?

R: Se trata de cierto tipo de paradoja, como la idea de saltar desde ningún punto. Desde luego que las escrituras budistas hablan de cruzar a la otra orilla. Pero la otra orilla se alcanza solamente cuando uno cobra conciencia del hecho de que no hay otra orilla. Dicho de otra manera, viajamos hacia la "tierra prometida", la otra orilla, y habremos llegado cuando comprendamos que estábamos en ella desde el comienzo. Es una gran paradoja.

La shunyatá

Al abrirnos paso a través de nuestra versión conceptualizada del mundo con la espada de la prajñá, descubrimos la *shunyatá*[1] –la nada, el vacío, la vacuidad, la ausencia de dualidad y conceptualización–. De todas las enseñanzas del Buda sobre este tema la más conocida es la que se presenta en el *Prajnaparamitá-hrídaya-sutra*,también conocido como el *Sutra Corazón*. Pero lo más interesante de este sutra es que en él el Buda casi no dice una palabra. Al final del sermón dice meramente: "Muy bien, muy bien dicho", y sonríe. Creó una situación en la cual la enseñanza sobre la shunyatá es presentada por otras personas, en vez de hacerse él mismo el portavoz de la enseñanza. No impuso su comunicación sino que creó la situación en la cual podría darse la enseñanza, en la cual sus discípulos se sintieron inspirados para descubrir y experimentar la shunyatá. Hay doce maneras distintas de presentar el Dharma y ésta es una de ellas.

El sutra nos cuenta de Avalokitéshvara, el bodhisattva que representa la compasión y la habilidad en los métodos, y de Shariputra, el gran *arhant* que representa a la prajñá, el conocimiento. Hay ciertas diferencias entre las traducciones tibetana y japonesa y el original sánscrito, pero todas las versiones hacen ver que Avalokitéshvara tuvo que despertar a la shunyatá por la fuerza irresistible de la prajñá. Entonces Avalokitéshvara habló con Shariputra, quien representa la persona de mentalidad científica, o sea, el conocimiento exacto, y luego examinaron las enseñanzas del Buda en el microscopio de Shariputra, es decir que no aceptaron esas enseñanzas con una fe ciega, sino que las examinaron, las ensayaron, las pusieron a prueba hasta corroborar su veracidad.

Avalokitéshvara dijo:

—Oh, Shariputra, la forma es vacía, la vacuidad es la forma; la forma no es otra cosa que vacuidad, la vacuidad no es otra cosa que forma.[2]

No tenemos que entrar en los detalles del discurso, pero podemos examinar aquí esta declaración sobre la forma y el vacío, la cual contiene la doctrina esencial del sutra.

Así pues, hemos de tener un concepto claro y preciso de lo que significa aquí el término forma. La forma es lo que hay antes de que proyectemos sobre ella nuestros propios conceptos. Es el estado original de "lo que está aquí", las cualidades vivas, gráficas, impresionantes, dramáticas y estéticas que existen en toda situación. La forma puede ser la hoja de arce que cae de una rama y se posa en un río de la montaña, podría ser la luz de la luna llena, una cuneta o un montón de basura. Estas cosas son "lo que hay" y todas son de cierta manera una misma cosa: todas son formas, todas son objetos, no son otra cosa que lo que hay, lo que está, lo que es. Nuestra evaluación de estos objetos se crea en nuestro pensamiento posteriormente. Si observamos estas cosas y en verdad las vemos como son, serán sólo formas.

De manera que esta forma es vacía. Pero, ¿vacía de qué? Vacía de nuestras ideas preconcebidas, vacía de nuestros juicios. Pero, si no tratamos de valorarla o darle cierta categoría, si no comparamos la hoja que cae en el río con el basurero de Nueva York, entonces meramente están ahí, son lo que hay.[3] Están vacíos de toda preconcepción Son exactamente lo que son, ¡desde luego! La basura es basura, la hoja de arce es una hoja de arce, "lo que es" es "lo que es". La forma es vacía si la vemos fuera de nuestra interpretación personal de lo que ella es.

Pero el vacío también es forma. Esto nos parece una aseveración desconcertante. Creíamos que habíamos logrado arreglarlo todo; creíamos que habíamos logrado percibir que todo es "igual" si eliminamos nuestras preconcepciones. Esto nos presentaba un cuadro precioso: todo lo malo y todo lo bueno que vemos en el mundo es igualmente bueno. Perfecto. No hay problemas. Pero lo siguiente que se nos dice es que el vacío también es forma, así que tenemos que reexaminar el problema. La vacuidad de la hoja de arce también es forma; en realidad no es vacuidad. La vacuidad del montón de basura también es forma. Tratar de ver estas cosas como vacías también es encubrirlas de conceptos. La forma ha regresado. Resultó muy fácil quitar los conceptos y concluir que todo es simplemente lo que es. Eso podría ser una escapatoria, otra manera de tratar de darnos seguridad y consuelo. Tenemos que *sentir* las cosas realmente como son, las cualidades de basura del montón de basura, las cualidades de hoja de la hoja de arce, *el ser* y *el estar ahí* de todas las cosas. Hay que sentir todo esto cabalmente, no sólo tratando de encubrirlas bajo un velo de vacuidad. Eso no nos ayuda en lo más mínimo. Hay que ver la cualidad de estar ahí de lo que está ahí, hay que ver tal como son las cualidades crudas y ásperas de las cosas.

Ésta es una manera muy exacta de ver el mundo. Es decir, primeramente borramos todas nuestras preconcepciones más pesadas, luego borramos incluso las sutilezas de los conceptos como "vacío", lo que nos deja en medio de ninguna parte, completamente frente a lo que esta aquí.

Finalmente llegamos a la conclusión de que la forma es meramente forma y la vacuidad meramente vacuidad, lo cual se describe en el sutra cuando se dice que la forma no es otra cosa que vacío y el vacío no es otra cosa que forma; son inseparables. Descubrimos que la búsqueda de la belleza o de un sentido filosófico para la vida es meramente otra manera de autojustificarnos, de decirnos que las cosas no son tan malas como creemos. ¡Pero sí, las cosas son tan malas como creemos! La forma es la forma, el vacío es el vacío. Las cosas no son más que lo que son, y no tenemos por qué tratar de verlas a la luz de algún tipo de profundidad espiritual. Finalmente regresamos a la tierra, vemos las cosas como son. Esto no quiere decir que tengamos una visión mística con arcángeles, querubines y música celestial. Pero vemos las cosas como *son*, con sus *propias* cualidades. Así, pues, shunyatá es aquí ausencia total de conceptos o filtros de cualquier tipo, la ausencia incluso de los conceptos de "la forma es vacía" y "la vacuidad es la forma". Se trata de ver el mundo de una manera directa sin desear una conciencia "elevada" o un sentido más profundo o la mera profundidad. Se trata de percibir las cosas literalmente, como son en sí mismas.

Podríamos preguntar cómo se aplican estas enseñanzas a la vida diaria. Se cuenta que cuando el Buda dio su primer discurso sobre la shunyatá, algunos de los arhants [4] sufrieron ataques al corazón y murieron como resultado del impacto que tuvo en ellos esta enseñanza. En sus sesiones de meditación estos arhants habían tenido la experiencia de la absorción en el espacio, pero todavía se afincaban en el espacio. Puesto que todavía se afincaban en algo, aún había allí una experiencia y el que la experimentaba. El principio de la shunyatá significa no afincarse en nada, no distinguir entre el esto o el aquello, no depender de nada.

Si vemos las cosas como son, entonces no tenemos que interpretarlas o analizarlas más. No tenemos que tratar de entenderlas imponiéndoles la experiencia espiritual o las ideas filosóficas. Como dijo un famoso maestro zen: "Cuando como, como. Cuando duermo, duermo". No hacer más que lo que se está haciendo, cabal y plenamente. Actuar de esta manera es ser un *rishi*, una persona honrada, veraz, una persona sencilla y honesta que nunca distingue entre esto y aquello. Hace las cosas literalmente, directamente, como son. Come cuando quiere comer; duerme cuando quiere dormir. A veces se describe al Buda como un *maharishi*, el gran rishi[5] que no trataba de ser veraz, pero era simplemente veraz en su condición de apertura.

Esta interpretación de la shunyatá que acabamos de considerar es la doctrina de la escuela filosófica *mádhyamika*, o escuela de la "vía media", fundada por Nagárjuna.[6] Es una descripción de una realidad de experiencia que nunca se puede describir exactamente con palabras, porque las palabras sencillamente no son experiencia. Las palabras o conceptos meramente *señalan* algunos aspectos limitados de la experiencia. De hecho, incluso es dudoso que se pueda hablar de "tener una experiencia" de la realidad, puesto que esto supondría una separación entre la experencia y el que la tiene. Y finalmente, incluso es cuestionable si se puede hablar de "la realidad" porque esto implicaría la existencia de un sujeto conocedor fuera de y separado de esa realidad, como si la realidad fuera algo a lo cual se le puede poner un nombre, algo con límites y fronteras. Por eso, la escuela mádhyamika se limita a hablar de la tathatá, el "como es". En vez de presentar una definición propia de la realidad, Nagárjuna prefirió acercarse a la verdad mediante una crítica de los argumentos de otras escuelas filosóficas, la cual se basaba en una reducción al absurdo de esas doctrinas a partir de las doctrinas mismas.

Hubo algunos otros enfoques filosóficos importantes del problema de la verdad o la realidad que precedieron a la escuela mádhyamika e influyeron sobre ella. Estas formas de pensamiento pueden encontrarse no solamente en las escuelas filosóficas del budismo temprano que precedieron a Nagárjuna, sino también en los enfoques teístas del hinduismo, del vedanta, del islamismo, del cristianismo y de la mayor parte de las otras tradiciones religiosas y filosóficas. Desde el punto de vista de la escuela mádhyamika, estos otros enfoques se pueden agrupar en tres categorías: eternalismo, nihilismo y atomismo. Los mádhyamikas consideraban los dos primeros enfoques como falsos y el tercero como sólo en parte cierto.

El primero y más obvio de estos tres "conceptos erróneos sobre la naturaleza de la realidad" es el eternalismo, una posición filosófica que a menudo se encuentra en las formas más ingenuas del teísmo. Las doctrinas eternalistas consideran que los fenómenos contienen algún tipo de esencia eterna. Las cosas nacen y mueren, pero contienen una esencia que no perece. El atributo de existencia eterna tiene que predicarse de alguna *cosa*, por eso los que sostienen esta doctrina también suscriben la creencia en Dios, en un alma, en un atman, en un yo inefable. De esta manera, el creyente afirma que existe algo sólido, duradero y eterno. Resulta alentador tener algo sólido de que agarrarse, en que afincarse, una manera fija de entender el mundo y nuestra relación con él.

Sin embargo, a la larga, el que cree en las doctrinas eternalistas puede sentirse decepcionado con un Dios que nunca ha conocido, un alma o una esencia que no puede encontrar. Con lo cual llegamos a la segunda concepción errónea, la cual es un tanto más sutil que la anterior: el nihilismo. Esta opinión sostiene que todo surge de la nada, de un gran misterio. A veces esta perspectiva se manifiesta tanto en las doctrinas teístas como en las ateístas que sostienen que Dios es incognoscible. El sol brilla, proyecta sus rayos sobre la tierra, contribuye a la generación de la vida, provee calor y luz. Pero no podemos encontrar el origen de la vida; no hay ningún punto de partida lógico desde el cual el mundo haya comenzado. La vida y el mundo son meramente la danza de *maya*, la *ilusión*.[7] Las cosas se originan espontáneamente de la nada. Así pues, la nada parece tener mucha importancia en esta perspectiva: una realidad incognoscible que de alguna manera existe más allá de los fenómenos de la apariencia. El universo tiene lugar de alguna manera misteriosa, no hay ninguna explicación verdadera. Posiblemente el nihilista diría que la mente humana no puede comprender este misterio. Así, en esta visión de la realidad se trata al misterio como a una cosa. Uno se apoya y se afinca en la idea de que no hay ninguna respuesta como si fuera una respuesta.

La perspectiva nihilista trae consigo la actitud psicológica del fatalismo. Se comprende lógicamente que si uno hace algo, otra cosa sucede como reacción a ese acto. Se percibe cierta continuidad entre la causa y el efecto, una reacción en cadena sobre la cual uno no tiene ningún control. Este proceso de reacción en cadena surge del misterio de la "nada". Por lo tanto, si uno comete un asesinato, el asesinato se interpreta como resultado del karma, como algo inevitable, predestinado. Por otra parte, si se hace el bien, no tiene nada que ver con el que uno haya o no haya despertado. Todo surge de esta misteriosa "nada", lo cual constituye la perspectiva nihilista ante la realidad. Es una perspectiva muy ingenua: uno se lo deja todo al misterio. Siempre que no estamos muy seguros de las cosas que están más allá del alcance de nuestras ideas conceptualizadas, somos presas de un terror pánico. Nos aterra nuestra propia inseguridad y entonces intentamos llenar el vacío con otra cosa. Esta otra cosa es usualmente una convicción filosófica –en el caso del nihilismo, la creencia en el misterio–. Ansiosamente, ávidamente buscamos la nada, inspeccionando cada rinconcito oscuro en un intento de encontrarla. Pero sólo encontramos las migas. No encontramos nada más. Todo es un gran misterio. Mientras continuemos en pos de una respuesta conceptual siempre quedarán áreas de misterio, misterio que es él mismo otro concepto.

Ya seamos eternalistas, nihilistas o atomistas, suponemos constantemente que hay un "misterio", algo que desconocemos; el sentido de la vida, el origen del universo, la llave de la felicidad. Luchamos en busca de este misterio, tratamos de llegar a ser una persona que lo conoce o lo posee, le llamamos "Dios", "alma", "atman", "Brahman", "shunyatá", etc. Desde luego que ésta no es la perspectiva mádhyamika ante la realidad, pero las escuelas budistas del hinayana temprano cayeron en esta trampa, y por eso es que su enfoque se considera tan sólo una verdad parcial.

El modo hinayana de abordar la realidad considera la impermanencia como el gran misterio: todo lo que nace tiene que cambiar y morir. Sin embargo, uno no puede ver la impermanencia misma, sólo la ve en su manifestación en la forma. Así, el hinayanista describe el universo en términos de átomos en el espacio e instantes en el tiempo. En este sentido son pluralistas atomistas. El equivalente hinayana a la shunyatá es la comprensión de la naturaleza transitoria e insustancial de la forma; así, la práctica de la meditación en el hinayana es doble: la contemplación de los múltiples aspectos de la impermanencia –los procesos de nacimiento, crecimiento, descomposición y muerte, con sus elaboraciones–, y la práctica de tener presente la impermanencia de los fenómenos mentales. El arhant contempla los fenómenos mentales y los objetos materiales y comienza a verlos como acontecimientos momentáneos y atómicos. Así descubre que no hay ninguna sustancia permanente o sólida. Pero este modo de abordar el problema es erróneo en cuanto concibe la existencia de entes que se relacionan entre sí, es decir, la existencia de "esto" relativo a "aquello".

Podemos descubrir los elementos del eternalismo, del nihilismo y del atomismo pluralista combinados de varias maneras en casi todas las filosofías y religiones principales del mundo. Desde el punto de vista mádhyamika, estas tres concepciones erróneas de la realidad se hacen virtualmente ineludibles mientras se busque una respuesta a una pregunta imaginaria, mientras se quiera sondear el llamado "misterio" de la vida. Cualquier creencia en cualquier cosa es simplemente una manera de rotular el misterio. El *yogachara*, una escuela filosófica del mahayana, intentó eliminar el misterio tratando de crear una unión entre el misterio y el mundo fenoménico.[8]

El aspecto dominante de la escuela yogachara es la epistemología. Para esta escuela el misterio es la conciencia, aquello que conoce. Los yogacharins resolvieron el misterio mediante la postulación de la unidad inseparable entre la conciencia y los fenómenos. Así, no existe el *individuo* que conoce; más bien, todo "se conoce a sí mismo". Lo único que existe es "una sola mente", llamada por los yogacharins "cognición autoluminosa" [o la conciencia que se conoce a sí misma], y tanto los pensamientos como las emociones y las personas y los árboles son sólo aspectos de ella. Por eso, también se conoce esta escuela en la literatura tradicional como la escuela *chitta-matra* o escuela de "sólo-mente".

La escuela yogachara fue la primera escuela de pensamiento budista que trascendió la división entre el conocedor y lo conocido. Así, sus partidarios explican la confusión y el sufrimiento como algo que surge de la creencia falsa de que existe un conocedor individual o individuo que conoce. Si una persona cree que conoce el mundo, entonces la mente, que es una, aparece dividida, aunque en realidad tan sólo se trata de máculas en su superficie clara. La persona confundida siente que tiene pensamientos de fenómenos externos y que reacciona a ellos y así se deja atrapar en una situación cíclica de acción y reacción. La persona iluminada, por otra parte, se da cuenta de que tanto los pensamientos como las emociones y el mundo que llamamos externo son por igual partes del "juego de la mente". Por eso la persona iluminada no se deja atrapar en el dualismo del sujeto y el objeto, de lo interno y lo externo, del conocedor y lo conocido, del yo y el otro. Todo es *auto*-conocimiento.

Sin embargo, Nagárjuna impugnó la doctrina yogacharin de "sólo-mente", y de hecho puso en tela de juicio la existencia misma de la "mente". Estudió los doce volúmenes de la literatura de la Prajñaparamitá, que se produjeron durante el período de la segunda rotación de la Rueda de la Doctrina del Buda, las enseñanzas del período medio en la vida del Buda.[9] Las conclusiones a las cuales llegó Nagárjuna se pueden resumir en el principio de "no afincarse", el principio central de la escuela mádhyamika. Según Nagárjuna toda posición filosófica se puede refutar, y no hemos de afincarnos en ninguna respuesta o descripción de la realidad, sea extrema o moderada, inclusive la noción de "sólo mente". Incluso decir que no afincarse es la respuesta sería un engaño, puesto que tampoco debe afincarse uno en el no afincarse. El método de Nagárjuna era no filosofar, lo cual no constituye sencillamente una nueva filosofía. Así afirmó: "El sabio tampoco debe afincarse en un punto medio".

La filosofía mádhyamika es un examen crítico de la teoría yogacharin de que todo es un aspecto de la mente. El argumento mádhyamika dice así: "Para que se pueda decir que existe la mente o que todo es el juego de una sola mente, tiene que haber alguien que observa a la mente, el que conoce la mente y puede confirmar su existencia". Así, todo el yogachara es necesariamente una teoria postulada por ese observador. Pero, según la propia filosofía yogacharin de la cognición autoluminosa, los pensamientos que tiene un sujeto en relación con un objeto son falsos, puesto que no hay ni sujeto ni objeto, sino una mente sola, de la que el observador tiene que formar parte. Por lo tanto, es imposible afirmar que existe una mente sola. Como el ojo físico, la cognición autoluminosa no puede verse a sí misma, como una navaja no puede cortarse a sí misma. Sobre la base de las propias aseveraciones de los yogacharins, no existe nadie que pueda saber si existe sólo la mente.

Entonces, ¿qué se puede decir sobre la mente o la realidad? Como no hay nadie que perciba la mente o la realidad, la noción de existencia en términos de "cosas" o de "forma" es falsa. No hay realidad, no hay perceptor de la realidad, ningún pensamiento se deriva de la percepción de la realidad. Una vez que hemos eliminado esta preconcepción de la existencia de la mente y la realidad, las situaciones aparecen claramente tal como son. No hay nadie que observe, nadie que conozca nada. La realidad meramente es, y esto es lo que se quiere decir con el término "shunyatá". Con la intuición de esta verdad se elimina el observador que nos separa del mundo.

Entonces, ¿cómo comienza nuestra creencia en un "yo" y todo el proceso neurótico? Podríamos decir que, según los mádhyamikas, cada vez que hay percepción de forma, hay también una reacción inmediata de fascinación o de inseguridad por parte del perceptor de la forma que supone la situación misma. Esta reacción es casi instantánea. Dura tan sólo una fracción de segundo. Y tan pronto como se ha logrado reconocer lo que la cosa es, nuestra próxima reacción es la de darle un nombre a la cosa. Con el nombre, desde luego, viene el concepto. Tendemos a conceptualizar el objeto, lo que quiere decir que ya no podemos percibir las cosas como verdaderamente son. Hemos creado cierto tipo de relleno o cojinete, un filtro o velo entre nosotros y el objeto. Esto es lo que le impide a uno mantener una conciencia continua durante y después de la meditación. Este velo nos separa de la conciencia panorámica y de la presencia del estado de meditación porque una y otra vez no logramos ver las cosas como son. Nos sentimos obligados a poner nombres, a traducir, a pensar discursivamente, y esta actividad nos aleja cada vez más de la percepción directa y exacta. Así pues, la shunyatá no es meramente la conciencia de lo que somos y de cómo somos en relación con este o aquel objeto, sino más bien la claridad que trasciende cualquier almohadillado conceptual y las confusiones innecesarias. Uno ya no se siente fascinado por el objeto o comprometido como sujeto. Es estar libre de *esto* y *aquello*. Lo que queda es el espacio abierto, la ausencia de la dicotomía entre esto y aquello. Esto es lo que se quiere decir cuando se dice "vía media" o "mádhyamika".

La experiencia de la shunyatá se puede cultivar sin haber caminado primeramente por el sendero estrecho de la disciplina y la técnica. La técnica se necesita para comenzar, pero también es necesario perderla en algún momento. Desde el punto de vista último todo el proceso de aprender y practicar es totalmente innecesario. Podríamos percibir la ausencia de ego de una sola ojeada.

Pero nos negamos a aceptar una verdad tan simple. Dicho de otra manera, tenemos que aprender primero para poder desaprender. El proceso consiste exclusivamente en deshacer el ego. Comenzamos por aprender a tratar con los pensamientos y las emociones neuróticas. Entonces se eliminan los conceptos falsos mediante la conciencia del vacío, de la apertura. Ésta es la experiencia de la shunyatá. "Shunyatá" significa literalmente, en sánscrito, "vacuidad" o "vacío", es decir, "espacio", la ausencia de toda actitud conceptualizante. Así Nagárjuna dice en su *Comentario sobre el Mádhyamika*: "Al igual que el sol despeja las tinieblas, el sabio perfecto ha conquistado los hábitos mentales falsos. No percibe la mente ni pensamientos que se deriven de la mente".

El Sutra Corazón concluye con "el gran encantamiento" o *mantra*. La versión tibetana dice: "Por lo tanto, el mantra del conocimiento trascendente, el mantra de la visión profunda, el mantra insuperable, el mantra inigualable, el mantra que alivia todo sufrimiento, debe conocerse como la verdad, porque no hay engaño". El poder de este mantra se deriva no de alguna fuerza mística imaginaria o del poder mágico de las palabras, sino del significado de estas últimas. Resulta interesante que, después de explicar la shunyatá –la forma es vacía, la vacuidad es forma, la forma no es otra cosa que vacuidad, la vacuidad es idéntica a la forma, etc.–, el sutra procede a considerar el mantra. Al principio habla del estado contemplativo y finalmente habla del mantra o de las palabras. Esto se debe a que al comienzo tenemos que llegar a confiar en nuestro propio entendimiento, eliminando todas nuestras ideas preconcebidas; hay que ir más allá de toda creencia, trascender toda creencia; nihilismo, eternalismo, etc. Y cuando la persona queda completamente expuesta, completamente al descubierto, completamente desenmascarada, completamente desnuda, completamente abierta, en ese preciso instante ve el poder de la palabra. Cuando se ha desenmascarado la hipocresía básica, absoluta, última, entonces uno comienza a ver realmente la joya que brilla con todo su esplendor: la cualidad enérgica, viva de la apertura, la cualidad viva de la entrega, la cualidad viva de la renuncia.

La renuncia, en este caso, no es el mero echar a un lado, sino que, después de echarlo todo a un lado, se comienza a sentir la cualidad viva de la paz. Y esta paz no es una paz débil, una apertura débil; tiene un carácter fuerte, una cualidad invencible, una cualidad inquebrantable, porque no permite ningún intervalo de hipocresía. Es la paz completa en todas direcciones, de suerte que no existe el más mínimo rincón oscuro de duda e hipocresía. La apertura total es la victoria total, porque ya no tememos a nada, no tratamos en lo más mínimo de defendernos. Por lo tanto, éste es un gran mantra. Esperaríamos que el mantra dijera algo sobre el vacío –como: "*Om shunyatá mahá-shunyatá*"– pero en vez de eso dice: *"Om gaté gaté parágate parásamgate bodhi svaha"*. Dice "gaté gaté..." –"ido, ido, ido más allá, completamente ido"–. Ésta es una afirmación más fuerte que la que se presentaría si dijera "shunyatá" porque la palabra "shunyatá" podría implicar una posición filosófica. En vez de formular una afirmación filosófica, el mantra revela lo que queda más allá de la filosofía. Por lo tanto dice: *gaté gaté* –"ido, abandonado, eliminado, abierto"–. El primer *gaté* significa "libre del velo de las emociones conflictivas". El segundo *gaté* representa el velo de las creencias primitivas sobre la realidad. Dicho de otra manera, el primer *gaté* representa la idea de que "la forma es vacío", y el segundo *gaté* se refiere a "el vacío es la forma" Entonces, la próxima palabra del mantra es *parágate* –"ido más allá, completamente al descubierto". Ahora la forma es forma –*parágate*– y no se trata meramente de que la forma sea forma, también el vacío es vacío. *Parásamgate*, "completamente ido más allá". La palabra *bodhi* significa "completamente despierto". Significa que uno "lo ha entregado todo, está completamente desenmascarado, desnudo, completamente abierto". *Svaha* es la palabra que tradicionalmente termina los mantras, significa "así sea". Así, el mantra dice: "Ido, ido, ido más allá, completamente al descubierto, despierto, así sea".

P: ¿Cómo lleva el deseo al renacer?

R: Cada vez que surge un deseo hay un renacer. Se siembra el querer, querer hacer algo, querer poseer algo.

Entonces ese deseo de poseer trae consigo otras cosas. Renacer aquí significa el nacer de nuevas confusiones, nuevas insatisfacciones, nuevos quereres. Por ejemplo, si uno tiene un gran deseo de tener dinero, y logra conseguir grande cantidades de dinero, entonces uno querrá también comprar algo con ese dinero. Una cosa lleva a la otra, una reacción en cadena, de forma que el deseo se convierte en cierto tipo de red complicada. Uno quiere algo, quiere atraer algo hacia sí mismo, continuamente.

La experiencia de la shunyatá, el ver precisa y claramente lo que es, de algún modo logra cortar a través de esta red, esta telaraña, porque la telaraña ha sido tejida en el espacio del deseo, el espacio del querer. Y cuando el espacio de la shunyatá, por decirlo así, sustituye al espacio del deseo, toda la formulación conceptualizante del deseo se elimina completamente, como si uno hubiese llegado a otro planeta en el cual el aire es distinto, o a un lugar en el cual no hay ningún oxígeno. Así pues, la shunyatá provee una nueva atmósfera, un nuevo ambiente, del cual no se pueden nutrir el apego y el asimiento. Por lo tanto, la experiencia de la shunyatá también hace imposible la siembra de las semillas del karma, por lo cual se dice que la shunyatá es lo que da a luz a todos los budas, todos los despiertos. "Despierto" significa no verse atrapado en las reacciones en cadena y las complicaciones del proceso kármico.

P: ¿Por qué es que tantos de nosotros tenemos una tendencia tan fuerte a no ver las cosas como son?

R: Pienso que principalmente porque tememos verlas.

P: ¿Y por qué tenemos miedo de verlas?

R: Queremos un cordón umbilical unido al ego y a través del cual podamos nutrirnos todo el tiempo.

P: ¿Se puede lograr esta comprensión de que "el vacío es la forma" a través de la práctica de ciertas técnicas de meditación, o es menester esperar a que nos llegue espontáneamente?

R: La percepción de la shunyatá no se logra a través de la práctica de alguna gimnasia mental; se trata de verla realmente. Se la podría ver en la sesión contemplativa o se la podría ver en las situaciones de la vida diaria. No existe ninguna norma o método preestablecido para producirla. En el caso de Naropa, el gran yogi hindú percibió la shunyatá cuando su maestro se quitó la sandalia y le golpeó la mejilla. En ese preciso instante la vio. Depende de la situación individual.

P: ¿Entonces no es algo que se pueda buscar?

R: Si uno tiene el vivo deseo de encontrarla, si uno tiene verdadera dedicación a esta búsqueda, verdadera dedicación a la comprensión de la shunyatá, entonces uno tiene que dejar de buscarla.

P: Se me hace difícil reconciliar el concepto de shunyatá con lo que sucede aquí ahora mismo.

R: Cuando uno tiene la experiencia de la shunyatá, no significa que uno deja de percibir, que deja de vivir sobre la tierra. Uno todavía vive en la tierra, pero ve con mejor precisión lo que está aquí. Comúnmente creemos que conocemos las cosas como son. Pero solamente vemos nuestra propia versión de la realidad, a la cual le falta mucho para estar completa. Hay mucho más que aprender sobre las verdaderas sutilezas de la vida. Las cosas que vemos son una versión muy cruda de lo que es. Tener una experiencia de la shunyatá no significa que el mundo entero se disuelve totalmente en el espacio, sino que uno comienza a ver el espacio, de manera que el mundo se hace un tanto menos congestionado. Por ejemplo, si nos vamos a comunicar con alguien, podríamos prepararnos para decirle esto o aquello, para tranquilizarlo o para explicarle las cosas. Pero entonces resulta que esa persona tiene tantas vueltas, tiene él mismo tantos intereses y complejidades, que terminamos dejándonos confundir por él. Uno termina por cargar con la confusión del otro, en vez de traer la claridad que uno había preparado con anticipación. Uno ha quedado completamente absorbido en la confusión del otro. Así que shunyatá significa ver a través de la confusión. Uno logra mantener la precisión y la claridad en todo momento.

P: Y con ese tipo de experiencia, ¿todavía se está vivo en este mundo?

R: ¡Sí, desde luego! Verá usted, la iluminación no significa la muerte. De otra manera, la iluminación sería cierto tipo de suicidio, lo que es ridículo. Éste es el punto de vista nihilista, el tratar de escapar del mundo.

P: ¿Es omnisciente la persona iluminada?

R: Me temo que ésta es una conclusión equivocada que se suele derivar de la teoría yogacharin de la única, una teoría que ha aparecido igualmente en otras tradiciones religiosas y filosóficas. La idea es que la persona iluminada se ha convertido en la mente única y por eso conoce todo lo que ha sido, es y será. Uno siempre se encuentra con este tipo de especulación fantástica cuando la gente se enreda con el "misterio", lo incognoscible. Pero me temo que no hay tal cosa como la mente única.

P: ¿Cómo comienza uno a ver lo que realmente es?

R: Se empieza por no comenzar, por abandonar la idea de un comienzo. Si uno trata de afirmar cierto territorio –mi experiencia–, entonces no consigue ver la shunyatá. Hay que abandonar toda idea de territorio. Y esto es algo que se puede hacer, no es imposible. No se trata de mera especulación filosófica. Se puede abandonar la idea de territorio, se *puede* no comenzar.

P: ¿Podría decirse que parte de ese no comenzar es seguir intentando por tanto tiempo que uno termina dándose por vencido de puro cansancio? ¿O es que uno se puede dar por vencido antes de intentar? ¿Hay algún atajo? ¿Es necesario que el mono pase por toda la experiencia de colgarse de las paredes y sufrir alucinaciones?

R: Creo que esas experiencias son necesarias. La iluminación súbita se da solamente después de rendirnos de agotamiento. Porque sea súbito no debemos suponer que haya un atajo. En algunos casos, algunas personas tienen la experiencia del fulgurar súbito de la iluminación, pero si no persisten en eso, sus hábitos mentales usuales retornan y sus mentes se vuelven a congestionar. Es menester persistir en este viaje, porque, como dijo usted, no logra lo que busca en el momento en el que comienza a desilusionarse.

P: Esto parece traernos de vuelta al sendero hinayana de la disciplina. ¿No es así?

R: Sí, la meditación es un trabajo arduo. Se podría decir que es como un trabajo manual.

P: Una vez que se ha comenzado, parecería que uno tiene toda una tarea por delante.

R: Hay una tarea que llevar a cabo, pero al mismo tiempo, todo lo que uno hace está relacionado con el momento presente, más que con la consecución de alguna meta en el futuro, con lo cual volvemos al tema de la práctica de la meditación. La meditación no consiste en echarse a andar por el sendero; es darse cuenta de que uno ya está en el sendero –al estar plenamente en el ahora de este mismo instante–: ahora, ahora, ahora. En efecto, uno no se inicia nunca en el sendero, porque en realidad nunca se ha alejado de él.

P: Usted describe a las personas iluminadas como personas libres de la cadena del karma. Quisiera saber qué quiere decir con esa aseveración, porque a mí me parece que esas personas crean una nueva cadena kármica.

R: La palabra "karma" significa "creación" o "acción", reacción en cadena. Por ejemplo, cuando miramos hacia el futuro sembramos una semilla en el presente. Pero cuando se trata de las personas iluminadas, éstas no urden planes para el futuro; porque no desean proporcionarse ningún tipo de seguridad. Ya no necesitan conocer qué dirección han de tomar las cosas en el futuro. Han triunfado sobre toda idea preconcebida del futuro. Están en la plenitud del ahora. El ahora tiene el futuro en potencia, como también contiene el pasado. Las personas iluminadas han domado a la perfección las actividades desasosegadas y paranoicas de la mente. Se hallan en el momento presente completa y plenamente; por lo tanto, ya no siembran más semillas de karma. Cuando llegue el futuro no lo verán como el resultado de sus buenas obras del pasado. Según llega, lo van viendo continuamente como presente. Así no crean nuevas reacciones en cadena.

P: ¿Es la "cualidad de despierto" algo diferente del estar en el ahora?

R: Sí. La iluminación es el estar *despierto* en el ahora. Por ejemplo, los animales viven en el presente y, si vamos a eso, un bebé vive en el presente; sin embargo, eso es algo muy distinto de estar despierto o iluminado.

P: No veo muy claramente lo que usted quiere decir cuando afirma que los animales y los niños viven en el presente. ¿Qué diferencia existe entre vivir en el presente de esa manera y ser una persona iluminada?

R: Creo que se trata de la diferencia entre aferrarse a algo y estar realmente en el ahora en términos de "despertar". Cuando se trata de un niño o de un animal, ambos están en el ahora, pero también se aferran al ahora. Cuando se aferran a él reciben algún tipo de retroalimentación, aunque no se den cuenta de ello. En el caso de una persona iluminada, ésta no se aferra a la idea de "Yo soy un ser iluminado", porque ha trascendido completamente la idea de "yo soy". Es meramente ser en plenitud. La división entre sujeto y objeto ha sido trascendida completamente.

P: Si el ser iluminado no tiene ego, siente las penas y los pesares de los que lo rodean, pero no siente necesariamente los suyos, ¿entonces no diría usted que su deseo de ayudar a los demás a sobreponerse a sus dificultades es un "deseo" como otro cualquiera?

R: No creo que se pueda decir eso. El deseo aparece cuando uno quiere hacer feliz a alguien. Cuando esa persona es feliz, entonces usted se siente feliz también, porque en realidad todo lo que usted ha hecho por esa persona lo ha hecho en cierta manera para su propia satisfacción, más que por la otra persona. *Usted* quiere que ella sea feliz. Un ser iluminado no tiene una actitud como ésta. Cada vez que alguien necesita ayuda, el ser iluminado meramente se la da, sin gratificación propia, sin felicitarse a sí mismo.

P: ¿Por qué le puso usted el nombre de Karma Dzong a su centro espiritual?

R: *Karma* significa "acción", al igual que "actividad de los Budas", y *Dzong* es una palabra tibetana que significa "fortaleza". Las situaciones meramente se nos presentan, no se premeditan deliberadamente. Se hallan en un estado de evolución constante, ocurren del todo espontáneamente. Además parece que aquí en Karma Dzong se recoge una gran cantidad de energía, lo cual se puede decir también del karma. Se trata de una energía que no se deja disipar por nadie, energía que se queda dentro de la fortaleza. Lo que sucede tenía que suceder necesariamente. Toma la forma de relaciones kármicas espontáneas, en vez de tomar la forma de la labor misionera o de querer hacer budistas a todos los que vienen aquí.

P: ¿Que relación ve usted entre los conceptos de samadhi y nirvana y el concepto de la vacuidad?

R: Se trata de un problema con las palabras. No se trata de diferencias esenciales, sino de diferencias de énfasis. El samadhi es la absorción total y el nirvana es liberación y los dos están ligados con la shunyatá. Cuando experimentamos la shunyatá estamos completamente absortos, sin la división de la dualidad entre sujeto y objeto. Pero también estamos libres de la confusión.

La prajñá y la compasión

Cuando consideramos la shunyatá, descubrimos que les imponemos a los fenómenos nuestras preconcepciones, nuestras ideas, nuestra versión de las cosas en vez de verlos como son. Una vez que logramos ver a través del velo de la preconcepción, nos damos cuenta de que es una forma inútil y confusa de ponerle un asa a la experiencia sin considerar si esta agarradera le sirve o no. Dicho de otra manera, las preconcepciones son una manera artificial de lograr cierta seguridad. Cada vez que vemos algo, inmediatamente le ponemos un nombre y lo colocamos en alguna categoría. Pero la forma está vacía; no necesita de nuestras categorías para expresar su plena naturaleza, para ser lo que es. La forma *en sí misma* está vacía de toda preconcepción.

Pero el vacío es la forma. Esto significa que en este nivel de conciencia le damos demasiada importancia a la posibilidad de ver la forma desnuda de toda preconcepción. Quisiéramos tener este tipo de visión de las cosas, como si la percepción de la vacuidad de la forma fuera un estado que pudiéramos obligarnos a alcanzar. Buscamos la vacuidad de manera que hacemos que ésta también se convierta en una cosa, en una forma, en vez de ser verdadera vacuidad. Es un problema de exceso de ambición.

Así, la próxima etapa en el sendero es la de abandonar esta ambición de querer ver la vacuidad de la forma. Entonces la forma se deja ver detrás del velo de nuestras preconcepciones. La forma es forma, forma desnuda, sin subyacentes implicaciones filosóficas. Y la vacuidad es vacuidad; no hay nada a qué aferrarse. Hemos descubierto la experiencia de la no dualidad.

Con todo y esto, aunque hemos comprendido que la forma es la forma y la vacuidad es la vacuidad, todavía tenemos en mucho nuestra visión de la no dualidad. Todavía tenemos cierta sensación de que hay un conocedor, alguien que experimenta esta visión de la no dualidad. Hay cierta conciencia de haber descartado algo, de que falta algo. De manera muy sutil nos aferramos a la no dualidad. Aquí entramos en una fase intermedia entre el sendero del mahayana y el sendero del tantra, en la cual la prajñá es continua y la compasión no es deliberada, pero todavía hay algo de reflexión y autoconciencia, cierta sensación de que somos conscientes de la prajñá y la compasión que hay en nosotros, de que estamos inspeccionando y valorando nuestros actos.

Como explicamos en nuestra charla sobre la acción del bodhisattva[1], la prajñá es un estado de ser muy claro, preciso e inteligente. Tiene cierta cualidad de exactitud, la habilidad de penetrar y revelar las situaciones. La compasión es la atmósfera abierta en la cual la prajñá percibe las cosas. Es una conciencia abierta de situaciones que desencadena acciones iluminadas por el ojo de la prajñá. La compasión es muy poderosa, pero ha de ser dirigida por la inteligencia de la prajñá, así como la inteligencia necesita la atmósfera de apertura fundamental de la compasión. Las dos tienen que ocurrir a la vez.

La compasión incluye una intrepidez fundamental, la intrepidez que nunca titubea. Esta intrepidez se caracteriza por una generosidad extraordinaria, a diferencia de la intrepidez del que quiere ejercer poder sobre los demás. Esta "intrepidez generosa" es la naturaleza fundamental de la compasión y trasciende el instinto animal del ego. El ego quiere establecer su territorio, mientras que la compasión es completamente abierta y acogedora. Es un gesto de generosidad que no excluye a nadie.

La compasión comienza a desempeñar un papel en la práctica de la meditación cuando sentimos no solamente tranquilidad y paz sino también calor. Se tiene una sensación intensa de calor que da lugar a una actitud abierta y acogedora. Cuando se tiene este sentimiento desaparece el temor o la ansiedad de que los agentes externos se conviertan en impedimentos de la práctica de la meditación.

Este calor instintivo se extiende también a la experiencia de conciencia plena que se tiene después de la meditación. Con este tipo de conciencia ya no podemos separarnos de nuestras propias actividades. Sería imposible. Si uno trata de concentrarse en lo que hace –ya sea en prepararse una taza de té o en otra actividad del diario vivir– y a la vez intenta ser consciente, termina viviendo en un estado de ensueño. Como dijo uno de los grandes maestros tibetanos: "Tratar de combinar desmañadamente la conciencia y la acción es como tratar de mezclar agua con aceite". La conciencia verdadera tiene que ser abierta y no precavida o proteccionista. Es receptividad, experimentar el espacio abierto que hay en una situación determinada. Puede que uno esté trabajando, pero se puede tener conciencia dentro del acto mismo de trabajar, el cual se convierte entonces en la práctica de la compasión y la meditación.

En general, falta conciencia en nuestras vidas; estamos tan absortos en lo que queremos hacer que nos olvidamos del resto de nuestro ambiente, nos aislamos de él. Pero la fuerza positiva de la compasión y la prajñá es abierta e inteligente, perspicaz y penetrante, por lo cual puede darnos una visión panorámica de la vida que revela no solamente las acciones y los acontecimientos sino que también nos muestra la totalidad del ambiente. Esto crea la situación propicia para comunicarnos con los demás. Cuando tratamos con otras personas, no basta con tomar conciencia de lo que nos dicen, también tenemos que estar abiertos a toda la tonalidad de su ser. Las meras palabras de una persona, o su sonrisa, representan tan sólo una fracción de su acto de comunicación. Es igualmente importante la calidad de su presencia, la manera en la que se presenta ante nosotros. Esto comunica mucho más que las meras palabras.

Cuando una persona es a la vez sabia y compasiva sus actos son muy diestros e irradian una energía extraordinaria. Estos actos diestros se conocen como los *upayas*, los "medios hábiles" de un bodhisattva[2]. Cuando decimos "hábil" o "diestro" no queremos decir "hábil" en el sentido de "astuto", ni "diestro" en el sentido de "diplomático" o "taimado". Los upayas meramente ocurren como una manera de responder a las situaciones. Si una persona es totalmente abierta, su respuesta a la vida será muy directa, quizá incluso escandalosa desde el punto de vista convencional, porque los "medios hábiles" no permiten ninguna tontería. Revelan y se enfrentan a las situaciones tal como son: un tipo de energía muy hábil y precisa. Si esta energía de pronto nos arrebatara los encubrimientos y las máscaras que llevamos, sería algo muy penoso. Sería sumamente desconcertante, porque de pronto nos veríamos sin nada puesto, desnudos. En ese momento este tipo de apertura y de franqueza, esa naturaleza escandalosamente franca de la prajñá y la compasión podría parecernos extremadamente fría e impersonal.

Para la manera de pensar convencional, la compasión no significa otra cosa que ser bondadoso y dar calor. Este tipo de compasión se describe en las escrituras como "amor de abuela". Se esperaría que la persona que practica este tipo de compasión fuera extremadamente bondadosa y amable; el tipo de persona que no mata una mosca. Si uno necesita otra máscara, otra manta para calentarse, ésta es la persona que se la proveerá. Pero la verdadera compasión, desde el punto de vista del ego, parece despiadada, porque no se detiene a considerar el deseo que tiene el ego de mantenerse a sí mismo. Esta compasión es una "sabiduria chiflada". Es completamente sabia, pero es igualmente chiflada, porque no tiene nada que ver con los esfuerzos literales y simplistas que hace el ego para asegurarse su propia comodidad.

La voz lógica del ego nos aconseja que seamos bondadosos con los demás, ser niños y niñas buenos y llevar una vida modosa e inocente. Tenemos un trabajo ordinario y alquilamos un cuarto o un apartamento cómodo. Nos gustaría seguir viviendo así, pero de pronto algo nos arranca de nuestro nido acogedor. O nos sentimos extremadamente deprimidos o nos sucede algo atrozmente doloroso. Comenzamos a preguntarnos por qué el cielo ha sido tan despiadado. "¿Por qué habrá de castigarme Dios? He sido una buena persona. No he lastimado a nadie."

¿Qué es lo que estamos tratando de asegurar? ¿Por qué ponemos tanto afán en protegernos? La energía impensada de la compasión despiadada nos arrebata nuestras comodidades y seguridades. Si nunca pasáramos por esta conmoción, no podríamos crecer. Necesitamos una sacudida que nos saque de nuestro estilo de vida regular, monótono y cómodo. El propósito de la meditación no es meramente ser una persona honrada y buena en el sentido convencional, tratando sólo de mantener nuestra propia seguridad. Tenemos que comenzar a ser compasivos y sabios en el sentido fundamental, tenemos que abrirnos y relacionarnos con el mundo tal cual es.

P: ¿Podría explicar usted la diferencia básica que hay entre el amor y la compasión, y qué relación existe entre ambos?

R: Amor y compasión son términos muy ambiguos; podemos interpretarlos de muchas maneras. Generalmente, en nuestras vidas nos acercamos a las cosas con una actitud codiciosa, tratamos de aferrarnos a diversas situaciones para lograr seguridad propia. Puede que veamos a alguien como nuestro bebé, o podría ser que quisiéramos considerarnos a nosotros mismos como niños indefensos y quisiéramos meternos en el regazo de otro. Este regazo podría pertenecer a una persona, a una organización, a la comunidad, al maestro, a alguna figura paterna. Las llamadas "relaciones de amor" usualmente toman una de estas dos formas. O nos están alimentando o alimentamos a otros. Éstas son formas falsas, torcidas del amor y la compasión. El deseo de comulgar –el que queramos "pertenecer", ser el niño de alguien, o que queramos que otros sean nuestros niños– es un instinto que parece ser poderosísimo. Un individuo o una organización o institución o cualquier otra cosa puede convertirse en nuestro bebé; lo meceríamos en nuestros brazos, le daríamos de beber leche, lo estimularíamos en su crecimiento. O podría ser que la organización fuese la gran madre que nos alimenta continuamente. Sin nuestra "madre" no podemos existir, no podemos sobrevivir. Estas dos formas de manifestación pueden aplicarse a cualquier energía vital que tenga la capacidad de entretenernos. Esta energía puede ser tan sencilla como una amistad casual o como una actividad excitante que quisiéramos llevar a cabo, y puede ser tan complicada como el matrimonio o el escoger una carrera. Queremos manejar la excitación a nuestro gusto o queremos ser parte de ella.

Sin embargo, hay otro tipo de amor y compasión, una tercera manera: no ser otra cosa que lo que uno es. Uno no se reduce al nivel de un niño ni exige que otra persona corra a cobijarse en nuestro regazo. Uno es simplemente lo que es, en el mundo, en la vida. Si uno puede ser lo que es, las situaciones externas serán lo que son automáticamente. Entonces, uno se puede comunicar directa y exactamente, sin abandonarse a ningún tipo de necedad, a ningún tipo de interpretación emocional o filosófica o psicológica. Esta tercera manera de ser compasivo es un estilo equilibrado de apertura y comunicación, el cual automáticamente crea un espacio tremendo, espacio para el crecimiento creativo, espacio en el que se pueda bailar y pueda haber intercambio.

Compasión significa no jugar el juego de la hipocresía y el autoengaño. Por ejemplo, si queremos algo de alguien y le decimos "te amo", a menudo lo que esperamos es llegar a convencerlo de que se pase a nuestro territorio, a nuestro lado. Este tipo de amor proselitista tiene serias limitaciones. "¡Deberías amarme, aunque me odies; porque yo estoy lleno de amor, estoy ebrio de amor, estoy completamente embriagado!" ¿Qué quiere decir esto? Sencillamente que la otra persona debería entrar resueltamente en nuestro territorio, porque decimos que la amamos, que no le vamos a hacer daño. Esto es muy dudoso. Ninguna persona inteligente se va a dejar seducir con este truco. "Si de veras me quieres como soy, ¿por qué me pides que entre en tu territorio? ¿Por qué esta cuestión del territorio y estas exigencias? ¿Qué esperas de mí? Si accedo a entrar en tu territorio de 'amor', cómo puedo saber que no me vas a dominar, que no vas a crear una situación claustrofóbica con tus exigencias opresivas de amor?" Mientras el amor traiga consigo alguna exigencia territorial, los demás sospecharán de esta actitud "amorosa" y "compasiva". ¿Cómo podemos asegurarnos de que el banquete que se nos sirve no ha sido emponzoñado? ¿Es esta apertura la de una persona egocéntrica o es verdadera apertura total?

La característica fundamental de la compasión verdadera es la apertura pura e intrépida que no tiene limitaciones territoriales. No hace falta ser amoroso y bondadoso con el prójimo, no hace falta hablar con palabras dulces y mostrar una sonrisa amable. Este jueguito no viene al caso cuando se trata de la compasión verdadera. De hecho, resultaría embarazoso. La apertura verdadera tiene lugar a una escala mucho mayor, una escala radicalmente grande y abierta, una escala universal. La compasión debe significar para uno el ser tan adulto como se pueda mientras se mantiene una actitud de niño. En las enseñanzas budistas el símbolo de la compasión es, como ya he dicho, una luna que brilla en el cielo y se refleja en cien tazas de agua. La luna no exige: "Si te abres a mí, te haré un favor y brillaré dentro de ti". La luna meramente brilla. Lo importante no es el querer beneficiar o hacer feliz a alguien. No hay un auditorio presente, no hay "yo" ni "ellos". Se trata de un regalo abierto, generosidad cabal sin los conceptos relativos de dar y recibir. Ésta es la apertura básica de la compasión: abrirse sin exigir. No ser otra cosa que lo que uno es, ser el amo de la situación. Si uno meramente "es", entonces la vida fluye alrededor y a través de uno. Esto lo lleva a uno a relacionarse y comunicarse con alguien, lo cual, desde luego, exige un calor y una apertura tremendas. Si uno puede darse el lujo de ser lo que uno es, entonces no necesita de la "póliza de seguro" de tratar de ser una persona buena, una persona piadosa, una persona compasiva.

P: Esta compasión despiadada parece ser crueldad.

R: El enfoque convencional del amor es como el de un padre inocente en extremo y que quiere ayudar a sus hijos a que satisfagan cualquier deseo que tengan. Puede que lo dé todo: dinero, bebida, armas de fuego, comida, cualquier cosa con tal de hacerlos felices. Pero puede que haya otro tipo de padre que no se limite a querer darles felicidad, sino que también quiera hacer lo necesario por darles una salud fundamental.

P: ¿Por qué habría de tener interés alguno en dar algo la persona verdaderamente compasiva?

R: No se trata precisamente de dar, sino de abrirse, de relacionarse con las demás personas. Se trata de reconocer la existencia de las otras personas tal como son en vez de tratar de relacionarse con ellas de acuerdo con alguna idea prefijada o preconcebida de lo que es cómodo o lo que es incómodo.

P: Esta idea de la compasión despiadada, ¿no trae consigo un riesgo considerable de autoengaño? Puede que alguien crea que está practicando la compasión despiadada cuando en realidad sólo está dando rienda suelta a su agresividad.

R: Sí, desde luego. Es precisamente porque es una idea tan peligrosa que he esperado hasta ahora para presentarla, después de explicar lo que es el materialismo espiritual y el sendero budista en general, y después de sentar las bases para un entendimiento intelectual. En la etapa avanzada a la cual me refiero, para que se pueda practicar la compasión despiadada, uno tiene que haber pasado ya por una larga práctica de meditación, de estudio, de descubrir y abrirse paso más allá del autoengaño, del sentido del humor, etc. Después que una persona ha pasado por este proceso, después de hacer este viaje largo y difícil, entonces el próximo descubrimiento es el de la compasión y la prajñá. Mientras no haya estudiado y meditado por largo tiempo, sería sumamente peligroso para una persona el tratar de practicar la compasión despiadada.

P: Quizá una persona pueda madurar hasta lograr una cierta apertura o compasión hacia los demás. Pero, entonces podría descubrir que aún esta compasión es muy limitada, que es aún una forma predeterminada de conducirse. ¿Podemos depender de nuestro sentido de apertura como guía? ¿Hay alguna manera de asegurarnos de que no nos estamos engañando?

R: Eso es muy sencillo. Si nos engañamos, al principio

tiene que haber habido algún tipo de acuerdo al cual llegamos con nosotros mismos. Seguramente todos hemos tenido una experiencia como ésta. Por ejemplo, si estamos hablando con alguien y comenzamos a exagerar la historia, ya antes de abrir la boca nos habremos dicho a nosotros mismos: "Yo sé que estoy exagerando, pero quisiera convencer a esta persona". Jugamos este jueguito todo el tiempo. Se trata, pues, de enfrentarnos al problema práctico e inmediato de hacernos honrados y completamente abiertos para con nosotros mismos. Abrirnos a los demás no es el problema principal. Mientras más nos abramos hacia nosotros mismos, tanto más podremos irradiar apertura hacia los demás. En realidad, siempre sabemos cuando nos estamos engañando, pero tratamos de ignorar nuestro propio autoengaño.

El tantra

Después de abrirse paso más allá de los conceptos fijos valiéndose de la espada de la prajñá, el bodhisattva logra entender que "la forma es la forma, la vacuidad es la vacuidad". Llegado a este punto, logra enfrentarse a las situaciones con claridad y destreza extraordinarias. Según continúa su viaje más lejos en el sendero del bodhisattva, la prajñá y la compasión aumentan y él logra una conciencia más intensa de inteligencia y espacio y una conciencia mayor de paz. La paz, en este sentido, es indestructible, increíblemente poderosa. No podemos tener verdadera paz si no tenemos dentro de nosotros la cualidad invencible de la paz; una paz débil o temporal siempre se puede perturbar. Si tratamos de ser bondadosos o sosegados de una manera ingenua y simplista, cuando encontremos una situación diferente o imprevista ésta puede estorbar nuestra conciencia de paz, porque nuestra paz no tiene fuerzas, no tiene carácter. Por eso la paz ha de ser estable, sólida y tiene que estar bien enraizada. Tiene que tener las cualidades de la tierra. Si el poder que tiene es el del ego, tenderemos a ejercer ese poder y a usarlo como nuestro instrumento para socavar la posición de los demás. Pero, como bodhisattvas, no usamos el poder para arruinar a los demás, simplemente permanecemos en paz.

Finalmente alcanzamos la décima y última etapa del sendero del bodhisattva: la muerte de la shunyatá y el nacer de nuevo en la "luminosidad". La shunyatá como experiencia desaparece, con lo cual queda expuesta la cualidad luminosa de la forma. La prajñá se convierte en *jñana* o "sabiduría". Pero la sabiduría todavía se percibe como un descubrimiento externo. Se necesita la sacudida violenta del *samadhi que es como un vajra* para llevar al bodhisattva al estado de *ser* sabiduría, en vez de sólo *conocerla.* Éste es el momento de la bodhi o "despertar", la entrada del tantra. En el estado de despertar, las cualidades de vivo color y luminosidad de las energías se hacen todavía más intensas.

Si vemos una flor roja, no la vemos tan sólo libre de las complejidades del ego, libre de los nombres y las formas preconcebidos, sino que también vemos el esplendor de la flor. Si quitamos de pronto el filtro de confusión que hay entre nosotros y la flor, automáticamente el aire se hace muy claro y nuestra visión es muy precisa y viva.

Mientras que las enseñanzas básicas del budismo mahayana tratan del cultivo de la prajñá, el conocimiento trascendental, las enseñanzas básicas del tantra versan sobre la utilización de la energía. La energía se describe en la sección de *kriyayoga-tantra* del *Vajramala*[1] como "aquello que habita en el corazón de todos los seres vivientes, la simplicidad que existe en sí misma, lo que sostiene a la sabiduría. Esta esencia indestructible es la energía del gran júbilo: todo lo penetra, como el espacio. Este es el cuerpo de dharma que no se afinca en nada". Según este tantra, "esta energía es lo que sostiene a la inteligencia primordial que percibe al mundo fenoménico. Esta energía le da ímpetu por igual al estado mental de iluminación y al de confusión. Es indestructible en el sentido de que siempre está en actividad. Es la fuerza que impulsa las emociones y el pensamiento en el estado de confusión, y que impulsa la compasión y la sabiduría en el estado de iluminación".

Para poder utilizar esta energía, el yogi tiene que comenzar por el proceso de entrega y entonces cultivar el principio de la shunyatá como visión allende los conceptos. Tiene que penetrar más allá de la confusión, mediante la visión de que "la forma es la forma y la vacuidad es la vacuidad", hasta que finalmente logra abrirse paso incluso más allá de la tendencia a afincarse en la experiencia de la shunyatá y, entonces, comienza a ver la luminosidad de la forma, los aspectos vivos, precisos y pintorescos de las cosas. Llegado a este punto, todo lo que se experimenta con los sentidos en la vida diaria es una experiencia pura, porque es directa. No hay ningún velo entre el yogi y "aquello". Si el yogi se aplica enérgicamente sin pasar primero por la experiencia de la shunyatá, entonces el resultado puede ser peligroso y destructivo. Por ejemplo, la práctica de cierto tipo de ejercicios del yoga físico que estimulan la energía del practicante podría despertar las energías de la pasión, el odio, el orgullo o de otras emociones hasta el punto de que ya no sepa cómo expresarlas. Las escrituras describen al yogi que está completamente embriagado con su propia energía como un elefante encelado que corre desenfrenadamente sin mirar por dónde va.

Las enseñanzas tántricas superan la propensión a "querer ver más allá" que se encuentra en la actitud trascendental de la doctrina mahayana de "la forma es la forma". Cuando hablamos de trascendencia en el mahayana queremos decir trascendencia del ego. En la tradición tántrica no hablamos en absoluto de ir más allá del ego, es una actitud demasiado dualista. El tantra es mucho más exacto. No se trata de "llegar a" o "estar en un *allende*", la tradición tántrica habla de estar *aquí*. Habla de la transmutación y a menudo se vale de la analogía de las prácticas alquimistas. Por ejemplo, no se niega la existencia del plomo, sino que el plomo se transmuta en oro. No hay que cambiar en nada su naturaleza metálica, sólo hay que transmutarla.

"Tantra" es sinónimo de "dharma", el sendero. La función de las prácticas tántricas es la de transmutar el ego, para que la inteligencia primordial manifieste su luz. La palabra "tantra" significa "continuidad". Es como el hilo que ensarta las cuentas de un collar. El hilo es el sendero. Las cuentas son las realidades que constituyen el material de la obra de la práctica tántrica: es decir, los cinco skandhas o los cinco componentes del ego, así como la potencia innata de ser buda que llevamos dentro de nosotros, la inteligencia primordial.

La sabiduría tántrica trae el nirvana al samsara. Esto puede que les parezca un poco escandaloso. Antes de alcanzar el nivel del tantra tratamos de abandonar el samsara y nos esmeramos en alcanzar el nirvana. Pero, a la larga, tenemos que comprender la inutilidad de ese afán por alcanzar el nirvana y hacernos uno con él. Para adueñarse verdaderamente de la energía del nirvana y llegar a ser uno con él, es necesario establecer una amistad con el mundo ordinario. Por lo tanto, el término "sabiduría ordinaria", *thamal-gyi shepa,* se usa con mucha frecuencia en la tradición tántrica. Es la versión completamente ordinaria de "la forma es la forma, la vacuidad es la vacuidad"; es decir, de lo que está ahí. No se puede rechazar la existencia física del mundo porque sea algo malo o asociado con la condición samsárica. La esencia del nirvana se entiende solamente cuando se observa la esencia del samsara. Así, el sendero es algo más que el simple pasar más allá de la dualidad, algo más que el mero entendimiento sin dualidad. Uno logra ver, por así decir, la "no dualidad", la cualidad de "-ismo" o "-idad" de la no-dualidad. Uno logra ver más allá del aspecto negativo de la shunyatá, más allá de la negociación de la dualidad. Por lo tanto, el término "shunyatá" no se usa con mucha frecuencia en el tantra. En la tradición tántrica se utiliza el término "tathatá", "lo que es", con más frecuencia que "shunyatá" o "vacuidad". También se emplea frecuentemente la palabra tibetana *ösel,* o sea *prabhásvara* en sánscrito, que significa luminosidad, en vez de "shunyatá". En estos términos se alude a la tradición tántrica que se manifiesta en la última rotación de la Rueda del Dharma por el Buda. Allí, en vez de decir: "la forma es la vacuidad, la vacuidad es la forma", etc., se dice que la forma es luminosa. La luminosidad o prabhásvara se asocia con el *mahásukha,* el "gran júbilo" o "beatitud", la comprensión plena del hecho de que "la vacuidad es la vacuidad". No es vacío, simplemente porque la forma también es forma.

La cualidad dinámica de la energía no se expresa lo suficiente en la doctrina de la shunyatá, porque el descubrimiento de la shunyatá deriva todo su sentido de su oposición a la mente samsárica. La shunyatá representa una *alternativa* al samsara y, por esò, la enseñanza de la shunyatá se dirige a la mentalidad samsárica. Aunque esta enseñanza alcance más allá de la mera afirmación que "la forma es la vacuidad y la vacuidad es la forma" para decir que "la vacuidad no es otra cosa que la forma" y que "la forma no es otra cosa que la vacuidad", aun así no llega a decir que la forma tiene la energía y la vacuidad también tiene esa energía. Por otro lado, en las enseñanzas del *vajrayana* o tantra, este principio de la energía tiene un lugar sumamente importante.

Las enseñanzas tienen que estar vinculadas con la vida diaria de los que las ponen en práctica. Nosotros nos enfrentamos a los pensamientos, emociones y energías que surgen en nuestras relaciones con los demás y con el mundo. ¿Cómo vamos a relacionar nuestra comprensión o entendimiento de la shunyatá con los acontecimientos de la vida diaria si no reconocemos el aspecto de energía de nuestras vidas? Si no podemos danzar con las energías de la vida, no podremos utilizar nuestra experiencia de la shunyatá para unir el nirvana y el samsara. El tantra enseña no la supresión o destrucción de la energía, sino su transmutación; dicho de otra manera, nos enseña a marchar con el ritmo de la energía. Cuando logramos cierto balance al movernos con la energía, llegamos a conocerla. Comenzamos a encontrar el sendero recto en la dirección correcta. Esto no quiere decir que uno tenga que convertirse en un elefante ebrio, en un "yogi desenfrenado" en el mal sentido de la palabra.

Un ejemplo perfecto de este moverse al unísono con la energía, de las cualidades de un "yogi desenfrenado" en el sentido positivo de la palabra, es el de la transmisión de la iluminación de Tilopa a Naropa. Tilopa se quitó la sandalia y abofeteó con ella a Naropa. Se valió de la situación de ese momento, la energía de la inquietud y la búsqueda de Naropa, y la transmutó en el estado del despertar. Naropa poseía energía e inteligencia excepcionales, pero su energía no correspondía al entendimiento de Tilopa, a su apertura mental, la cual constituía otro tipo de energía. Para poder pasar esta barrera se necesitaba una sacudida repentina, un golpe que no fuera premeditado. Es como un edificio tan torcido que esté a punto de caerse y un terremoto lo endcrece y reafirme, por accidente. Las circunstancias naturales sirven para restablecer el estado original de apertura. Cuando uno logra seguir la corriente de la energía, la experiencia se hace toda creativa. La energía de la sabiduría y la compasión siempre surte su efecto de una manera precisa y exacta.

Según el yogi se hace más sensitivo a las formas y las cualidades de la energía, percibe con mayor claridad el significado o el simbolismo de las experiencias vitales. La primera parte de la práctica tántrica, el tantra inferior, se conoce como la *mahámudra*, palabra que significa "gran símbolo"[2]. Aquí, "símbolo" no se utiliza en el sentido de un "signo" que representa algún principio filosófico o religioso; sino que es el signo que nos muestra las cualidades vivientes de lo que existe. Por ejemplo, cuando se percibe directamente una flor, en la percepción desnuda, desvestida y desenmascarada, el color de la flor comunica un mensaje que va mas allá de la mera percepción sensible del color. El color nos comunica un significado profundo de una manera poderosa, casi sobrecogedora. La mente conceptualizante no participa en esta percepción, de manera que podemos tener una percepción muy exacta, como si nos hubieran quitado el velo que antes colgaba frente a nuestros ojos.

Si tuviéramos en la mano una piedra con la claridad de percepción del contacto directo de la intuición desnuda, no solamente sentiríamos la solidez de esa piedra, sino que también comenzaríamos a percibir sus implicaciones espirituales; la vemos como una expresión absoluta de la solidez y majestad de toda la tierra. De hecho, es como sostener en nuestras manos al monte Everest, en cuanto a reconocer la solidez fundamental se refiere. Ese pedacito de roca representa todos los aspectos de la solidez. Esto no lo digo solamente en el sentido físico; sino que me refiero a la solidez en sentido espiritual, la solidez de la paz y la energía indestructible. El yogi siente la solidez y la paciencia de la tierra; no importa qué se siembre o se entierre en ella, la tierra nunca reacciona en contra de ello. En esta piedra reconoce la sabiduría iluminada de la ecuanimidad, así como la cualidad samsárica de ese orgullo del ego que quiere erigir una pirámide elevada o un monumento a su propia existencia. Toda situación que enfrentamos tiene esta conexión viva con nuestro ser. Resulta interesante observar que en la iconografía tántrica hay un gran número de personajes simbólicos que se representan con una montaña en la mano, lo cual es una representación de la experiencia que describimos: la paz sólida, la compasión sólida, la sabiduría sólida que no se deja influenciar por las frivolidades del ego.

Toda textura que sentimos tiene, automáticamente, alguna implicación espiritual. Y comenzamos a cobrar conciencia de la energía extraordinaria que traen consigo este descubrimiento y esta comprensión. El practicante de la meditación alcanza nuevas profundidades de percepción a través de esta comunicación directa con la realidad del mundo fenoménico. Logra ver no solamente la ausencia de complejidad, la ausencia de dualidad, sino también la cualidad pétrea de la piedra, la cualidad acuosa del agua. Ve las cosas precisamente como son, no meramente en el sentido físico, sino con conciencia de su significado espiritual. Hay un entendimiento amplio del simbolismo espiritual, un entendimiento amplio de la energía. No importa cuál sea la situación, no tiene que forzar el desenlace. La vida fluye alrededor de él. Éste es el principio básico del *mándala*[3]. El mándala se representa generalmente con un círculo que gira en torno a un centro, con lo que se quiere decir que todo alrededor de nosotros se hace parte de nuestro ser conscientes, toda la esfera de esta conciencia expresa la realidad viva en la que vivimos. La única manera de tener una experiencia verdadera, plena, y cabal es con la práctica de la meditación, con la cual se entrelaza uno directamente con la naturaleza, con la vida, con todas las situaciones. Cuando hablamos de la más alta madurez espiritual no queremos decir que flotamos en el aire. De hecho, mientras más alto vamos, con mayor firmeza ponemos los pies en la tierra.

Es importante recordar que el primer paso en la práctica de la meditación consiste en penetrar los hábitos neuróticos del pensamiento, los cuales constituyen la parte exterior del ego. Según penetramos más adentro, logramos ver no solamente a través de la complejidad de nuestros procesos mentales sino también a través del gravísimo "sentido profundo" de los conceptos que plasmamos en nombres y teorías. Entonces, después de algún tiempo, damos el segundo paso importante, que es el de crear un espacio entre esto y aquello, con lo cual quedamos en buena medida libres. Habiendo creado este espacio, damos el tercer paso, el de la práctica del vajrayana que consiste en crear un lazo directo con la experiencia vital. Estos tres pasos son, esencialmente, los tres yanas: el hinayana (el vehículo del método), el mahayana, (el vehículo de la shunyatá o espacio) y el vajrayana o tantra (el vehículo de la energía directa).

En la tradición tántrica, la energía se clasifica en cinco cualidades básicas o *familias de los budas*: *Vajra, Ratna, Padma, Karma* y *Buda*. Cada familia de los budas tiene una emoción que se suele asociar con ella y que se puede transmutar en una "sabiduría" o aspectos específicos del estado mental despierto. Las familias de los budas también se asocian con ciertos colores, elementos, paisajes, puntos cardinales, estaciones, con cualquier aspecto del mundo fenoménico.

La familia Vajra se asocia con la ira, la cual se transmuta en la sabiduría espejo. Percibimos algo más allá de las cualidades nublosas, dominantes y agresivas de la ira y esta percepción intuitiva nos permite transmutar automáticamente la esencia de la ira en precisión y apertura, en vez de tratar de cambiarla deliberadamente.

La familia Vajra también se asocia con el elemento agua. Las aguas turbias, turbulentas simbolizan la naturaleza defensiva y agresiva de la ira, mientras que las aguas claras sugieren la capacidad que tiene la sabiduría espejo de reflejar las cosas nítida, precisa y claramente.

Vajra es el color blanco. La ira es la experiencia abrupta y directa de defendernos a nosotros mismos; por lo tanto, es como una hoja de papel blanco, plana y opaca. Pero también tiene la capacidad de hacerse luminosa, de tener el resplandor de la reflexión que caracteriza a la sabiduría espejo.

El Vajra está relacionado con el este, la aurora, el invierno. Es una mañana de invierno, un aire transparente como el cristal, carámbanos puntiagudos y relucientes. El paisaje no está desierto ni desolado, sino que está lleno de toda clase de viveza que inspira al pensamiento. Hay muchas cosas que intrigan al que las observa. Por ejemplo, el suelo, los árboles, las plantas, cada cosa tiene su manera particular de hacerse hielo. Cada árbol tiene su manera de llevar la nieve y su manera de relacionarse con la temperatura.

El Vajra trata con los objetos en términos de sus texturas y de las relaciones de un objeto con otro. Todo se analiza en sus propios términos. La inteligencia del Vajra nunca deja ningún lugar o rincón escondido sin explorar. Es como el agua que fluye sobre una superficie plana, la cubre completamente, pero el agua misma permanece transparente.

El Ratna se asocia con el orgullo y la tierra, la solidez, las montañas, los montes, las pirámides, los edificios. "Estoy completamente seguro. Soy lo que soy." Es una forma muy arrogante de verse a sí mismo. Esto significa que uno no se atreve a hacerse menos severo, aflojarse, continuamente levanta defensas, construye fortalezas. De la misma manera, el Ratna es la sabiduría de ecuanimidad, que todo lo penetra. Entonces, lo mismo da que uno construya edificios de tierra o que uno deje la tierra estar como está, todo es la misma cosa. La tierra siempre permanece como es. Uno no se siente derrotado o amenazado de ninguna manera. Si uno es una persona orgullosa, se siente retado constantemente por la posibilidad del fracaso o de la derrota. En la mente iluminada, la ansiedad respecto de mantenerse a sí mismo se transmuta en ecuanimidad. Se retiene la conciencia de la solidez y estabilidad de la tierra, pero ya no se teme perderla. Todo está abierto, seguro y majestuoso: no hay nada que temer.

El Ratna está relacionado con el sur y el otoño, la fertilidad y la abundancia en el sentido de la generosidad constante. Cuando las frutas maduran, caen al suelo por sí solas, como si invitaran a que se las comiera. El Ratna tiene esta cualidad de desprendimiento. Es exquisito y abierto, tiene las cualidades de la media mañana. Es amarillo, unido a los rayos solares. Mientras el Vajra se asocia al cristal, el Ratna es el oro, el ámbar, el azafrán. Comunica cierta sensación de profundidad, la terrosidad verdadera, más que la textura, mientras que el Vajra es pura textura, una cualidad dura pero frágil en vez de una profundidad fundamental. El Ratna es muy maduro y telúrico, es como un árbol gigantesco que cae al suelo y comienza a pudrirse y se cubre de hongos y se enriquece con las hierbas que crecen a su alrededor. Es un tronco que puede servir de guarida a algunos animales. Su color se torna amarillo y la corteza comienza a caérsele, con lo cual revela un interior muy rico y sólido. Pero si uno tratara de llevarse este tronco para usarlo como parte del arreglo de un jardín, sería imposible porque se desmoronaría y se haría pedazos. Es demasiado pesado como para cargarlo y llevárselo.

El Padma se relaciona con la pasión, una cualidad codiciosa, un deseo de poseer. En el fondo de la pasión está el instinto de la unión, el querer ser completamente uno con otra cosa. Pero la pasión tiene una cualidad histérica, una cualidad neurótica que hace caso omiso del verdadero estado de unión y, en cambio, quiere poseer para poder *alcanzar* la unión. La pasión es inherentemente contraproducente. Cuando se trata de la conciencia discernidora, que es el aspecto de sabiduría de la pasión, uno puede ver la cualidad de "esto" y de "aquello" precisa y nítidamente. Dicho de otra manera, se logra la comunicación. Si uno va a comunicarse con alguien, tiene que respetar a la otra persona tanto como al proceso de comunicación. La sabiduría de conciencia discernidora reconoce el hecho de la unión, lo que es muy distinto de querer separar de manera dualista el "esto" del "aquello" para mantenerse a sí mismo. El fuego ardiente que todo lo consume, la pasión, se transmuta en sabiduría que unifica mediante la comunicación. Puede que uno se haya entregado completamente a la codicia espiritual o material. Puede que uno haya querido algo más de lo que puede tener. Puede que uno se sienta tan fascinado con las cualidades exóticas del objeto que quiere que termine cegándose ante el mundo que lo rodea. Uno está completamente absorto en el deseo, lo cual engendra una estupidez y una ignorancia de tipo automático. Esta ignorancia que se da en el deseo, queda trascendida en la sabiduría de conciencia discernidora.

El Padma se relaciona con el oeste y el color rojo. El rojo se destaca sobre cualquier otro color, es muy provocativo, nos atrae hacia él. También se asocia con el elemento fuego. En su estado de confusión, el fuego no distingue entre las cosas de las que se apodera, quema y destruye. Pero, en el estado despierto el calor de la pasión se transmuta en el calor de la compasión.

El Padma también se asocia con la primavera. El rigor del invierno se amansa y abre paso a la promesa del verano. El hielo comienza a derretirse, los copos de nieve se hacen agua. Al que pertenece a la familia Padma le importa mucho la fachada de las cosas, no siente la solidez o la textura, le interesan solamente los colores, las cualidades atractivas, la puesta de sol. Las cualidades visuales de la superficie le parecen más importantes que el ser interno. Así, la persona de tipo Padma se dedica más a las artes que a las ciencias o a las cosas prácticas.

Padma es un lugar ideal, un lugar donde crecen las flores silvestres, un lugar perfecto para que los animales se paseen libremente, como una meseta elevada. Es un lugar de praderas sembradas de piedras suaves, como para que los animales jóvenes jueguen entre ellas.

El Karma se asocia con la emoción de los celos y la envidia y con el elemento viento. Sin embargo, los términos "celos" y "envidia" no son lo suficientemente poderosos y precisos como para describir las cualidades del Karma. "Paranoia absoluta" quizá sea la frase adecuada. Uno cree que no va a alcanzar ninguna de sus metas. Los logros de los demás le molestan. Uno se siente rezagado y no puede ver que otros lo eclipsen. Este temor, este recelo para consigo mismo, se relaciona con el elemento viento. El viento nunca sopla en todas direcciones, sino que sopla en una sola dirección a la vez. Ésta es la dirección única de la paranoia o la envidia.

El Karma se relaciona con la sabiduría de la acción que todo lo logra. La cualidad de paranoia desaparece, pero permanecen las cualidades de energía y de interés en la acción y la apertura. Dicho de otra manera, el aspecto activo del viento se retiene, de suerte que nuestra actividad toca todo cuanto se halla en su camino. Nuestras acciones son las correctas porque no encierran ningún pánico o paranoia de autoreflexión. Nuestros actos perciben las posibilidades inherentes a las situaciones y toman el curso apropiado automáticamente. Cumplen su función.

El Karma sugiere el verano en el norte. La eficiencia del Karma es lo que lo hace similar a esta estación, porque es un verano en el cual todas las cosas están en actividad, en crecimiento, cumpliendo sus funciones. Millares de acciones que se entrelazan: los seres vivientes que crecen, plantas, insectos, animales. Hay tronadas y granizadas. De cierta manera se siente que uno no tiene tiempo para disfrutar del verano porque hay algo que tiene que seguir siempre adelante para mantenerse a sí mismo. Se parece un poco a la primavera tardía, pero es más fértil porque hace que todas las cosas fructifiquen en el momento indicado. El color del Karma es el verde de los vegetales y las hierbas, de la energía creciente. Mientras el Karma del verano todavía está en la lucha, tratando de dar a luz, el Ratna del otoño tiene mucha confianza en sí mismo; todo se ha logrado ya. El estado de ánimo, la atmósfera que sugiere el Karma es la de lo que sigue a la puesta de sol, del ocaso, el fin de la tarde y el comienzo de la noche.

El Buda se asocia a la inactividad y tiene la cualidad de penetrarlo todo porque contiene y acompaña a todas las demás emociones. El aspecto activo de esta inactividad es la acción de la desatención. La desatención no quiere ver. Meramente cierra los ojos y se encierra en sí misma. Uno se mantiene completamente tranquilo, completamente indiferente. Uno preferiría mantenerse en el mismo estupor antes que buscar o esforzarse por algo y con esto se les imparte una cualidad de pereza y estupidez a las demás emociones.

La sabiduría que corresponde al Buda es la del espacio que todo lo abarca. La cualidad abarcadora de la inactividad permanece como el fundamento, pero el parpadeo de la luz de la duda y la pereza se transforman en sabiduría. Esta sabiduría contiene una energía y una inteligencia tremendas, que están presentes en todos los demás elementos, colores y emociones que activan las otras cuatro sabidurías.

Buda es el fundamento o "suelo básico". Es el ambiente u oxígeno que hace posible el funcionamiento de todos los demás principios. Tiene una cualidad sosegada, sólida. El Ratna también es muy sólido y telúrico, pero no es tan terroso como el Buda, el cual es terroso en el sentido de deslustrado e insípido. El Buda es un tanto desolado, demasiado espacioso. Es un parque de campamento en el que sólo quedan las piedras de las hogueras. Sentimos que el lugar ha sido habitado durante largo tiempo, pero al presente no queda nadie. Los habitantes no fueron exterminados, ni se les obligó por la fuerza a mudarse a otro lugar, meramente se fueron. La atmósfera se parece a la de las cuevas en las que habitaban los indios de Norteamérica[4]. Se siente en ellas la presencia del pasado, pero al mismo tiempo no hay características relevantes. Los matices son muy apagados, están muy posiblemente cerca de las llanuras, donde todo parece plano. El Buda se asocia con el color azul, las cualidades frescas y espaciosas del cielo.

P: ¿Qué lugar ocupan en el sendero espiritual tibetano las imágenes de budas, *yidams*, dioses iracundos y otros símbolos?

R: Existen muchas concepciones equivocadas sobre la iconografía tibetana. Quizá debamos examinar rápidamente la estructura fundamental de la iconografía y el simbolismo tántricos. Existe, en primer lugar, lo que se llama "la iconografía del guru", la cual tiene que ver con la configuración del sendero, con el hecho de que, antes de comenzar a recibir cualquier enseñanza, hay que entregarse voluntariamente, hay que abrirse. Para poder entregarse hay que identificarse de alguna manera con la plenitud y la riqueza de la vida. Llegando a este punto, la entrega no es el vaciarse en el sentido de la shunyatá o vacuidad, la cual es una experiencia más avanzada. En las primeras etapas del sendero la entrega significa más bien el hacerse un recipiente vacío. Significa también identificarse con la plenitud, con la riqueza de la enseñanza. Así, para simbolizar esto, los gurus del linaje se visten con túnicas, sombreros y cetros muy adornados y llevan en sus manos otros adornos.

Luego sigue la iconografía de los yidams, la cual tiene que ver con las prácticas tántricas[5]. Los yidams son los varios aspectos de los cinco principios búdicos de la energía. Se los representa como *hérukas* masculinos o como *dakinis* femeninos y pueden ser coléricos o pacíficos[6]. El aspecto colérico representa la transmutación por la fuerza, el salto hacia la sabiduría y la transmutación que no se puede premeditar. Es el acto de abrirse paso a través de la ignorancia, el cual se suele asociar a la sabiduría chiflada. Los yidams pacíficos se asocian con la transmutación mediante el "proceso gradual", es decir, el apaciguar la confusión y agotarla gradualmente.

Los yidams se visten como *rakshasas*, los cuales son en la mitología hindú, los vampiros que siguen a Rudra Rey de los Maras, los malignos. El simbolismo que encierran éstos es que cuando la ignorancia, simbolizada por Rudra, conquista su imperio, aparece la sabiduría y destruye ese imperio y le arrebata las ropas al emperador y su séquito. Las vestimentas de los yidams simbolizan la transmutación del ego en sabiduría. Las coronas con cinco calaveras que llevan sobre sus cabezas representan las cinco emociones que han sido transmutadas en las Cinco Sabidurías. Estas emociones no se abandonan, sino que se llevan como adornos. Además, el tridente o *trishula* que llevan los yidams tiene como adorno tres cabezas humanas: una viva, una seca y encogida y la otra una calavera. La cabeza viva representa las pasiones ardientes. La seca representa la ira fría y la dureza, como la carne vieja. La calavera representa la estupidez. El trishula es un adorno que representa el haber trascendido estos tres impulsos. Además, las tres puntas del tridente representan los tres principios básicos de la existencia: shunyatá, energía y la cualidad de la manifestación. Estos son los tres "cuerpos" del Buda, los tres *kayas*: *dharmakaya, sambhogakaya* y *nirmanakaya*[7]. Todos los ornamentos que llevan los yidams –huesos, serpientes, etc.– se identifican con distintos aspectos del sendero. Por ejemplo, llevan una guirnalda de cincuenta y una calaveras que representan el haber trascendido los cincuenta y un tipos de estados mentales que se explican en las enseñanzas hinayanas del *abhidharma*[8].

En la práctica tántrica, el yogi se identifica con el yidam de la familia de los budas particular que corresponde a su propio carácter. Por ejemplo, si cierto yidam se asocia con la familia Ratna, este yidam será de color amarillo y tendrá las características simbólicas del

Ratna. El tipo de mándala que le da a uno el maestro depende de la familia a la cual uno pertenece, ya pertenezca uno a la familia de la pasión o a la del orgullo, o ya tenga uno la cualidad del aire o la del agua. Generalmente uno puede sentir que ciertas personas tienen la cualidad de la tierra y la solidez, y ciertas personas tienen la cualidad del aire, porque corren de aquí para allá, y otras personas tienen cierta cualidad cálida y la presencia que se suele asociar con el fuego. Se nos da un mándala a fin de que uno identifique sus emociones específicas que en nosotros tienen la capacidad de transmutarse en sabiduría. A veces, uno tiene que practicar la visualización de estos yidams. Pero no se visualizan de inmediato, tan pronto uno empieza el cultivo de los yidams. Se comienza con la conciencia de la shunyatá y luego se cultiva la conciencia o el presentimiento de la presencia de la imagen o forma del yidam. Entonces se recitan mantras que se asocian con este presentimiento particular[9]. Para poder debilitar la fuerza del ego hay que establecer de alguna manera un vínculo entre la presencia imaginaria y el observador que nos vigila, el ego. El mantra es este lazo. Después de recitar el mantra, hacemos que la imagen o forma del yidam se disuelva en una luz del color que le corresponde a éste. Finalmente, se termina la visualización con una segunda visión de la shunyatá. El punto principal es que estos yidams no deben considerarse como dioses externos que han de salvarnos, sino que son expresiones de nuestra verdadera naturaleza. Uno se identifica con los atributos y colores de ciertos yidams y oye el sonido del mantra, de suerte que, finalmente, uno comienza a darse cuenta de que su verdadera naturaleza es invencible. El yogi se hace totalmente uno con el yidam.

En la *mahá-ati*, el tantra más elevado, desaparece todo sentido de identificación y uno se funde con su verdadera naturaleza. Sólo quedan las energías y los colores. Anteriormente, uno veía a través de las formas, las imágenes y los sonidos, veía su cualidad vacía. Ahora ve las formas, imágenes y sonidos en su verdadera cualidad. Es la idea de regresar al samsara que se expresa en la tradición zen con los cuadros de la Doma del Buey: primero desaparecen el hombre y el buey, pero luego, al final, hay que volver al mundo.

En tercer lugar, tenemos la iconografía de las "divinidades protectoras". En la práctica de la identificación de uno mismo con un yidam en particular hay que cultivar un estado de conciencia que nos ha de traer de vuelta a nuestra verdadera naturaleza desde el presente estado de confusión. Necesitamos de algunas sacudidas repentinas, recuerdos constantes, una cualidad despierta. Este estado de conciencia constante se representa con las divinidades protectoras, las que aparecen en formas coléricas. Es el tirón súbito que sirve para recordarnos. Es una conciencia colérica porque tiene que conducir a un salto repentino. Este salto necesita de cierto tipo especial de energía para poder pasar por encima de la confusión. Uno sólo tiene que tomar la iniciativa de dar el salto, sin vacilar, desde los límites de la confusión hasta la apertura total. Hay que destruir la vacilación para siempre. Hay que destruir todos los obstáculos que se encuentran en el sendero. Por eso, estas divinidades se llaman "protectoras". "Protección" no significa aquí que garanticen nuestra seguridad, sino que son el punto de referencia, la línea de guía que nos recuerda, que nos mantiene en camino, en campo abierto. Por ejemplo, tenemos a una de las divinidades protectoras del tipo de *Mahakala*, la cual se conoce como el Mahakala de Seis Brazos, es de color negro y va montado sobre *Ganesha*, el dios de cabeza de elefante que simboliza aquí el pensamiento subconsciente. Esta charla subconsciente es un aspecto de la pereza que nos distrae automáticamente de la conciencia plena y nos atrae de vuelta a la fascinación de nuestros pensamientos y emociones. En particular explota la naturaleza panorámica de nuestros pensamientos, sean éstos intelectuales, domésticos, emocionales, o de cualquier otro tipo. El Mahakala nos trae de vuelta a la apertura. Lo que significa el símbolo es que Mahakala vence la charla subconsciente porque va encima de ella. El Mahakala representa el salto hacia la conciencia penetrante.

Generalmente, toda la iconografía del budismo

tántrico se incluye en una de estas tres categorías: el guru, los yidams y las divinidades protectoras. La iconografía del guru expresa la riqueza del linaje. Los yidams nos permiten identificarnos con nuestra propia naturaleza. Luego tenemos las divinidades protectoras para servirnos de recordatorios. Los yidams y las divinidades protectoras se suelen representar en varios grados de cólera, que dependen de la intensidad de conciencia que se necesita en cada caso para que la persona pueda ver su naturaleza verdadera.

Los yidams coléricos siempre se asocian con lo que se conoce en la terminología tántrica como ira de vajra, la ira que tiene las cualidades de la tathatá; dicho de otra manera, es la ira que no tiene odio, una energía dinámica. Esta energía, no importa a qué sabiduria pertenezca, es invencible. Es totalmente indestructible, imperturbable, porque no ha sido creada, sino que se descubre como una cualidad prístina. Por lo tanto, no está sujeta a nacer ni morir. Siempre se la representa como iracunda, colérica y belicosa.

P: ¿Cómo tiene lugar la transmutación?

R: La transmutación tiene lugar cuando hay la comprensión de la shunyatá seguida del descubrimiento repentino de la energía. Uno se da cuenta de que ya no tiene que abandonar nada. Uno comienza a percibir las cualidades que subyacen a la sabiduría en la situación vital en que se encuentra, y esto quiere decir que tiene que haber cierto tipo de salto. Si uno se ha entregado intensamente a una emoción, como, digamos, la ira, entonces, al tener un atisbo repentino de la apertura –que es lo mismo que la shunyatá–, uno comienza a darse cuenta de que no tiene por qué suprimir la energía. No hay que mantenerse sereno y suprimir la energía de la ira, sino que se puede transformar esta agresividad en energía dinámica. Se trata de cuán abierto se puede ser, cuánto está uno verdaderamente dispuesto a hacer. Mientras menos se deja uno fascinar y satisfacer por la explosión y descarga de energía, más posible se hace el transmutarla. Pero, una vez que nos entregamos a esta fascinación y satisfacción, ya no somos capaces de transmutarla. No hay que cambiarse a uno mismo completamente, pero se puede utilizar parte de la energía en el estado del despertar.

P: ¿Qué diferencia hay entre jñana y prajñá?

R: La sabiduría no se puede ver como una experiencia externa. Ésa es la diferencia entre la sabiduría y el conocimiento, entre jñana y prajñá. La prajñá es el conocimiento en términos relativos y jñana es sabiduría más allá de toda clase de relatividad. Nos hacemos uno con la sabiduría; no la podemos ver como un aspecto de nuestra educación o como una experiencia.

P: ¿Cómo se pueden transmutar las emociones? ¿Cómo se puede bregar con ellas?

R: Bueno, éste es un problema muy personal, más que intelectual. Lo importante es recordar que no hemos experimentado nuestras emociones todavía, aunque creamos que sí las hemos experimentado. Nuestra experiencia de las emociones ha sido sólo del tipo de "yo y mi rabia, yo y mi deseo". Este "yo" es algo así como una estructura de gobierno central. Las emociones desempeñan el papel de mensajeros, burócratas y soldados. En vez de verlas de esta manera, como separadas de nosotros mismos, como nuestros empleados revoltosos, por decirlo así, tenemos que sentir la textura de las emociones y su cualidad real viviente. Expresar el odio o el deseo a un nivel físico o actuar movido por estas pasiones no es más que otra manera de tratar de escapar de las emociones, como hace uno cuando trata de reprimirlas. Si uno siente en efecto la cualidad viviente, la textura de las emociones, tal como son en su estado desnudo, entonces esta experiencia también encierra la verdad última. Y automáticamente uno comienza a ver los aspectos simultáneos de ironía y profundidad que tienen las emociones, tal cual ellas son. Entonces, el proceso de la transmutación, es decir, la transmutación de las emociones en sabiduría, tiene lugar automáticamente. Pero, como dije, es un problema muy personal; lo tiene que hacer uno mismo para entender de qué se trata. Mientras no lo haya hecho uno mismo, no hay palabras que lo puedan explicar. Tenemos que tener el valor de enfrentarnos a nuestras emociones, trabajar con ellas en un sentido real, sentir su textura, las cualidades reales de las emociones tal cual ellas son en sí mismas. Si hiciéramos esto, descubriríamos que la emoción no es realmente como parece ser, sino que contiene una gran sabiduría y muchísimo espacio abierto. El problema es que nunca experimentamos las emociones correctamente. Nos creemos que pelear y matar son la expresión de la ira, pero en realidad son sólo otro tipo de escape, una manera de descargarlas, antes que una manera de experimentarlas realmente como son en sí mismas. No hemos sentido correctamente la naturaleza básica de las emociones.

P: Cuando las emociones se transmutan, ¿eso no quiere decir que han desaparecido, verdad?

R: No necesariamente, pero se han transmutado en otras formas de energía. Si estamos tratando de ser buenos o tranquilos, tratando de suprimir o de sojuzgar nuestras emociones, eso es el efecto del truco característico del ego. Nos ponemos agresivos para con nuestras emociones, porque estamos tratando de lograr la paz y la bondad a la fuerza. Una vez que dejamos de ser agresivos para con nuestras propias emociones, una vez que cejamos en nuestro empeño de cambiarlas, una vez que las experimentamos correctamente, entonces tiene lugar la transmutación. La cualidad fastidiosa de las emociones queda transformada una vez que se las experimenta tal como son en sí mismas. Transmutarlas no significa eliminar la cualidad de energía que tienen las emociones de hecho, esa energía se transforma en sabiduría, que es lo que más se necesita.

P: ¿Y el tantra sexual? ¿Se trata de un proceso en el cual la energía sexual se transmuta en otra cosa?

R: Es lo mismo. Cuando la cualidad de pasión o deseo se transforma en comunicación abierta, en una danza, entonces la relación que se da entre dos personas crece de una manera creativa, en vez de quedarse estancada o hacerse fastidiosa.

P: ¿Se aplica igualmente este principio de la transmutación a las energías de tipo *sáttlvico, rajásico* y *tamásico* que se describen en la tradición hindú? Uno no quisiera transformar la energía tamásica en energía rajásica, sino meramente servirse de ella.

R: Sí, eso es cierto. En realidad es una transmutación muy práctica. Generalmente, lo planeamos demasiado. Nos decimos: "Cuando gane mucho dinero, me iré a algún sitio a estudiar y meditar y me haré sacerdote", o cualquier otra cosa que queramos llegar a ser. Pero nunca lo hacemos de inmediato. Siempre hablamos en términos de "Cuando..., entonces...". Siempre planeamos demasiado. Queremos cambiar nuestras vidas, en vez de aprovechar la vida, el momento presente, como parte de la práctica. Y esta vacilación de nuestra parte trae muchos reveses en la práctica espiritual. La mayor parte de nosotros tiene ideas románticas: "Ahora soy malo; pero, algún día, cuando yo cambie, seré bueno".

P: ¿Se expresa también en el arte el principio de la transmutación?

R: Sí. Como todos sabemos, distintas personas de distintas culturas han creado combinaciones similares de color y diseño. El arte espontáneo, expresivo, tiene un valor universal inherente. Por eso, no es menester ir más allá de nada. Si uno percibe plena y directamente, entonces la visión misma se expresa, produce un entendimiento. El que se escoja la luz verde para seguir y la roja para detenerse, para el peligro, sugiere que hay algún tipo de universalidad en los efectos del color.

P: ¿Y la danza y el teatro?

R: Es lo mismo. El problema es que si uno se vuelve demasiado consciente de sí mismo cuando crea una obra de arte, ya no será una obra de arte. Cuando los grandes maestros del arte se absorben en su trabajo, producen obras maestras, no porque tengan plena conciencia de las enseñanzas de sus maestros, sino más bien porque están completamente absortos en su trabajo. No andan haciéndose preguntas, simplemente hacen lo que hacen.

Producen lo que tienen que producir sólo accidentalmente.

P: ¿Cómo se transmuta en acción el temor o la paranoia que estorban la espontaneidad?

R: No hay triquiñuelas especiales que nos ayuden a triunfar sobre esto o aquello con el fin de lograr cierto estado de ser. Se trata de un solo salto. El que la persona entienda realmente que se encuentra en un estado de paranoia, presupone una comprensión subconsciente profunda y subyacente de otra dimensión, un presentimiento del otro aspecto que tiene el temor en su mente. Entonces tiene que dar el salto en serio. Cómo se da el salto es algo muy difícil de explicar en palabras. Simplemente hay que hacerlo. Es como si de pronto lo empujaran a uno y lo hicieran caer en un río y con eso uno descubriera que podía nadar; uno cruza el río a nado y eso es todo. Pero, si uno regresara al río e intentara practicar, probablemente no podría nadar. Todo es cuestión de esponteneidad, de usar la inteligencia que ya está ahí. El acto de saltar no se puede explicar con palabras; está más allá de las palabras. Pero es algo que ustedes podrán hacer si de veras están dispuestos a hacerlo, si se ponen en la situación que va a exigir el salto y de alguna manera logran entregarse a ella.

P: Si uno tiene miedo y se deja llevar por el temor, uno es consciente de su propia reacción y no se quiere perder en ella, quiere mantenerse consciente y al mando de la situación. ¿Qué puede hacer uno?

R: El asunto es reconocer primero la presencia de esa energía, que también es la energía del salto. Dicho de otra manera, en vez de huir del temor, uno tiene que meterse completamente en él y comenzar a sentir las cualidades ásperas y toscas de la emoción.

P: Es decir, ¿hacerse un guerrero?

R: Sí. Al principio puede que uno quede satisfecho con percibir lo absurdo de una emoción, con lo cual se disiparía. Pero esto todavía no basta para efectuar la transmutación del vajrayana. Uno tiene que ver en las emociones la cualidad de "la forma es la forma". Una vez que uno logra percibir las emociones correctamente, desde el punto de vista de "la forma es la forma, la emoción es la emoción", sin apegarse a ideas preconcebidas, una vez que uno ve la cualidad desnuda de las emociones como son en sí mismas, entonces está preparado para el salto. No requiere un gran esfuerzo. Ya uno ha sido entregado al salto, por decirlo así. Esto no quiere decir, desde luego, que si uno tiene rabia puede ir y cometer un asesinato.

P: Dicho de otra manera, ver la emoción como lo que es, en vez de entregarse a una reacción dispersa o intensa a la situación.

R: Sí. Verá usted, nosotros no percibimos correctamente las emociones aunque estamos completamente llenos de ellas. Si nos dejamos llevar por las emociones y huimos de ellas con algún tipo de actividad, eso no es conocerlas correctamente. Tratamos de escapar o de reprimir nuestras emociones porque no soportamos estar en ese estado. Pero el vajrayana habla de mirar correcta y directamente a la emoción y sentirla en su cualidad desnuda. No hay que transmutarla literalmente. De hecho, percibimos en las emociones su cualidad de transmutación inherente: "la forma es la forma". Esto es algo demasiado sutil y bastante peligroso; no debemos andar tirándolo por aquí y por allá.

P: ¿De qué manera corresponde la vida de Milarepa al paradigna del tantra? No parece haber practicado la transmutación, sino más bien la renunciación.

R: Claro que, por su estilo de vida, Milarepa sería el ejemplo clásico de la tradición del yogi renunciante. Pero, usualmente, cuando pensamos en un renunciante pensamos en alguien que está tratando de escapar al "mal" de la vida "mundana". En el caso de Milarepa no hay nada de eso. No estaba tratando de suprimir sus tendencias "malas" mediante la meditación solitaria en el desierto. No se encerró en un retiro. No estaba tratando de castigarse a sí mismo. Su ascetismo era simplemente una expresión de su carácter, como el estilo de vida de cada uno de nosotros es una expresión de lo que somos y está predeterminado por nuestra constitución psicológica y nuestro historial. Milarepa quería ser sencillo y llevaba una vida muy simple.

Desde luego que entre las personas que siguen un sendero religioso hay cierta tendencia a espiritualizarse en algunos momentos de su vida y Milarepa no es una excepción a esta tendencia. Pero esto se podría hacer en medio de una ciudad. La gente rica puede gastar una gran cantidad de dinero para tener una "experiencia religiosa" extraordinaria[10]. Pero, tarde o temprano, si uno quiere tener un contacto real con las enseñanzas, tiene que regresar al mundo. Cuando Milarepa estaba meditando en su retiro, llevando una vida muy austera, por casualidad se acercaron unos cazadores a su morada y le ofrecieron carne de venado fresca. Comió de ella y su meditación mejoró inmediatamente. Más tarde, cuando vacilaba en bajar a la ciudad, aparecieron unos aldeanos frente a su cueva que le pidieron las enseñanzas. Continuamente se veía arrancado de su soledad y aislamiento por la actividad al parecer accidental de las situaciones vitales, la cual podría llamarse también la actividad del guru, la universalidad del guru, que siempre se nos presenta naturalmente. Puede que estemos sentados meditando en nuestro apartamento de Nueva York, sintiéndonos "arrobados" y eufóricos, muy "espirituales". Pero entonces nos levantamos y caminamos por las calles y alguien nos pisa un pie y tenemos que enfrentarnos a eso. Esto nos baja a la tierra, nos trae de vuelta al mundo.

Milarepa se dedicó con intensidad a la práctica de transmutar las energías y las emociones. De hecho, cuando leemos *Los cien mil cánticos de Milarepa*, toda la primera parte de la obra trata de las experiencias de Milarepa con esta práctica[11]. En la "Historia del Valle de las Joyas de Roca Roja", Milarepa acababa de irse del lado de Marpa para retirarse a meditar solo. Esta podría llamarse su "etapa de adolescencia", porque todavía tenía que depender de un guru personal. Marpa todavía hacía las veces de un padre. Ya se había abierto y entregado a Marpa, pero ahora le faltaba aprender a transmutar las emociones. Todavía se aferraba a las nociones del "bien" y el "mal", y así el mundo todavía aparecía ante sus ojos con el disfraz de los dioses y los demonios.

En la "Historia del Valle de las Joyas de Roca Roja", cuando Milarepa regresó a su cueva después de tener la visión consoladora de Marpa, tuvo que enfrentarse a una banda de demonios. Intentó todos los medios que pudo imaginar para salir de ellos, todas las tácticas posibles. Los amenazó, los halagó, incluso les predicó el Dharma. Pero se negaban a partir hasta que él dejara de considerarlos como "malos" y se abriera a ellos, los viera como lo que eran realmente.

Éste fue el comienzo del período durante el cual Milarepa aprendió a subyugar a los demonios, que significa lo mismo que transmutar las emociones. Es con nuestras emociones que creamos los demonios y los dioses: las cosas que quisiéramos apartar de nuestra vida y nuestro mundo son los demonios; las cosas que quisiéramos atraer hacia nosotros son los dioses y las diosas. Todo lo demás es mera escenografía.

Cuando estuvo dispuesto a aceptar a los demonios y a los dioses y las diosas como lo que son, Milarepa los transmutó. Se hicieron dakinis o energías de vida. Toda la primera parte de *Los cien mil cánticos de Milarepa* trata de cómo Milarepa llegó a dominar la transmutación, de su habilidad creciente para abrirse al mundo como éste es, hasta que finalmente conquista a todos los demonios en el capítulo titulado "El ataque de la diosa Tserinma". En este capítulo, miles de demonios se juntan para aterrorizar y atacar a Milarepa durante su meditación, pero él les predica, está abierto y acogedor, dispuesto a ofrecerles todo su ser, y así quedan todos subyugados. Hay un momento en el cual cinco demonias comienzan a darse cuenta de que no pueden asustar a Milarepa y le cantan:

Si nunca surge en tu corazón
la imagen de un demonio,
no tienes que temer las huestes demoníacas.
Lo primordial es que domes desde dentro tu corazón...
En la senda escarpada del temor y la esperanza
te esperan emboscados...

Más tarde, Milarepa dice: "En cuanto a lo Último, o la

naturaleza verdadera del ser, se refiere, no hay ni budas ni demonios. Quien logra liberarse del temor y la esperanza, el mal y la virtud, comprenderá que la confusión mundana es, por naturaleza, insustancial y sin fundamento. Entonces, el samsara nos parecerá ser la mismísima mahámudra..."[14]

El resto de *Los cien mil cánticos de Milarepa* trata del crecimiento de Milarepa como maestro y de su relación con sus discípulos. Cerca del final de su vida había perfeccionado completamente el proceso de la transmutación, hasta el punto que se le podía llamar *vidyadhara* o "poseedor de la sabiduría chiflada". Ya no se dejaba cimbrear por los vientos de la esperanza y el temor. Los dioses, las diosas y los demonios, sus propias pasiones y las proyecciones externas de éstas, habían sido subyugadas y transformadas totalmente. Ahora su vida era una danza continua con las dakinis.

Finalmente, Milarepa alcanzó la etapa de "perro viejo", su logro más elevado. La gente podía pisotearlo, usarlo como un camino, como el suelo; siempre estaría allí para este fin. Trascendió su propia existencia individual, de manera que, según leemos en sus últimas enseñanzas, sentimos la universalidad de Milarepa como paradigma de la iluminación.

Notas del traductor

Introducción

1. El centro de Boulder ha crecido desde entonces hasta convertirse en lo que es principalmente el centro académico y administrativo de las actividades del Rínpoche y de su fundación. El centro de retiro y meditación (Rocky Mountain Meditation Center) se encuentra hoy en la parte norte del estado de Colorado, cerca de donde confina éste con el estado de Wyoming.

2. Estas frases aluden al título original de la obra, *Cutting Through Spiritual Materialism.* La expresión "cutting through" es prácticamente intraducible. Significa abrir una brecha, cortar un camino en la selva, o abrirse paso a través de algún impedimento. También significa atravesar algún encubrimiento o velo hasta llegar a lo que está detrás de él.

3. La palabra *buddha*, participio pasado de la voz pasiva del verbo sánscrito *budh/bodh*·, significa "despierto", "el que ha despertado", "el que ha comprendido plenamente". Frecuentemente se traduce mal por el término "iluminado". Así mismo, *bodhi* (de la misma raíz), o sea "el despertar" de un buda *(buddha)*, debería traducirse siempre "despertar" o "comprensión plena", pero la costumbre nos impone el equivalente inexacto "iluminación". Cuando el Rínpoche emplea el término inglés "enlightenment" lo traducimos siempre como "iluminación", y de la misma manera, "enlightened" como "iluminado"; pero, cuando emplea "awakening" o "awakened"

(como hace aquí) traducimos, respecti- vamente, "despertar" y "despierto".

4. "Egohood", término acuñado por el Rínpoche y de difícil traducción. Significa el egocentrismo más empedernido y extremo, acompañado de –o fortalecido por– la condición mental en la cual uno se siente absolutamente convencido de que tiene un yo sustancial y sólido.

5. La frase "tratar con" traduce el modismo inglés "to deal with", el cual, en su sentido más débil, significa "tener relaciones con" y en su sentido más fuerte, "hacer frente, bregar con, habérselas". Claramente, aquí se quieren comunicar ambos sentidos: hay que enfrentarse a los estados neuróticos para vencerlos, pero, como esta victoria no se logra con la represión de dichos estados, sino mediante un acoplamiento o un armonizarse con ellos, "habérselas" con estos estados es en realidad "relacionarse" con ellos, aprender a tratarlos. En este mismo párrafo se da una expresión afín: "to work with". Entre sus múltiples acepciones se encuentran las siguientes: "trabajar [un material]", "valerse de [un implemento]", "trabajar al unísono, junto a o bajo [alguien]"; pero, como giro de la lengua popular, puede significar "adaptar, acoplar, o ajustar nuestros esfuerzos a las circunstancias". El Rínpoche usa la expresión en este último sentido; por eso no traducimos literalmente –"trabajar con"–, sino que nos valemos de la perífrasis "acoplar nuestros esfuerzos". Vale apuntar aquí que el giro inglés no tiene ninguna de las connotaciones que tendría el verbo español "conformarse", por lo cual hemos optado por no verterla con la forma transitiva de este último ("conformar nuestros esfuerzos"), aunque etimológicamente expresa éste el sentido que queremos comunicar.

El materialismo espiritual

1. Así se lee en el texto original, pero sospechamos que lo que se quiere decir es un país en el cual *sólo* existe una

separación *jurídica*, si no se trata de un simple error de imprenta por el cual se ha omitido el adverbio de negación.

2. En realidad este dicho es de origen indio. Véase, v. gr., la introducción al comentario de Kamalaśīla al Tattvasangraha de Śāntaraksita.

3. La palabra *Dharma* es uno de los términos técnicos más importantes –si no el más importante– del budismo. Entre sus muchas acepciones, significa la doctrina budista, su fundamento y sus propósitos, el sendero o la vía budista y su meta última, las enseñanzas del Buda y la práctica de éstas.

4. La palabra *guru* significa "persona digna de nuestro respeto", pero en su acepción específica se utiliza muy frecuentemente en el sentido de preceptor o maestro espiritual. Véase capítulo *El guru.*

5. El Rínpoche pertenece a la secta kagyü *(bka'–rgyud)* del budismo tibetano, cuyo linaje esboza en este pasaje. "Kagyü" significa "el hilo de la palabra", es decir, "el linaje de las enseñanzas orales", porque la secta reclama poseer enseñanzas secretas que no se pueden encontrar en las escrituras que se identifican con la tradición exotérica del Buda Śākyamuni. En sentido estricto tanto la secta como los miembros de ésta deberían designarse con el término "kagyüpa", término derivado de la palabra original "kagyü" que se refiere solamente al linaje espiritual. Pero, en los países occidentales, donde usualmente no se entiende bien la derivación nominal tibetana, se han generalizado ambas formas.

6. La vía media es, por un lado, la vía media entre el placer sensual y la mortificación de sí mismo. Esta es el sendero óctuplo que predicó el Buda en su primer sermón. Por otro lado, la vía media también es una enseñanza metafísica y gnoseológica, como se explica más adelante en el capítulo *La shunyatá.* Entonces se

trataría de un punto medio entre –o, mejor, fuera de– los extremos del ser y el no ser, el afirmar y el negar.

La entrega

1. "Guruji" es meramente una forma honorífica de referirse al guru.

2. Las postraciones son la forma normal de saludar al guru. Se trata desde luego de la postración al estilo "oriental"; la frente, los antebrazos y las rodillas tienen que tocar el suelo.

3. En sentido estricto, el *Sangha* es la comunidad de los monjes y las monjas budistas, pero en el mahayana a veces se entiende, en un sentido menos restringido, como la comunidad de todos los fieles budistas. Es la tercera de las "Tres Joyas" *(Buddha, Dharma, Sangha)*, en las cuales se toma refugio con esta fórmula de los "tres refugios".

4. El "amigo del bien", "buen amigo" o "amigo espiritual" *(kalyānamitra)* es aquel que nos ofrece su amistad sólo por nuestro propio bien y conociendo los métodos correctos y apropiados para alcanzar nuestra liberación. Así, cualquier buda es un amigo espiritual, pero se puede ser amigo espiritual sin ser un buda perfecto, es decir, un buen guru puede considerarse un "amigo espiritual". Aquí la expresión "trabajar con" *(work with)* tiene su sentido etimológico ("colaborar en una empresa").

El guru

1. La frase inglesa "basic intelligence" intenta traducir el complejo concepto budista de la "iluminación innata" con lo que parece ser una versión inglesa del término *ālāyavijñāna* (tibetano: *kun-gźi'i rnam-par śes-pa*), entendido como "conciencia-fundamento" y no como "conciencia- receptáculo". Es pues, la iluminación perenne o innata que subyace en todo proceso mental de apropiación, construcción e ideación. Véase la nota 3 de este capítulo.

2. "Hermano Mayor", expresión tomada de *1984*, la novela de George Orwell. El "Big Brother" representa hoy en inglés el extremo del paternalismo o autoritarismo político, social o espiritual.

3. *Tathāgatagarbha* se puede interpretar de varias maneras; pero, baste aquí con la interpretación más usual: el germen *(garbha)* de naturaleza búdica, que hay en cada ser viviente. Esta naturaleza es la tendencia natural hacia querer y poder ser tathágata (véase la nota 6 del capítulo *El sendero del bodhisattva*), como también es la presencia del despertar en forma innata o potencial.

4. Cita del *Bodhicaryāvatāra*, obra capital de *Santideva*, místico de la escuela mádhyamika (ver el capítulo *La shunyatá*).

La iniciación

1. Mara *(māra)* es el satanás de la mitología budista, el gran tentador de los monjes budistas. Su nombre significa "muerte" o "el que trae la muerte". Aunque en la mentalidad popular representa principalmente a las pasiones asociadas a la concupiscencia, en la literatura filosófica es símbolo también de la ilusión fundamental o existencial que está detrás de todas las pasiones y sufrimientos.

2. El samsara *(samsāra)* es la vorágine de la reencarnación, que en el budismo –especialmente en el hinayana– se ve como un proceso negativo y cíclico que lleva del sufrimiento al sufrimiento. A ese ciclo se opone la paz duradera del nirvana *(nirvāna)*. En el gran vehículo, por otro lado, la tendencia es a ver la paz como algo que ya esta presente en el samsara, es más, como algo que no se puede hallar fuera de él. En buena medida éste es el mensaje principal de la primera parte de esta obra del Rínpoche.

3. "Ordinary mind" significa aquí no "la mente ordinaria", sino esa capacidad de percibir las cosas

como son que se da en el espíritu sin necesidad de estudio, cultivo intelectual o raciocinio. Corresponde, pues, de cierto modo a la "inteligencia básica" que se explicó en el capítulo anterior. La palabra inglesa "mind" tiene muchas acepciones que no se pueden verter al castellano con el vocablo correspondiente "mente". Aquí "mind" significa claramente "capacidad de inteligir", es decir, a falta de algo mejor, "inteligencia". Anteriormente el Rínpoche ha hablado repetidamente del encuentro del discípulo con el maestro como un encuentro entre dos "minds". En esos casos tampoco se trata de las "mentes" de dos personas. El encuentro claramente abraza todo el ser espiritual (intelectual, volitivo, emocional) de las dos personas. Por eso traducimos "encuentro entre dos espíritus".

El autoengaño

1. Héruka: una de las divinidades coléricas del budismo tántrico (ver el capítulo *El tantra*). En este caso, como es común en el tantrismo, el altar incluye un mándala (ver la próxima nota).

2. Mándala *(maṇḍala)*: diagrama místico de las escuelas tántricas. El mándala es una representación simbólica de algún aspecto de la cosmología o la soteriología tántrica. Puede dibujarse en tela o arena. Generalmente, el mándala es bidimensional y simétrico, aunque se puede construir en tres dimensiones, ya sea en relieve o con implementos rituales.

3. "Total awareness": en inglés se distingue entre el acto de percatación o conocimiento *(awareness)* y la facultad donde reside este acto y la suma de las representaciones que resultan de él *(consciousness)*. También expresa el primero de estos dos términos en la exposición de las doctrinas budistas el concepto del conocimiento intuitivo que subyace en toda percepción, representación o conocimiento racional y que es inherente a la mente cuando ésta no está distraída o en

estado de sopor o ensueño. Este uso refleja algunos de los sentidos del verbo correspondiente *(to be aware, to become aware)*: "estar al tanto, estar enterado, ser (estar) consciente, tener conciencia de, darse cuenta, apercibir, advertir, enterarse".

Se hace muy difícil verter estas sutilezas al castellano. Además, la preponderancia del sentido moral de la palabra "conciencia" (que en inglés es un tercer vocablo: conscience) confunde todavía más el sentido del equivalente que hemos escogido para ambos términos ingleses.

Con todo y esto cabe advertir al lector del hecho de que la distinción inglesa no existe en las lenguas budistas. En sentido estricto, tendríamos que hablar de una distinción conceptual mucho más compleja, en la cual no se encuentra nada que corresponda a los dos conceptos ingleses. Mientras los estudiosos de la materia en el mundo de habla inglesa debaten –sin llegar a ningún acuerdo– la manera "correcta" de traducir los términos orientales, el lector de lengua hispánica se devana los sesos en busca de la mejor manera de preservar el misterio de la terminología inglesa a través de la cual recibe todo su conocimiento del budismo. He aquí una de las ironías de la historia... Véase, además, la nota 3 al capítulo *El sendero del bodhisattva.*

La vía difícil

1. "I am not going on this trip with you". La palabra *trip* se utiliza en el argot de los *hippies* y, en general, en la lengua de la juventud norteamericana, para describir, primeramente, la experiencia extática de tipo psicodélica y, en segundo lugar, por extensión, cualquier experiencia intensa de arrobamiento o éxtasis que lo separa a uno del mundo real. Puede tener connotaciones positivas o peyorativas, de acuerdo al tono de voz o el contexto. Cuando se usa en sentido negativo implica un arrobamiento que nace de la ilusión o de una satisfacción puramente narcisista.

2. Con las palabras *skillful* (hábil, diestro) y *unskillful*

(torpe) el Rínpoche traduce los términos sáncritos *kuśala* y *akuśala.* El primero de estos dos términos significa, literalmente, "eficaz", "propicio", o "salutífero". Las acciones y los estados mentales de tipo *kuśala* son los que, en el ciclo kármico, conducen a mayor dicha o progreso espiritual. Los estados y actos de tipo *akuśala* son lo contrario de los de tipo *kuśala.*

La vía abierta

1. *Yogi* (pronúnciese yogui): el que practica el yoga; aquí, el yoga como disciplina mística. *Swami* (*o svāmi*): literalmente, "señor"; se utiliza aquí con su valor común de título de respeto para un maestro espiritual hinduista. Avatar *(avatāra)*: encarnación de una divinidad hindú –muchos gurus son avatares ante los ojos de sus fieles.

2. Se trata de varios tipos de ejercicios o disciplinas espirituales de Oriente. Los ásanas *(āsana)* son las posiciones corporales que se asumen en el yoga gimnástico *(hāthayoga)*, el pranáyama *(prānayama)* es la regulación del respiro que se practica en diversas formas de yoga hindú, el *zazen* (término japonés) es la postura que se asume en la meditación zen, con las piernas en la posición de loto o del medio loto, el tronco erguido, la espalda derecha, y las manos recogidas y pegadas al vientre.

3. Aquí comienza el Rínpoche a hablar de los varios yanas *(yāna)* o vehículos de la tradición budista. Se suelen distinguir tres de éstos: (1) el pequeño vehículo (*hīnayana*: literalmente, "vehículo inferior", término acuñado por los seguidores del segundo vehículo), (2) el gran vehículo *(mahāyāna)*, y (3) el vehículo tántrico *(vajrayāna o tantra)*. El Rínpoche y la tradición tibetana pertenecen al tercero de éstos. De las escuelas del pequeño vehículo sobrevive hoy solamente el *theravāda* (cuyos fieles se resienten de que se le llame "hīnayāna"). El gran vehículo es el vehículo de los bodhisattvas, que todavía goza de muchos seguidores

en el Extremo Oriente. Las doctrinas del mahayana, especialmente las de la vacuidad y la compasión del bodhisattva, forman los puntales del edificio doctrinal del tantra.

4. En este contexto la palabra "want" significa "necesidad, indigencia", pero es posible que el Rínpoche quiera sugerir aquí un juego de palabras con el sentido etimológico: "querer, desear".

5. Véase la nota 3 de este capítulo.

6. El *bodhisattva* representa el ideal de perfección humana del mahayana. Es la persona comprometida con el sendero del despertar perfecto, es decir, la persona que aspira no solamente a quedar libre de su propio sufrimiento, sino que hace votos de alcanzar el despertar más perfecto a fin de poder servir de instrumento y guía de liberación para todos los seres vivientes. Todas sus acciones, por lo tanto, tienen que convertirse en los actos de un buda, libres de todo egocentrismo. Estos son los actos de perfección *(paramita)* o los actos que se han pasado allende *(paramita)* el mundo del apego y las concepciones dualistas. Véase la nota 7 al capítulo *El sendero del bodhisattvsa.*

7. Se refiere al jefe amerindio Sitting Bull ("Toro Sentado"), conocido por su entereza, firmeza y valor. Estaba a la cabeza de la confederación de tribus que derrotó a las tropas estadounidenses en la batalla de Little Big Horn, en el estado de Montana.

8. Se trata de una interpretación libre, pero correcta, de un pasaje en el primer capítulo del *Bodhicaryāvatāra* de Śāntideva. En él se compara el "pensamiento del despertar" (*bodhicitta*, es decir, los pensamientos y las intenciones que se dirigen al despertar o se fundamentan en nuestra experiencia de él) con un árbol frutal que rinde su fruto una y otra vez año tras año. Las intenciones comunes, por buenas que sean,

son como la planta del banano, la cual rinde fruto sólo una vez.

9. Se distingue entre el jñana (sánscrito, *jñāna*) o yeshe (tibetano, *ye-śes,*), que es la sabiduría o capacidad de actuar y pensar recta y eficazmente, y la prajña (sánscrito *prajñā*) o sherab (tibetano *śes-rab*), que es el entendimiento, el conocimiento preclaro, el discernimiento de los budas y los bodhisattvas.

El sendero del humor

1. Debe distinguirse el despertar –o sea, la iluminación, el *bodhi*– de la liberación *(mukti)*, es decir, el estado en el cual se supera todo sufrimiento. Este último resulta del acto cognoscitivo que es el primero, aunque los dos son en realidad sólo dos aspectos de una sola experiencia.

2. En el budismo zen se llama al bodhi *satori*, que significa en japonés "entendimiento, comprensión". Este es el aspecto de conocimiento o percatación *(insight)* de la experiencia de un buda. En el zen esta percatación ocurre usualmente de manera repentina o inesperada y se asocia a menudo con la risa, con cierto humor o ironía que viene con el descubrimiento de que todo el esfuerzo del sendero ha sido, de cierta manera, inútil o absurdo.

3. Estas cuatro verdades se definen aquí mismo, pero el Rínpoche trata de ellas con más detalle en el capítulo *Las Cuatro Verdades Nobles.*

4. Este es el *samādhi* (estado de concentración, éxtasis o contemplación, véanse las notas 2 y 3 al capítulo *Las Cuatro Verdades Nobles*) más elevado en el sistema budista del *abhidharma.* La palabra *vajra*, que significaba originalmente un tipo de garrote, o manopla, o cualquier arma aplastante o cortante, llegó a significar "lo más cortante", es decir, el diamante. En el budismo es símbolo de dureza, estabilidad, fortaleza, intrepidez y discernimiento.

5. Véase la nota 1 al capítulo *La iniciación.*

La formación del ego

1. En el sistema yogachara el fondo de la conciencia *(vijñāna)* es el almacén o repositorio *(ālaya)* de las tendencias innatas que son el resultado de las acciones o karma de las vidas pasadas. Esta "conciencia almacén" *(ālayavijñāna)* también es, para algunas ramas del yogachara, la mera-conciencia, que es el fundamento y fuente de toda realidad. Véase la nota 1 al capítulo *El guru.*

2. En el budismo canónico y luego en el escolástico la persona humana se analiza en términos de cinco clases de fenómenos llamados los agregados o conjuntos *(skandha).* Este capítulo presenta la interpretación original del Rínpoche de esta antiquísima doctrina.

3. La palabra *vidyā* no es la más común para referirse a la sabiduría que lleva a la superación de la visión egocéntrica del mundo; pero, la palabra *avidyā* (*a-vidyā,* con "a" privativa) –la insipiencia o ignorancia prístina– presupone una *vidyā* o conocimiento que esté libre de toda obnubilación causada por el error del ego.

4. Aquí el Rínpoche hace uso de la ambigüedad del verbo inglés "to ignore"; pues, al traducir *avidyā* (véase la nota anterior) por "ignorance", queda sobrentendido el verbo correspondiente, "to ignore", el cual, como el verbo español "desconocer", significa a la vez "ignorar" (no saber, no conocer, ser insipiente) y "darse por desentendido" o "hacer caso omiso".

5. La forma *(rūpa)* es el primero de los skandha (véase nota 2).

6. La sensación *(vedanā)* es el segundo de los skandha (véase nota 2). A menudo se traduce mal al español, porque no se entiende la ambigüedad del término inglés "feeling", el cual se ha convertido en la traducción normal del sánscrito *vedanā.*

7. El tercer skandha, la *samjñā* o apercepción de las características del objeto percibido.

8. Ni los términos castellanos ni los correspondientes en el original inglés traducen adecuadamente los conceptos que se enumeran aquí. Estos tres estados mentales se conocen como las tres raíces de toda torpeza, de todo mal de todo pecado. El sentido exacto de esta doctrina se explica claramente más adelante en este mismo capítulo.
Otros equivalentes, quizá un poco más exactos, de los conceptos sánscritos serían los siguientes: para deseo *(rāga, lobha)*, "avidez, concupiscencia, codicia", para animosidad *(dveṣa)*, "odio, aborrecimiento, rechazo, agresividad", para estupidez *(moha)*, "ignorancia, indiferencia, desconocimiento, insensibilidad, obnubilación, ofuscamiento, estupor".

9. El cuarto skandha, los *saṃskāra*, que incluye las formaciones conceptuales y las kármicas.

10. El último de los cinco skandhas es la conciencia *(vijñāna)*, la cual es, primordialmente, autoconciencia.

11. En la India clásica y, por lo tanto, en la tradición budista, se cuentan seis sentidos, pues la mente se concibe como un órgano sensorial, aunque opera en una dimensión distinta a la de los demás sentidos.

12. Lo que aquí llama el Rínpoche *lokas* o "mundos", se conocen comúnmente como los destinos *(gati)* y pueden ser cinco o seis, según se incluya o no a los dioses celosos con los demás seres divinos. El nivel más bajo es el de los seres condenados a los infiernos –o purgatorios, pues éstos no son eternos–, le sigue el mundo de los espíritus famélicos, *(preta)*, luego el de los animales, con el cual terminan los destinos nefastos. Entre los destinos que tienen más o menos alguna dicha, el más dichoso es el de los dioses, luego viene el de los dioses celosos o ásuras, y por último el de los seres humanos. Esta última dimensión, aunque menos

dichosa que las otras dos, es más deseable, pues sólo en ella puede nacer un buda.

Los seis ámbitos

1. En la cosmología budista el Ámbito de los Dioses tiene tres niveles, cada uno de los cuales corresponde a un grado diferente de absortación contemplativa. El nivel más alto de estos tres grados es el de los dioses sin forma, a los cuales alude aquí el Rínpoche.

2. Véase la nota 3 a la Introducción.

3. La compasión *(karuṇā)* se convierte en uno de los principios eje del gran vehículo. Según muchos sutras del mahayana, es el fundamento de las demás virtudes del bodhisattva. Véase el capítulo *La vía abierta.*

4. Véase el capítulo *La shunyatá.*

Las Cuatro Verdades Nobles

1. Aunque la historiografía occidental y la tradición theravada considera que el primer sermón del Buda inició en Benares su único ministerio, algunos textos del budismo indio distinguen dos o tres ministerios, cada uno de los cuales tiene un lugar, un período y una doctrina particular. Así, se habla de una "primera rotación de la rueda del Dharma", una "segunda rotación", etcétera (véase la nota 9 al capítulo *La shunyatá*); ya que la doctrina budista se suele simbolizar con una rueda y su prédica con el girar de esa rueda. Cuando se sigue esta doctrina, el Sermón de Benarés se conoce como el primer ministerio o "primera rotación".

2. La palabra *samādhi* significa, literalmente, concentración pero ha adquirido por extensión los significados de "éxtasis", "arrobamiento" y "visión mística".

3. La meditación budista tiene dos aspectos fundamentales (1) el de *samādhi*, es decir, la concentración o serenidad,

el shamatha *(śamatha)* que consiste en la contemplación sin contenido conceptual, y (2) la visión o el discernimiento que consiste en la meditación propiamente dicha o la contemplación analítica. Esta última se conoce en sánscrito como la visión, percepción o percatación *(vipaśyanā)*. Véase la nota 2 al capítulo *El sendero del bodhisattva.*

El sendero del bodhisattva

1. Con este capítulo comienza la exposición de los lineamentos del gran vehículo o mahayana. Véase la nota 3 al capítulo *El guru.*

2. La meditación budista tiene dos aspectos fundamentales. El primero de éstos, la serenidad, se ha explicado en la nota 3 del capítulo anterior. El segundo, el aspecto de conocimiento o discernimiento se puede ver como facultad mental, es decir, como la capacidad intrínseca del discernimiento *(la prajñā)*, o como el proceso, el crecimiento del conocimiento, la visión (la *vipaśyanā)*. En ambos casos se trata de la facultad de ser consciente de la realidad, de comprenderla y penetrarla, la cual no puede cultivarse en una mente que carezca de serenidad.

3. Aunque el Rínpoche prefiere "knowledge" (conocimiento) para traducir *prajñā*, a veces usa "insight", palabra que casi siempre representa a la *vipaśyanā* del sánscrito. El español no cuenta con un equivalente exacto para "insight"; traducimos a veces "comprensión", a veces "penetración" o "percatación". Tampoco contamos con un equivalente para "awareness"; hemos tenido que valernos de "conciencia", la cual traduce también "consciousness" *(vijñāna)*. Véase la nota 3 al capítulo *El autoengaño.* Sobre la distinción entre *jñāna* y *prajñā*, véase la nota 7 al capítulo *La vía abierta* y el texto del capítulo *El tantra.*

4. Las diez *bhūmi*, o etapas en el sendero del bodhisattva, representan la división tradicional de este sendero. Las

mismas han sido explicadas en otra obra del Rínpoche, *El mito de la libertad (The Myth of Freedom).*

5. Ver nota 2 a la Introducción.

6. En el gran vehículo se subraya el carácter no conceptual de la visión de la realidad: la realidad última, es decir, la experiencia última y pura de la realidad, es la realidad sin encubrimientos, sin aderezos conceptuales, las cosas tal cual son. Lo único que se puede decir de esta realidad es "es así"; de ahí que se le llame "asidad" *(tathatā, de tathā,* "así"). De la misma manera, la persona que conoce esta realidad comparte la inefabilidad y el "mero ser así" de esa realidad; por eso se le llama "así llegado" *(tathāgata)* ya porque se le conciba como alguien que ha llegado a la asidad *(tathā-gata)*, ya porque se le vea como alguien que ha vuelto al mundo desde la asidad *(tathāāgata).*

7. Las seis perfecciones *(paramita)* se suelen interpretar, en base a una etimología literal de la palabra sánscrita, como "virtudes trascendentales" que "han llegado" *(-ita)* "a la otra orilla" *(pāram-)* más allá de la vorágine del samsara. Aunque se llega a contar diez perfecciones, la lista más común, la que usa aquí el Rínpoche, es de seis, a saber; (1) el don o la generosidad *(dāna)*, (2) la moral o la disciplina moral *(śīla)*, (3) la paciencia, aceptación o receptividad *(ksānti)*, (4) la energía o fortaleza *(vīrya)*, (5) la meditación *(dhyāna)*, (6) el conocimiento o discernimiento *(prajñā).* Véase la nota 6 al capítulo *La vía abierta.*

8. El concepto de los medios hábiles, recursos de salvación o habilidad de método *(upāya)* constituye una de las doctrinas fundamentales del gran vehículo. Según esta doctrina, la experiencia de la asidad o de la vacuidad no trae consigo la indiferencia, sino, antes bien, la capacidad de adaptarse o amoldarse a las circunstancias y preferencias de cada ser viviente a fin de presentarle la visión del sendero que más le

conviene a cada uno según su capacidad e intereses. Esto hace que el bodhisattva pueda presentar las enseñanzas del gran vehículo de muchas maneras distintas, sin tener que seguir ninguna pauta determinada. Véase el capítulo *La prajña y la compasión.*

9. Esta es una cita del *Bodhicaryāvatāra* de Śāntideva.

10. Los sutras *(sūtra)* son aquellas escrituras budistas que la tradición considera como la palabra del Buda, de uno de los discípulos que tuvo el Buda, o de uno de los grandes bodhisattvas.

11. Sobre nuestra traducción de los términos "awareness" e "insight", véase la nota 3 a este capítulo, y la nota 3 al capítulo *El autoengaño.* La expresión "to be aware" la traducimos con "estar/ser consciente" o, a veces, con "darse cuenta". "Become aware" se traduce con "cobrar conciencia".

12. Sobre las diez *bhūmi*, véase la nota 4 a este capítulo. Los Cinco Senderos *(mārga)* son: (1) el sendero de los requisitos o del equipo *(sambhāra)*, (2) el sendero preparatorio *(prayoga)*, (3) el sendero de la visión *(darśana)*, (4) el sendero del cultivo *(bhāvanā)*, y (5) el sendero de la consumación *(niṣṭhā* o *aśaikṣa).* Usualmente, la primera de las diez *bhūmi* corresponde al tercer sendero, las próximas ocho al cuarto sendero, y la décima al sendero de la culminación.

13. Véase la nota 4 al capítulo *El sentido del humor.*

La shunyatá

1. La shúnyata *(śūnyatā)* es otro término para describir la asidad. En este caso se quiere señalar el hecho de que ninguna cosa tiene una realidad sustancial permanente que pueda existir en sí y por sí. Se dice, pues, que las cosas están –o, mejor, *son*– vacías; pero no se trata del vacío en el sentido de la nada, por lo cual tenemos que valernos en las traducciones occidentales (en inglés

como en español) del barbarismo "vacío *de* esencia". Es decir, que lo que no se encuentra en las cosas es un elemento permanente o independiente. En este capítulo el Rínpoche presenta su interpretación del *Sutra Corazón*, obra que resume las enseñanzas de una de las colecciones de escrituras más importantes del gran vehículo, la *Prajñāpāramitā*.

2. *La forma (rūpa)* es el primer *skandha*. Cuando se dice que la forma "es vacía" se quiere decir que en lo que aparece como forma no subyace una realidad permanente e independiente llamada "forma". En el *Sutra Corazón*, como en muchos otros textos, se supone que todo lo que se dice respecto de este skandha se aplica igualmente a los otros cuatro skandhas.

3. Las frases inglesas "what is here" y "what is" no significan en la lengua hablada "lo que es", sino "lo que está (aquí)", es decir, "lo que se da ante nosotros", en la forma en la cual se nos da.

4. El *arhant* (o, más común, pero inconsistente, *arhat*) es el ideal de perfección humana del pequeño vehículo. Según el gran vehículo, el arhant no conoce ni la compasión del bodhisattva, ni su percepción de la vacuidad de todos los dharmas.

5. Los rishis eran sabios cuasi mitológicos que representaban los ideales más elevados de la ascética hindú.

6. El filósofo Nāgārjuna, que ha sido objeto de un estudio por Karl Jaspers y que ha sido comparado recientemente con Ludwig Wittgenstein, fue el fundador de la escuela mádhyamaka, o "Escuela de la Vía Media". La historiografía moderna lo coloca a veces en el siglo II, a veces en el III de nuestra era. La escuela mádhyamaka o mádhyamika es una de las dos corrientes filosóficas que dominan en el mahayana.

7. El concepto de maya es muy conocido en occidente como doctrina hinduista del vedanta. El budismo mahayana se sirve del mismo término, aunque en un sentido un poco distinto. En el budismo, la maya no es la ilusión que recubre al Brahman, sino la obnubilación del pensamiento discursivo que le imparte realidad última a lo que, como una aparición mágica, una fantasmagoría o un prestigio *(māyā)*, sólo existe en base a otra cosa y es en sí mismo un engaño.

8. El *yogachara (yogācāra)* es la segunda de las dos corrientes filosóficas del gran vehículo. Es una tradición fundamentalmente idealista, en cuanto niega la realidad de la materia y el objeto del conocimiento fuera de la conciencia. Pero no se la puede equiparar a ninguna de las escuelas idealistas de Occidente.

9. La segunda rotación, que tuvo lugar en el Monte de los Buitres, cerca de Rajagriha, fue la prédica de los textos de la Perfección de la Sabiduría *(Prajñāpāramitā)*, los cuales resumen todos en el brevísimo *Sutra Corazón.* (La tercera rotación introdujo las doctrinas de tipo yogacharin; la cuarta, las de tipo tántrico.)

La prajñá y la compasión

1. Véase el capítulo *El sendero del bodisattva.*

2. Véase la nota 8 al capítulo *El sendero del bodisattva.*

El tantra

1. Obra tántrica budista que data, aproximadamente, del siglo V de nuestra era.

2. La mahámudra *(mahāmudrā)* es uno de los primeros escalones en las etapas más avanzadas de la meditación tántrica de la secta kagyü. Hasta donde se sabe, fue una técnica perfeccionada por Tilopa.

3. Sobre el mándala, véase la nota 2 al capítulo *El autoengaño.*

4. Parece referirse a los indios de la tribu Pueblo, quienes construían sus viviendas de adobe en cuevas o nichos en los barrancos del sudoeste de los EE.UU.

5. Los *yidam* o deidades tutelares, son las divinidades tántricas que se visualizan en las primeras etapas de la meditación tántrica. El guru escoge la que mejor corresponde a la constitución psicológica y preparación del discípulo y luego le transmite, oralmente, la forma correcta de imaginar esta deidad.

6. Las hérukas son divinidades masculinas, las dakinis, femeninas. Los primeros representan los aspectos fieros, o coléricos de la compasión. Las dakinis, que son a veces casi como patronas o divinidades protectoras de los yogis, representan el aspecto fiero de la sabiduria.

7. La doctrina de los tres cuerpos del Buda *(trikāya)* simboliza varios aspectos del ideal budista del gran vehículo: el conocimiento de la realidad libre de toda conceptualización *(dharma-kāya)*, la beatitud de la iluminación *(sambhoga-kāya)*, la actividad del ser iluminado *(nirmāna-kāya)*.

8. La palabra *abhidharma* significa, a la vez, un género literario dentro de las escrituras budistas y la tradición que lo produjo, es decir, la escolástica budista. Este sistema escolástico representó la etapa más desarrollada del pequeño vehículo.

9. La visualización entraña el idear o imaginar con lujo de detalles la forma iconográfica de una deidad, buda, o bodhisattva tántrico. Para cada deidad o aspecto de ella hay una fórmula verbal *(mantra)* que se supone encarna la energía psíquica correspondiente. La meditación tántrica estriba, pues, en evocar la deidad y su energía mediante una imagen plástica y una imagen sonora.

10. Sobre el término inglés "trip", véase la nota 1 al capítulo *La vía difícil.*

11. Los Cánticos han sido traducidos al inglés por Garma C.Chang, en *The Hundred Thousand Songs of Milarepa,* Nueva York: University Books, reimpresión de Shambhala, 1973, 2 volúmenes.

Índice

Este libro se terminó de imprimir
en el mes de julio de 2004
en los talleres gráficos de Grafinor S.A.
Lamadrid 1576, Villa Ballester,
Buenos Aires, Argentina.